KARL A. DOSTAL / EDITH DOSTAL
ÜBUNGSBUCH ZUR NEUEN RECHTSCHREIBUNG

Karl A. Dostal / Edith Dostal

Übungsbuch zur neuen Rechtschreibung

Regeln – Beispiele
Übungsaufgaben
Lösungen

5. bis 10. Schulstufe

Die Deutsche Bibliothek – CIP-Einheitsaufnahme

Dostal, Karl A. / Dostal Edith
Übunbsbuch zur neuen Rechtschreibung
5.–10. Schulstufe
Regeln – Beispiele – Übungsaufgaben – Lösungen
Karl A. Dostal / Edith Dostal – Wien: Leitner
ISBN 3–85157–062–6

Umschlagentwurf: Gerri Zotter, Wien
Gesamtherstellung: Verlag Leitner in Wiener Dom-Verlag, Wien

ISBN 3–85157–062–6

Was ist neu an der Rechtschreibung?

Nach jahrelangen Verhandlungen wurde die Reform der deutschen Orthografie von den Staaten, in denen man Deutsch spricht, 1996 endgültig beschlossen und amtlich verordnet. Das Ziel der Reform war eine Vereinfachung der Rechtschreibung.

Neu geregelt wurde die s-Schreibung, die Klein- und Großschreibung, die Getrennt- und Zusammenschreibung, die Zeichensetzung, die Worttrennung am Zeilenende und die Schreibung einzelner Wörter.

Am auffälligsten ist die **s-Schreibung** (da**ss**, er mi**ss**t, i**ss**, Schlu**sss**atz u. dgl. m.), da die Wörter mit s sehr häufig vorkommen.

Bei der **Groß- und Kleinschreibung** kommt es durch die Abschaffung vieler Ausnahmen zu einer vermehrten Großschreibung.

Einige Beispiele: im **A**llgemeinen, des **Ö**fteren, etwas **A**nderes, die/das/der **E**inzige, das/der/die **B**este, aufs **H**erzlichste, **A**cht geben, gestern **A**bend, **R**echt haben, des **L**angen und **B**reiten, **J**ung und **A**lt, der/die **Z**weite u. dgl. m.

Beim **Zusammentreffen mehrerer gleicher Buchstaben** darf kein Buchstabe weggelassen werden. Man schreibt Schi**fff**ahrt, Fe**ttt**ropfen, S**eee**lefant u. dgl.

Die Tendenz zur **Zusammenschreibung** wurde gebremst. Die **Getrenntschreibung** ist der Normalfall, die Zusammenschreibung die Ausnahme. Sie ist nur dann angebracht, wenn sich durch die Zusammenschreibung die Bedeutung des Wortes ändert (Der Redner wird **frei sprechen**. – Man wird den Angeklagten **frei**sprechen.).

Bei der Entscheidung, ob man getrennt oder zusammen schreiben muss, wird wohl am öftesten das Wörterbuch zu Rate gezogen werden müssen. Beispiele für die Getrenntschreibung: **spazieren gehen**, **wohl tun**, **stehen bleiben**, **bekannt machen**, **nichts sagend** u. a. m.

Einige wenige Wortbilder wurden durch **Einzelentscheidungen** geändert: G**ä**mse, beh**ä**nde, aufw**ä**ndig, r**au**, Wa-

gon, Paragra**f**, gr**äu**lich (schrecklich), pla**tz**ieren, Kängur**u**, To**ll**patsch, schn**ä**uzen, nu**mm**erieren, **f**antastisch, Kata**rr**, Brav**ur**, Ti**pp**, Mo**pp**, Sto**pp**, Me**ss**ner, Ro**hh**eit, St**ä**ngel, Pan**t**er, Stu**ck**atur u. a. m. Sie sind jedoch leicht zu merken.
Bei der **Zeichensetzung** ist neu, dass es in bestimmten Fällen dem Schreiber überlassen bleibt einen Beistrich zu setzen oder nicht. So ist beispielsweise die Beistrichsetzung vor bzw. nach einer Infinitiv- oder Partizipgruppe freigestellt, ebenso zwischen den Teilsätzen eines zusammengesetzten Satzes, wenn der folgende Teilsatz mit „und", „oder" bzw. einem ähnlichen Bindewort eingeleitet wird.
Vereinfachungen bringen auch die **Regeln zur Worttrennung** am Zeilenende. Künftig kommt **ck** ungetrennt auf die neue Zeile, **st** darf jedoch getrennt werden (Bä-cker, Wes-te).
Weitere Einzelheiten können im Buch nachgelesen werden. Problemlos wird das Schreiben nach den neuen Regeln auch künftig nicht sein, weil teilweise beachtliches grammatisches Wissen erforderlich ist, die Regeln zu verstehen und anzuwenden. Fehlerfreies Schreiben ist nach wie vor nur durch stetes Üben zu erreichen. Aus diesem Grund wurden **in dem Buch über 500 Rechtschreibübungen** aufgenommen.
Das Buch ist für alle nützlich, die an der richtigen Schreibung interessiert sind und diese erlernen wollen: Schülern und Schülerinnen kann es als **Lehr- und Übungsbuch** dienen, **Lehrern und Lehrerinnen** als Sammlung von **Übungsmaterial**. Sowohl Jugendliche als auch Erwachsene können es aber auch **zum Selbstunterricht** oder **als Nachschlagewerk** verwenden, denn es enthält neben den Rechtschreibregeln und vielen Beispielen auch Übungsaufgaben mit **Lösungsangaben**, sodass eine Selbstkontrolle möglich ist.

Reg.-Rat Prof. Karl A. Dostal
Edith Dostal

Inhaltsverzeichnis

ÜBUNGEN ZUR RECHTSCHREIBUNG

So wird geübt

Die deutsche Rechtschreibung, das ist die geregelte Fixierung der Sprache in Schriftsymbolen, kann von jedem erlernt werden. Es bedarf dazu allerdings des guten Willens des Schülers, des Fleißes und der Ausdauer.
Ermöglicht wird die Erreichung dieses Zieles vor allem durch **Rechtschreibübungen**, von denen dieses Buch **567** enthält. Diese Übungen sollen nicht alle in wenigen Wochen durchgeführt werden, umfassen sie doch den Rechtschreiblehrstoff von fünf Schuljahren! Man verteile sie vielmehr auf einen längeren Zeitraum, damit die Schüler nicht überfordert werden und das weitere Üben ablehnen. Auch sollte an einem Tag nicht länger als eine Stunde geübt werden.

Was sind die Ursachen von Rechtschreibfehlern?
Da können genannt werden: geringe Aufmerksamkeit, geringe Konzentration, schlechte Auffassung der Wahrnehmungsinhalte, schlechte Merkfähigkeit, wenig Ausdauer beim Üben, fehlende Lernbereitschaft durch geringe Motivation, eine Speicherschwäche, ein unzureichender Unterricht (Entmutigung, zu wenig Wiederholungen, ungenaue Erklärung, zu kurze Lernzeit), aber unter Umständen auch ein Seh- oder Hörfehler oder eine motorische Störung.

Wie lernt man Rechtschreiben?
Auf motorischem Weg durch oftmaliges Schreiben der Wörter;
auf visuellem Weg durch genaues Betrachten und Einprägen der Wortbilder;
auf akustischem Weg durch deutliches Vor- und Nachsprechen der Wörter (dieser Weg ist jedoch sehr unzuverlässig, weil nur wenige Wörter so geschrieben werden, wie man sie spricht);
auf logischem Weg durch das Anwenden von Rechtschreibregeln;

auf lexikalem Weg durch das häufige Nachschlagen in einem Rechtschreibwörterbuch.
Welcher Weg vorgezogen wird, hängt vom Lern- und Vorstellungstyp des Schülers ab, aber auch vom Rechtschreibfall. Im Allgemeinen sollte man jedoch alle genannten Formen des Rechtschreiberwerbs pflegen, denn Rechtschreiben ist ein komplexer Vorgang.

Der Lernvorgang könnte sich in folgenden Schritten vollziehen:
Erfassen der Bedeutung eines Wortes,
Betrachten der Schreibweise, evtl. Hervorheben der orthographischen Besonderheiten durch Unterstreichen, Übermalen u. dgl.,
mehrmaliges Ab- und Aufschreiben des Wortes, in Zusammenhängen,
Kontrolle, ob das Wort richtig gespeichert wurde durch Diktieren des Wortes, evtl. im Satzzusammenhang oder im Text.

Im Nachhilfe- bzw. Förderunterricht können grundsätzlich **verschiedene Strategien** eingeschlagen werden:
1. Man kann systematisch vorgehen und ein Kapitel nach dem anderen durchnehmen, wobei vom Leichten zum Schwierigen fortgeschritten werden sollte, wie dies auch in diesem Buch geschieht. Dieser **aufbauende Rechtschreibunterricht** führt verlässlich zum Ziel, ist aber sehr zeitaufwendig.
2. Man kann von den Rechtschreibfehlern des Schülers ausgehen, die er bei Testdiktaten oder beim Aufsatzschreiben gemacht hat. Hierbei wird vor allem das behandelt, was der Schüler noch nicht kann. Dieser **kompensatorische Rechtschreibunterricht** kann dann empfohlen werden, wenn rasche Hilfe erforderlich ist und nur wenige Fehler gemacht werden. Allerdings ist dieser Weg nicht gründlich.
3. Man kann von Inhalten bzw. Themen ausgehen, die im Sachunterricht eben behandelt werden oder die den Schüler besonders interessieren. Dabei wird nur die Schreibung jenes Wortschatzes geübt, der im Zusammenhang mit dem

Thema auftritt. Dieser **inhaltsbezogene Rechtschreibunterricht** ist zwar motivierender als die anderen Strategien, doch bleiben manche Rechtschreibkapitel völlig unbehandelt.
4. Man kann nach genauer Leistungsfeststellung und individueller Fehleranalyse die Ursachen des Versagens eines einzelnen Schülers erforschen und durch Bekämpfung der Ursachen die Rechtschreibfähigkeit zu bessern versuchen. Hierbei werden besondere, dem Schüler angepasste Methoden angewendet werden müssen, die in diesem Einzelfall einen Erfolg erwarten lassen. Ein solcher **individueller Rechtschreibunterricht** erfordert vom Lehrenden eine große methodische Sachkenntnis und ein psychologisches Einfühlungsvermögen. Diese Strategie sollte vor allem bei Vorliegen einer speziellen Lese-Rechtschreibschwäche (Legasthenie) angewendet werden.

Welche Strategie immer man einschlägt, dieses Buch enthält **entsprechendes Übungsmaterial und vielfältige Übungsformen:**
Abschreibübunggen in vielen Varianten, Analogieübungen, etymologische Übungen (Ergänzen eines stammverwandten Wortes, Aufsuchen von Wortfamilien), Rechtschreibrätsel, Einsetzübungen, Texte für Gedächtnisübungen und Diktate, Umformungsübungen, Kontrastübungen, Übungen im Anwenden von Rechtschreibregeln, Übungen mit dem Wörterbuch.
Diktate, Einsetzübungen und Gedächtnisübungen dienen vor allem der Wiederholung und Kontrolle des Gelernten, **die Regeln** dagegen als Entscheidungshilfe in Zweifelsfällen; das gilt besonders für die Klein- und Großschreibung, die Getrennt- und Zusammenschreibung sowie die Zeichensetzung.
Am Schluss noch einige Worte über die **Fehlerverbesserung**. Grundsätzlich sollte jedes bei einem Diktat oder bei einer Gedächtnisübung falsch geschriebene Wort hinsichtlich seiner Schreibung besprochen und im Satzzusammenhang mehrmals richtig geschrieben werden.

Besonders bewährt hat sich bei der Verbesserung der Fehler die **Fehlerkartei** (Lernkartei). Eine solche kann sich der Schüler unschwer selbst anfertigen: In einer leeren Schuhschachtel werden vier gleich große Abteilungen gebildet, dann werden aus einem Zeichenkarton Karteiblätter so zugeschnitten, dass sie in die Schuhschachtel gestellt werden können. (Siehe Abbildung!)

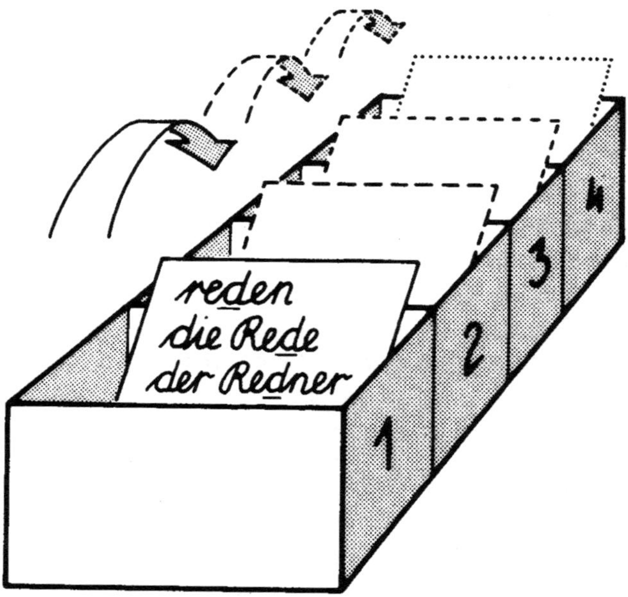

Wird bei einem Diktat ein Wort falsch geschrieben, so muss dieses Wort in der richtigen Schreibweise auf ein Karteiblatt geschrieben werden, z. B. re**d**en, die Re**d**e, der Re**d**ner, er hat gere**d**et, er ist bere**dt**, die Bere**d**samkeit. Dieses Karteiblatt wird nun in die erste Abteilung der Kartei gelegt. Am folgenden Tag wird das Blatt herausgenommen, und die notierten Wörter werden dem Schüler diktiert. Schreibt er sie richtig, wird das Blatt in die zweite Abteilung gestellt. Das wiederholt sich am dritten Tag, und das Blatt wandert in die dritte Abteilung. Werden am vierten Tag wieder alle Wörter richtig geschrieben, wird das Karteiblatt in die vierte Abtei-

lung gesteckt. Bei richtigem Schreiben am folgenden Tag wird es ausgeschieden. Werden Fehler gemacht, wird das Karteiblatt in die erste Abteilung zurückgesteckt und der Vorgang wiederholt sich.
Mit anderen Fehlern wird ebenso vorgegangen. Eine solche Lernkartei schafft dem Schüler sichtbare Erfolgserlebnisse und motiviert ihn für das weitere Lernen.
Die Eintragungen in das Übungsheft und auf die Karteiblätter müssen in deutlicher, gut lesbarer Handschrift erfolgen, denn undeutlich geschriebene Wortbilder prägen sich auch nur verschwommen und undeutlich im Gedächtnis ein und können dann nicht richtig wiedergegeben werden.
Und noch ein Rat:
Der Lehrende möge den kleinsten Erfolg anerkennen, ermuntern und loben und bei Rückschlägen nicht die Geduld verlieren. Manchmal können die Schüler auch durch die Vergabe von Leistungspunkten oder guten Noten zum Lernen motiviert werden.

Zeichenerklärung

Alle Übungen sind fortlaufend nummeriert, die **Regeln** sind **farbig** hervorgehoben.
Gibt es zu einer Übung eine Lösung im Anhang, wird mit einem Pfeil auf die Lösung hingewiesen: → **L . . .**
L 3 bedeutet dann z. B. Lösung der Übung Nr. 3 usw. (im Anhang des Buches zu finden).
Welche Übungen für die einzelnen Schulstufen empfohlen werden, wird durch **Symbole** gekennzeichnet. Diese stehen neben der Kapitelüberschrift:

□ = Übungen für das 5. Schuljahr und später
○ = Übungen für das 6. Schuljahr und später
⊗ = Übungen für das 7. Schuljahr und später
Δ = Übungen für das 8. Schuljahr und später

Übungen zur Benützung eines Wörterbuches □

Am Anfang eines Rechtschreibwörterbuches werden gewöhnlich die **Regeln**, nach denen geschrieben werden soll, angeführt. Auch kann man im Inhaltsverzeichnis des Wörterbuches feststellen, welche **Abkürzungen** in dem Wörterbuch verwendet werden und wofür diese Abkürzungen stehen. Die Wörter im lexikalen Teil sind immer **nach dem Abc (Alphabet)** geordnet. Du solltest es daher völlig beherrschen.

Sag dir das Alphabet in der folgenden Reihenfolge mehrmals vor! Nach jedem Gedankenstrich mache eine kurze Pause: **1**

ABCDEF – GHIJK – LMNOP – QRST – UVWXYZ

Schreib das Alphabet dann auch in Blockschrift, schließlich in Schreibschrift (Klein- und Großbuchstaben) auf!

Welcher Buchstabe steht vor, welcher nach den angeführten Buchstaben? Trage sie in die Felder ein! **2**

H	N	T	G	R

→ **L 2**

Welcher Buchstabe steht zwischen den angeführten Buchstaben? Trage ihn ein! **3**

L	I	B	S	W
N	K	D	U	Y

→ **L 3**

4 *Schreib die folgenden Wörter alphabetisch geordnet auf:*

Verkehrsampel, Straßenverkehr, Ordnung, Unfall, Autoschlange, Beifahrer, Polizist, Wachebeamter, Roller, Fahrrad, Lastwagen, Zebrastreifen.

5 *Bei der folgenden Übung beginnen mehrere Wörter mit dem gleichen Buchstaben. Du musst diese Wörter daher nach dem zweiten Buchstaben ordnen:*

Fuhrwerker, Fahrgast, Fernfahrer;
Autobahn, Abschleppseil, Achtung, arbeiten, anschieben;
Unfall, Ursache, Uhr, Ulrike. → **L 5**

6 *Die nachstehenden Wörter haben die ersten beiden Buchstaben gleich. Erst der dritte ist anders. Ordne die Wörter daher nach dem dritten Buchstaben:*

Sattel, Saal, Sack, Salbe, Saft, Sarg, Samstag, saufen, sagen. → **L 6**

7 *Schreib auf einem Blatt auf, auf welchen Seiten deines Wörterbuches die einzelnen Buchstaben zu finden sind.* Z. B.:

A: Seite . . . bis Seite . . .
B: Seite . . . bis Seite . . .

Lege die Liste in dein Wörterbuch ein!

8 *Versuche im Wörterbuch (Telefonbuch, Lexikon) folgende Buchstaben rasch zu „greifen“:* B – E – V – D – Z – H – M.

Manche Wörter findest du nicht in der alphabetischen Reihenfolge ihrer Buchstaben. Du musst unter ihrer Stammform nachschlagen (Nennform des Zeitwortes, Einzahl des Hauptwortes, Grundstufe des Eigenschaftswortes). Z. B.:

„Bäume“ unter „Baum“, „lief“ unter „laufen“, „am schönsten“ unter „schön“, „stämmig“ unter „Stamm“.

Ergänze: **9**

Zäune	–	unter dem Wort Zaun
Fäuste	–	unter dem Wort ________________
Stämme	–	unter dem Wort ________________
stieß	–	unter dem Wort ________________
(er) gräbt	–	unter dem Wort ________________
(sie) fiel	–	unter dem Wort ________________
(es) war (schön)	–	unter dem Wort ________________
(er) hätte	–	unter dem Wort ________________
lag	–	unter dem Wort ________________
Wälder	–	unter dem Wort ________________
hält	–	unter dem Wort ________________

→ **L 9**

Wenn du **zusammengesetzte Wörter** unter ihrem Anfangsbuchstaben nicht findest, musst du auch bei ihrem **„Grundwort“** nachschlagen:

Apfel	baum
Bestimmungswort	**Grundwort**

Das Grundwort von „Buchumschlag“ wirst du unter „Umschlag“ finden, das Grundwort von „Frühlingswiese“ unter „Wiese“ u. dgl. m.

Unter welchen Stichworten würdest du die folgenden Wörter suchen? Unterstreiche die Anfangsbuchstaben, unter welchen du nachschlagen würdest! **10**

Kindheitserinnerungen, Notizbuch, Notlandung, Schmuggelware, Warenhaus, Schnappschuss, Schlittschuhlaufen, Marillenmarmelade, immergrün, weggehen, hilfsbereit, abstürzen.

Fremdwörter werden oft anders ausgesprochen als sie geschrieben werden.
Suche daher Fremdwörter, die mit
f beginnen, auch unter **ph** (Phosphor),
Fremdwörter mit **w** auch unter **v** (Violine),
Fremdwörter mit **z** auch unter **c** (Cäsar),
Fremdwörter mit **k** auch unter **c** (Cousin) oder unter **ch** (Chor),
Fremdwörter mit **sch** auch unter **g** (Genie) oder unter **ch** (charmant),
Fremdwörter mit **i** oder **j** auch unter **y** (Ybbs, Yard),
Fremdwörter mit **s** auch unter **c** (City).

11 *Ordne nach dem Abc:*

Charakter, Christ, Thermometer, Rhythmus, violett, Doktor, Trafik, balancieren, Garage, Kompagnon, Chance. → **L 11**

12 *Ordne nach dem Abc:*

Dieb, Dezember, Doktor, Donnerstag, Dienst, Datum, Damm, Distel. → **L 12**

a, aa, ah □

Manche Selbstlaute werden kurz, manche lang bzw. gedehnt ausgesprochen. Diese **Dehnung** wird in der deutschen Rechtschreibung auf verschiedene Weise gekennzeichnet:

a) durch ein **stummes h** (Dehnungs-h): **leh**nen, **roh**, **Jah**r, **Äh**re, dr**öh**nen, K**uh**, k**üh**l, **Uh**r, **ih**n u. dgl.

b) durch ein **stummes e** (ie, ieh): l**ie**b, Fr**ie**de, V**ieh** u. dgl.

c) durch **Verdopplung des Selbstlautes** (aa, ee, oo): S**aa**t, M**ee**r, B**oo**t u. dgl.

d) **nicht besonders:** Schw**a**n, S**a**me, M**o**de, Sch**e**re, t**ö**nen, Bl**u**t, Law**i**ne u. dgl.

In **Fremdwörtern** gibt es kein Dehnungs-h: Kapit**a**l, Lekt**ü**re, Rom**a**n u. dgl.

Das lang ausgesprochene a bleibt unbezeichnet, oder es wird **aa** oder **ah** geschrieben. Du musst dir daher die Schreibung der Wörter einprägen.

Schreib die folgenden Wörter ab und setze vor jedes Hauptwort den Artikel: **13**

Ahnung, **Ah**le (Schuhmacherwerkzeug), F**ah**ne, H**ah**n, **Ah**ne (Vorf**ah**re), Ausn**ah**me, F**ah**rt, K**ah**n, M**ah**l (Essen), M**ah**lzeit, N**ah**rung, Z**ah**n, N**ah**t, St**ah**l, Str**ah**l, W**ah**rheit, W**ah**l, B**ah**n, Einn**ah**me, Gef**ah**r, J**ah**r, N**ah**t, R**ah**m, Dr**ah**t.

Schreib ab und ordne die folgenden Wörter nach dem Alphapet: **14**

R**ah**men, Teiln**ah**me, nach**ah**men, bew**ah**ren, z**ah**m, unw**ah**r, Tragb**ah**re, Damenf**ah**rrad, M**ah**d.

Wende in sinnvollen Sätzen an: **15**

l**ah**m, k**ah**l, w**ah**nsinnig, z**ah**m.

Diese Wörter bilden eine Familie: **16**

f**ah**ren, gef**ah**ren, F**ah**rt, verf**ah**ren, bef**ah**ren, zerf**ah**ren, Gef**ah**r, f**ah**rbar, Erf**ah**rung, abf**ah**ren, zurückf**ah**ren, Nachf**ah**ren, Vorf**ah**ren, willf**ah**ren, willf**äh**rig, F**ah**rbahn, F**ah**gast, F**ah**rgelegenheit, F**ah**rkarte, F**ah**rlehrer, F**ah**rplan, F**ah**rrad, F**ah**rstuhl, F**ah**rweg, Ausf**ah**rt, Rundf**ah**rt, Schifff**ah**rt, Radf**ah**rer, der Gef**äh**rte, gef**äh**rlich, ungef**äh**r, F**uh**rmann, F**uh**re u. a. m.

Stelle ebenso die Wortfamilie von „zahlen" zusammen!

→ **L 16**

17 *Mit aa schreibt man nur wenige Wörter. Ordne sie nach dem Alphabet und ergänze bei den Hauptwörtern den Artikel!*

Aal (ein Fisch), **Aa**r (Adler), H**aa**r, h**aa**rig, h**aa**ren, M**aa**t (Schiffsunteroffizier), das P**aa**r (zwei zusammengehörige Stücke oder Personen), ein p**aa**r (mehrere), S**aa**l, Konzerts**aa**l, S**aa**t, Auss**aa**t, St**aa**t, St**aa**tsbürger, St**aa**tsbeamter, St**aa**tsgrenze, st**aa**tlich, **Aa**s (Tierleiche), W**aa**ge, Küchenw**aa**ge, Personenw**aa**ge, Apothekerw**aa**ge, w**aa**grecht, R**aa**b (ein Fluss), **Aa**chen (eine Stadt), S**aa**r (ein Fluss), S**aa**rland. → **L 17**

18 *Lerne das folgende Gedicht auswendig und schreib es dann aus dem Gedächtnis auf:*

Vom Doppel-aa muss ich euch melden,
dass es verhältnismäßig selten,
man findet es in Aas und Aal,
in Haar und Paar und Saat und Saal.
Und auch in staatlich lässt sich's sehn,
sowie in Staat. Und außerdem,
betrachtet man die Lage recht,
in Waage und in waagrecht.

19 *Beachte die Schreibweise und wende die Wörter in sinnvollen Sätzen an:*

ein Liebespaar – das Pärchen
der Tanzsaal – die Tanzsäle
die Saat – säen
die Waage – etwas abwägen
das Haar – ein Härchen

Unterscheide:

ein **Paar** Schuhe – ein **paar** Schillinge

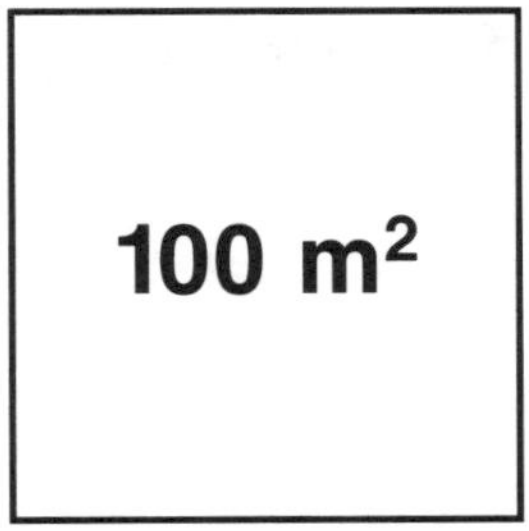

der **Aar** – das **Ar** (Flächenmaß)

die **Waage** – der **Wagen**

die **Wahl**urne – der **Wal** (Meeressäugetier)

Kaffee **mahlen** – ein Bild **malen**

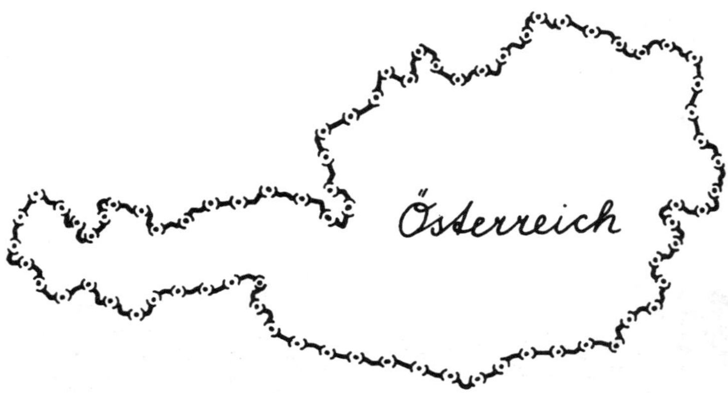

die St**aa**tsgrenze

20 *Schreib die folgenden Wörter mit einem lang gesprochenen a ab und setze die Mehrzahl daneben:*

Das Bad (die Bäder), die Dame (die Damen), der Bart (die Bärte), das Rad, der Plan, der Kragen, die Schale, der Schwan, das Tal, der Hase, der Hafen, das Gras, der Maler, der Salat, das Schaf, die Schar, der Same, der Laden.

→ **L 20**

Ergänze die fehlenden Stammformen! **21**

(gr**a**be, grub, gegr**a**ben) j**a**ge, tr**a**ge, s**a**ge, m**a**le, l**a**de, r**a**te. → **L 21**

Ergänze die Mitvergangenheitsform (Präteritum)! **22**

bitten – b**a**t, erschrecken – erschr**a**k, geben, liegen, kommen, treten, treffen. → **L 22**

Wende die folgenden Wörter in Sätzen an: **23**

b**a**rfuß, b**a**r bez**ah**len, br**a**v, g**a**r sehr, h**a**ger, kl**a**r, m**a**ger, einm**a**l, r**a**r (selten), schm**a**l, Qu**a**l, Vorn**a**me, Tanzb**a**r, Denkm**a**l, G**a**bel, f**a**belhaft.

Lerne den folgenden Text auswendig und schreib ihn dann aus dem Gedächtnis nieder: **24**

Krokodile
Früher einm**a**l, vor vielen Millionen J**ah**ren, w**a**ren die Panzerechsen die Herren der Welt. Unsere heutigen Krokodile sind die letzten Nachf**ah**ren dieser gigantischen Urweltriesen, **a**ber immer noch recht gew**a**ltige Kerle, die eine Länge von sechs, sieben und sog**a**r acht Metern sowie ein Alter von mindestens hundert J**ah**ren erreichen können. Sie sind so stark gepanzert, h**a**ben ein solch fürchterliches Gebiss und teilen mit ihren langen Schwänzen der**a**rtige Schläge aus, dass sich kein anderes Tier an sie w**a**gt.

Lauter Rätsel! Ergänze die Wörter mit aa! **25**

Großes Zimmer ______________________

zwei zusammengehörige Stücke ______________________

Gegenteil von senkrecht ______________________

dichterische Bezeichnung für Adler ______________________

schlangenartiger Fisch ______________________

Gerät zum Feststellen des Gewichtes ______________

verweste Tierleiche ________________________

26 *Schreib ab und ergänze die fehlenden Nachsilben:*

–b**a**r	-s**a**l	-s**a**m
haft-	die Trüb-	acht-
ehr-	das Schick-	lang-
ess-	das Scheu-	gehor-
unfass-	das Rinn-	mitteil-
frucht-	das Wirr-	aufmerk-
wandel-	die Müh-	furcht-

27 *Setze a, ah oder aa ein!*

Alle J . . . re wieder, keine . . . nung, h . . . ben, die Lösung err . . . ten, die schwere Tasche selbst tr . . . gen, auf den W . . . gen Säcke aufl . . . den, stets die W . . . rheit s . . . gen, den Sal . . . t schon ernten, ihn am Kr . . . gen packen, sich die H . . . re schneiden lassen, ein Bild m . . . len, Kaffee m . . . len, das Fleisch br . . . ten, niem . . . ls zu spät kommen, die N . . . t auftrennen, die Gef . . . r . . . nen, den F . . . rpl . . . n abschreiben, das G . . . s ausströmen lassen. → **L 27**

28 *Lerne auswendig und schreibe am nächsten Tag aus dem Gedächtnis nieder:*

Wir wählen den Klassensprecher

Der Lehrer als W**ah**lleiter bittet um Vorschläge. Jeder darf einen Vorschl**a**g machen, jeder darf auch sich selbst vorschl**a**gen. Diejenigen, die mindestens dreim**a**l vorgeschlagen werden, können kandidieren. Der Lehrer fr**a**gt die Vorgeschl**a**genen, ob sie kandidieren wollen. Anschließend werden die Namen der Kandid**a**ten an die T**a**fel geschrieben. Die W**ah**lliste ist fertig.

Ihr könnt auch nach Gruppen wählen. Die Buben und die Mädchen stellen getrennt Kandid**a**ten auf, es gibt zwei W**ah**llisten – eine für Buben und eine für Mädchen –, und jede Gruppe wählt auf ihrer Liste ihren eigenen Vertreter. Der Vorteil dieses Verf**ah**rens besteht darin, dass jede der beiden Gruppen einen eigenen Vertreter hat.

Bei den Betriebsr**a**tsw**ah**len wird ähnlich verf**ah**ren: Dort wählen Angestellte und Arbeiter jeweils ihre eigenen Vertreter.

Von den beiden Siegern wird derjenige Klassensprecher, der die meisten Stimmen hat.

Schreib aus dem folgenden Text jene Wörter, die schräg gedruckt sind, heraus, dann lass dir den Text ansagen und vergleiche anschließend mit dem Text im Buch! **29**

Vom Sparen

Der *Kluge bewahrt* sein Geld in der *Sparkasse* auf. Die Sparkasse kann das ihr *anvertraute* Geld *wieder* an *Privatpersonen* oder an *Gewerbetreibende beliebig* weiter verborgen. Das *verliehene* Geld trägt Zinsen. Diese Zinsen werden dir in das Sparkassenbuch eingetragen. Das *Sparkassenbuch* ist daher ein *Wertpapier*. Bewahre es gut zu Hause auf! Über das Geld, das du der Sparkasse *geliehen* hast, kannst du jederzeit frei verfügen. Die Vorlage des *Sparkassenbuches* genügt, um deine *Ersparnisse wieder* abheben zu können. Wenn es dir *lieber* ist, die eingelegten Beträge für längere Zeit zu binden, bekommst du höhere Zinsen. *Viele* Leute legen ihr Geld auch in *fest verzinslichen Wertpapieren* an.

Setze a, aa oder ah ein! **30**

Jedes J . . . r wird im St . . . lwerk der Betriebsr . . . t neu gewählt. Die Gef . . . r nicht unterschätzen. Die W . . . rheit kennen. Verdorbene N . . . rungsmittel nicht aufbew . . . ren. Ein P . . . r Schuhe kaufen. Sie w . . . r drei J . . . re alt. Eine

F . . . rt ins Gebirge. Ein Wasserstr . . . l schoss aus dem Rohr hervor. Wer sp . . . rt, hat mehr vom Leben. Der Bilderr . . . men w . . . r zerbrochen. Die W . . . rheit schwer ertr . . . gen können. Seinen Vorn . . . men s . . . gen. Den Diebst . . . l melden. Die Zeit totschl . . . gen. Den Toten aufb . . . ren. Die W . . . l fand im großen S . . . l statt. Die langen H . . . re kämmen. Das F . . . rr . . . d benützen. → **L 30**

ä, äh ☐

Das lang ausgesprochene **offene e** wird mit einem Umlaut geschrieben (**ä, äh**).
Bist du im Zweifel, ob **e**, **ä** oder **äh** zu schreiben ist, so stelle fest, ob es nicht ein **stammverwandtes Wort mit a** oder **ah** gibt.
Wörter, die von einem Wort mit a oder ah abgeleitet wurden, schreibt man mit ä oder äh: R**ä**tsel – r**a**ten, z**äh**men – z**ah**m, l**äh**men – l**ah**m u. dgl.

31 *Schreib die folgenden Wörter ab und ergänze zwischen Klammern das stammverwandte Wort mit ah:*

wählen (Wahl), zählen, Fähre, Gefährte, gefährlich, jährlich, ernähren, lähmen, zähmen, Pfähle, Kähne, Fähnchen.

→ **L 31**

32 *Schreib ab und ergänze das stammverwandte Wort mit a:*

B**ä**der (Bad), Gef**ä**ß, G**ä**rten, Gr**ä**ber, Schw**ä**gerin, g**ä**ren, gl**ä**sern, m**ä**hen, n**ä**seln, n**ä**mlich, qu**ä**len, r**ä**chen, r**ä**dern, s**ä**en, sch**ä**dlich, schl**ä**frig, t**ä**tig, beh**ä**nde, St**ä**ngel, Sch**ä**nke, Schl**ä**gel, aufw**ä**ndig, G**ä**mse, überschw**ä**nglich, bel**ä**mmert

→ **L 32**

Manche Wörter mit ä oder äh haben kein stammverwandtes Wort mit a (ah).

Schreib die folgenden Wörter in alphabetischer Reihenfolge auf: **33**

K**ä**fer, Sch**ä**del, B**ä**r, tr**ä**ge, sp**ä**t, schr**ä**g, h**ä**tscheln, pr**ä**gen, sp**ä**hen, j**ä**ten, bl**ä**hen, Korn**äh**re, M**äh**ne, Haarstr**äh**ne, w**äh**ren (dauern), w**äh**rend, allm**äh**lich.

Bilde fünf Wunschsätze mit dem Konjunktiv von sein (wäre), z. B.: Wenn ich nur schon erwachsen w**ä**re! Wenn . . . **34**

Schreib die Mehrzahlform (den Plural) von Kahn, Pfahl, Garten, Wand, Wald *auf und unterstreiche das ä!* → **L 35** **35**

Schreib ab und ergänze die Nachsilbe -wärts! **36**

auf . . . , seit . . . , ab . . . , aus . . . , heim . . . , vor . . . .

Ergänze die Vergleichsformen der folgenden Eigenschaftswörter (Adjektive): **37**

warm (w**ä**rmer – am w**ä**rmsten), arm, alt, kalt, tr**ä**g, sp**ä**t.
→ **L 37**

Ordne die folgenden Fremdwörter nach dem Alphabet: **38**

Pr**ä**sident, Pr**ä**mie, Kommiss**ä**r, regul**ä**r, Qualit**ä**t, Quantit**ä**t, Autorit**ä**t, Kapit**ä**n, Frigid**ä**r (Kühlschrank).

Schreib die schräg gedruckten Wörter zuerst ab, dann lass dir den ganzen Text ansagen: **39**

Die Landschaft Kärntens
Nicht weniger *reizvoll* als die *Seen Kärntens* ist das *vielfäl-*

tige Landschaftsbild seiner Gebirgswelt. Oft steigen die *Hänge* aus den *Tälern terrassenförmig* über *Seen* empor. *Moränenwälle* schichten sich auf. Aus dem Becken ragen unvermittelt bewaldete *Hügelreihen*, lockt *geheimnisvoll* ein schwankendes *Moor*. Die Stille der *romantischen* Wälder wechselt mit dem Brausen der *gischtenden Wasserfälle*, die schließlich im Steinbett glasklarer *Gebirgsbäche* zur Ruhe kommen. Tief *eingefressene Schluchten* und wild *gezackte Grate* wechseln mit der reichen Fülle eines bunten Pflanzenkleides.
In die Laub- und Mischwälder, in die Fichten und *Lärchenbestände* sind die Bergwiesen wie ein *Teppich* voll bunter Blüten eingestreut.

Manche Wörter werden trotz verwandter Formen mit a ohne Umlaut geschrieben. In diesen Fällen haben sich **alte Schreibweisen** erhalten.

40 *Wende die folgenden Ausnahmen in sinnvollen Sätzen an:*

br**e**nzlig (Brand), H**e**nne (Hahn), schm**e**lzen (Schmalz), Sp**e**ngler (Spange), Wildbr**e**t (braten), br**e**nnen (Brand), **e**del (Adel), s**e**tzen (Satz), **E**ltern (alt).

41 *Lerne den folgenden Text auswendig und schreib ihn am nächsten Tag aus dem Gedächtnis nieder! Vergleiche anschließend mit dem Text im Buch!*

Lärm bedroht die Gesundheit
Die Gesundheit vieler Leute in den Großst**ä**dten ist heute durch L**ä**rm gef**äh**rdet. Der Krach auf den Straßen betr**ä**gt durchschnittlich 60 bis 80 Fon (Maßeinheit für Geräusche). Der Autoverkehr, ungez**äh**lte Baustellen, Werkst**ä**tten, selbst Kinderspielpl**ä**tze tragen zu diesem L**ä**rm bei. Wie Untersuchungen gezeigt haben, wird dadurch sogar die Gesundheit der Menschen gesch**ä**digt. Besonders l**ä**rmanf**ä**llig sind Bürohäuser mit großen Fensterfronten. Hier

könnte die l**ä**rmd**ä**mmende Wirkung von Vorh**ä**ngen genutzt werden. Aber auch in den Wohnhäusern sind die Menschen vor L**ä**rm nicht sicher.

Unterscheide und wende die Wörter in Sätzen an: **42**

die Himbeeren

die Eisbären

die Lerche

die Lärche

ein Ehrenzeichen der Republik Österreich

die Kornähre

43 *Lass dir den folgenden Text ansagen und vergleiche anschließend deine Niederschrift mit dem Text im Buch!*

Hongkong

Hongkong ist eine Weltstadt, die Hochhäuser ebenso kennt wie alte Pal**ä**ste und Fuß**gängerüberg**änge. Buntes Leben und Treiben herrscht in den Gesch**ä**ftsstraßen. Hier haben H**ä**ndler ihre Verkaufsst**ä**nde aufgeschlagen und gesch**ä**ftig eilen Lasttr**ä**ger dahin. Auf dem Rücken tr**ä**gt auch die chinesische Mutter ihr schl**ä**friges Kind, an den Hausw**ä**nden klettern riesige Reklamen empor und in den L**ä**den breiten sich herrliche Kunstgegenst**ä**nde aus, darunter gl**ä**nzende Lackschachteln. Die Luft ist erfüllt vom L**ä**rm des t**ä**glichen Lebens und von den Gerüchen der chinesischen Küche. Gegessen wird aus kleinen Sch**ä**lchen, doch das Essen mit St**ä**bchen will gelernt sein. – Ebenso lebendig wie die Straßen ist der große Hafen. Hier liegen Lastk**ä**hne, und zwischen ihnen gleiten die schwerf**ä**lligen chinesischen Dschunken dahin, auf denen es sogar Werkst**ä**tten gibt. –

Am seltsamsten und schönsten ist Hongkong bei Nacht. Die Dunkelheit verschluckt dann die Gesch**ä**ftigkeit des Tages und verdeckt mildt**ä**tig den Schmutz und Unrat. Schiffe zeichnen helle Lichtb**ä**nder in das Dunkel und erinnern die Europ**ä**er an die Heimath**ä**fen.

e, ee, eh □

Das lang ausgesprochene e bleibt **unbezeichnet**, oder es wird **eh** bzw. **ee** geschrieben.

Mit ee schreibt man nur wenige Wörter. Schreib diese Wörter ab und ordne sie nach dem Alphabet! **44**

S**ee**, M**ee**r, H**ee**r, verh**ee**ren, verh**ee**rend, Arm**ee**, Sp**ee**r, Schn**ee**, F**ee**, Kaff**ee**, T**ee**, S**ee**le, s**ee**lisch, T**ee**r, t**ee**ren, B**ee**ren, Kl**ee**, B**ee**t, All**ee**, Id**ee**, l**ee**r, ausl**ee**ren, krak**ee**len (lärmen, schreien), sch**ee**l (misstrauisch) blicken, R**ee**de (Schiffsankerplatz), Lorb**ee**r, G**ee**st (hoch gelegenes Land an der Küste), Variet**ee**.

Setze je zwei der folgenden Wörter zu einem neuen Wort zusammen! **45**

B**ee**t	Kl**ee**	Kanne	werfen	Führer
Feld	All**ee**	M**ee**r	Kaff**ee**	B**ee**ren
Baum	Blumen	T**ee**r	Fass	Welt
Arm**ee**	H**ee**r	Stachel	General	Sp**ee**r

→ **L 45**

In vielen Fällen werden Wörter mit lang ausgesprochenem e mit einem Dehnungs-h geschrieben. Wende diese Wörter in Fügungen an: **46**

das Gew**eh**r (der Schaft eines Gew**eh**res), der L**eh**rer (die Stimme des L**eh**rers), das M**eh**l, der Verk**eh**r, der F**eh**ler, der L**eh**m, die **Eh**re, die K**eh**le.

47 *Wende in Fügungen an:*

angen**eh**m, verh**eh**len (verheimlichen), m**eh**r, s**eh**r, z**eh**n, m**eh**lig, l**eh**mig.
Beispiele: z**eh**n Stück, die Absicht verh**eh**len.

48 *Schreib die stammverwandten Zeitwörter (Verben) daneben:*

Verk**eh**r (verk**eh**ren), S**eh**nsucht (sich s**eh**nen), Bel**eh**rung, Verf**eh**lung, Ausd**eh**nung, Entb**eh**rung, Bel**eh**nung. → **L 48**

49 *Schreib ab und notiere daneben die Mehrzahl:*

der B**e**sen (die B**e**sen), der **E**sel (die **E**sel), die F**e**der, der H**e**ring, das Kam**e**l, die H**e**rde, die R**e**be, die R**e**de, die Sch**e**re, der W**e**g, das Pak**e**t, der Sch**e**mel. → **L 49**

50 *Bilde Sätze mit:*

sich bew**e**gen, laut b**e**ten, Recht g**e**ben, hoch h**e**ben, Papier kl**e**ben, deutlich l**e**sen, eng w**e**ben, jemandem etwas besch**e**ren, Osterf**e**rien, schw**e**lendes Feuer.

51 *Auch die folgenden Wörter werden nur mit e geschrieben. Wende sie in Fügungen an:*

bequ**e**m, **e**ben, **e**lend, h**e**r, j**e**der, qu**e**r, schw**e**r, w**e**nig, w**e**m, w**e**n, d**e**n, st**e**ts, sich **e**keln.

52 *Beachte den Unterschied und wende in Sätzen schriftlich an:*

das H**ee**r (Soldaten)	Komm h**e**r!
die R**ee**de (Ankerplatz für Schiffe)	die R**e**de des Präsidenten
s**ee**lisches Leid, die S**ee**le	s**e**lig (glücklich) sein, S**e**ligkeit
B**ee**te gießen	B**e**te und arbeite!
das M**ee**r sehen	immer m**eh**r verlangen

den Kübel ausleeren

den Verkehrssünder belehren

Setze e, ee oder eh ein: **53**

In diesem Sessel sitzt man bequ . . . m. B . . . ren pflücken. Vor dem l . . . ren Glas sitzen. Kreuz und qu . . . r durch die Gegend fahren. Schafe sch . . . ren. Das ist eine frisch get . . . rte Straße. Der Tisch ist s . . . r schw . . . r. R . . . de keinen Unsinn! Der Hase frisst gern Kl . . . . Eine Figur aus L . . . m formen. L . . . ne dich zurück! Der Bach wird durch ein W . . . r aufgestaut. In dem Häuserm . . . r sieht man die Kirche nicht. Er wurde von der M . . . rheit gewählt. → **L 53**

Lerne den folgenden Text auswendig und schreib ihn am folgenden Tag aus dem Gedächtnis nieder: **54**

Vom Beten

Zeig uns, wie man b**e**tet!

Das haben die Jünger immer bewundert, wie J**e**sus, ihr Herr und Meister, b**e**ten konnte! Ganze N**ä**chte hindurch zog er sich in die Stille und Einsamkeit zurück und r**e**dete mit dem Vater. Einige aus ihrem Kreis waren zuvor schon unter der Jüngerschar des Täufers Johannes drunten am Jordan gewesen. Die wussten davon zu erz**äh**len, wie der Täufer mit ihnen gebetet hatte, sodass man einfach mittun musste. Wie gut würde erst Jesus ihnen zeigen können, wie man richtig b**e**tet! Als der Herr wieder einmal von einem langen Gespr**ä**ch mit dem Vater zu den Seinen kam, fasste sich einer ein Herz und bat ihn rundheraus: Herr, zeig uns, wie man richtig b**e**tet! Johannes hat das bei seinen Jüngern doch auch getan! Und da sagte der Herr: So sollt ihr b**e**ten – und lehrte sie das Vaterunser. Es ist das schönste und größte Gebet, das wir Menschen sprechen können, weil Gottes Sohn selbst es uns gel**eh**rt hat.

55 *Lass dir ansagen und vergleiche anschließend mit dem Text im Buch:*

Ein Kindertag

Es ist lange h**e**r, dass wir in der kleinen Stadt wohnten und in dem l**ee**ren G**ä**rtchen spielten, das man uns Kindern überlassen hatte, weil es so winzig und sch**ä**big war und weil außer zwei kleinen Birkenbäumen und Stachelb**ee**rsträuchern nichts m**eh**r in ihm wuchs. Es ist schon so lange h**e**r, dass ich fast alles aus jener Zeit vergessen habe. Wenn ich mich jedoch erinnere, s**e**he ich den Garten vor mir, das helle Grün der Birkenzweige und das große, schön geschwungene M aus Brunnenkresse auf meinem eigenen B**ee**t, um das ein H**ee**r von Bienen schw**ä**rmte. Ich sehe meine Schwester Bea, die auf einem Schaukelstuhl sitzt und sich ein wenig hin- und herstößt und mit ihren Absätzen die Erde aufhackt. Ich sehe meinen kleinen Bruder, der im Sandkasten hockt und mit einem zerbrochenen Hufeisen in dem gelben Sand herumstochert.

(Nach Marie Luise Kaschnitz)

i, ie, ih, ieh ☐

Für das lang ausgesprochene i gibt es verschiedene Schreibweisen: **i, ie, ih** oder **ieh**.

Ordne die folgenden Wörter nach ihrer Schreibweise in vier Spalten: **56**

B**ie**ne, **ih**n, ausg**ie**big, Masch**i**ne, **ih**r, s**ieh**, Sp**ie**l, bef**ieh**l, **ih**n, V**ieh**, kn**ie**n, G**ie**bel, **I**gel, Schm**ie**d, l**ie**h, T**ie**gel, Pr**i**mel, n**ie**, Benz**i**n, die Goldm**i**ne.

Schreib ab und ergänze den Artikel: **57**

Absch**ie**d, Anl**ie**gen, Batter**ie**, Besenst**ie**l, B**ie**ne, B**ie**r, D**ie**b, D**ie**nstag, F**ie**ber, Fr**ie**de, Garant**ie**, Geb**ie**t, Gl**ie**d, Industr**ie**, K**ie**fer (Knochen), Kn**ie**, L**ie**be, L**ie**d, M**ie**ne (Gesichtsausdruck), Pap**ie**r, R**ie**men, S**ie**b, S**ie**dlung, S**ie**g, Sp**ie**gel, St**ie**r, T**ie**r, Ungez**ie**fer, Untersch**ie**d, Verd**ie**nst (Lohn), W**ie**derkehr, W**ie**ge, W**ie**se, Z**ie**ge, Z**ie**gel, Zw**ie**bel.

→ **L 57**

Schreib die folgenden Wörter ab und ergänze zwischen Klammern die Mitvergangenheitsform (Präteritum): **58**

Schlafen (schl**ie**f), braten (br**ie**t), stoßen, bleiben, schreiben, steigen, reiben, halten, scheiden, heißen, hauen, fallen, blasen, preisen, treiben. → **L 58**

Ordne die folgenden Zeitwörter nach dem Alphabet: **59**

vers**ie**gen, z**ie**len, sch**ie**ßen, s**ie**ben, s**ie**den, aufsp**ie**ßen, verl**ie**ren, alarm**ie**ren, buchstab**ie**ren, halb**ie**ren, lin**ie**ren, nummer**ie**ren, repar**ie**ren, prob**ie**ren.

60 *Schreib ab und ergänze die Vergleichsformen:*

erg**ie**big – erg**ie**big**er** – am erg**ie**big**sten**; schw**ie**rig, verschw**ie**gen, nachg**ie**big, langw**ie**rig, ged**ie**gen.

61 *Schreib ab und ergänze die Form der 3. Person (Einzahl, Gegenwart):*

sehen – er s**ieh**t, empfehlen, befehlen, stehlen, fliehen, ziehen, geschehen. → **L 61**

62 *Bilde Zusammensetzungen mit „Vieh"!*

V**ieh**salz, V**ieh**stall, . . .

Unterscheide:

ihn	(Fürwort)	*in*	(Vorwort)
ihm	(Fürwort)	*im*	(in dem = Vorwort mit Artikel)
ihren	(Fürwort)	*irren*	(Zeitwort)
ihnen	(Fürwort)	*innen*	(Umstandswort)

63 *Wende diese Wörter in sinnvollen Sätzen an!*

64 *Schreib die folgenden Wörter, in denen die Dehnung des i-Lautes unbezeichnet bleibt, ab und ergänze den Artikel:*

B**i**bel, **I**gel, F**i**bel (erstes Lesebuch), Kam**i**n, Kan**i**nchen, Law**i**ne, Kl**i**ma, Augenl**i**d, L**i**neal, Masch**i**ne, Bleistiftm**i**ne, Pr**i**mel, Ros**i**ne, Viol**i**ne, Mus**i**k, Benz**i**n, L**i**nie, Kus**i**ne, Med**i**zin, K**i**no, Krokod**i**l, Inval**i**de, Sch**i** → **L 64**

Unterscheide, indem du dir die Bedeutung klar machst:
W**IE**DER = nochmals W**I**DER = gegen, entgegen

*Ordne die folgenden Wörter nach ihrer Bedeutung in zwei Spalten (w**ie**der – w**i**der) und wende sie anschließend in Sätzen an:* **65**

W**i**derstand, w**ie**derholen, W**ie**dergabe, w**i**dernatürlich, W**i**derrede, sich w**i**dersetzen, W**ie**derkehr, auf W**ie**dersehen, w**ie**derkommen, w**ie**dergewinnen, w**i**derfahren, w**ie**derbringen.

Schreib ab und ergänze die Nennform des Zeitwortes: **66**

ich roch (riechen), ich schloss, ich flog, ich verlor, ich fror, ich goss, ich floh, ich sott. → **L 66**

Leite von den folgenden Hauptwörtern (Nomen) Zeitwörter (Verben) ab: **67**

Lack (lackieren), Buchstabe (buchstabieren), Telefon, Ruine, Sorte, Note, Frisur, Plombe, Probe, Kontrolle, Diktat, Tapete. → **L 67**

Rate, was gemeint ist, und schreib die Lösung auf **68**

Raubtier mit gestreiftem Fell
Abkürzungszeichen in der Stenografie
Heilige Schrift der Christen
Lesebuch für Anfänger
→ **L 58**

69 *Wende die folgenden Lehn- und Fremdwörter in Sätzen an:*

Fabr**i**k, Lokomot**i**ve, L**i**neal, L**i**nie, Benz**i**n, Med**i**z**i**n, Automob**i**l, S**i**rup, L**i**ter, Margar**i**te, K**i**logramm, K**i**no, Ros**i**ne, Kus**i**ne, Gard**i**ne, Not**i**z, Just**i**z, Fam**i**lie, Kl**i**ma, St**i**l, S**i**lo, Apfels**i**ne (Orange), Law**i**ne, B**i**bel, F**i**bel.

70 *Schreib ab und ergänze die Endungen:*

ie	**ier**(er)	**ieren**
die Lotter**ie**	das Pap**ier**	spaz**ieren**
die Melod-	das Klav-	pass-
die Kolon-	das Scharn-	stud-
die Fantas-	der Barb-	gratul-
die Fotograf-	der Tapez-	oper-
die Geograf-	der Kass-	fris-
die Stenograf-	der Juwel-	ras-

71 *Schreib die folgenden Ziffern in Worten auf:*

4, 40, 7, 70, 74, 17, 1/4 → **L 71**

72 *Schreib ab und ergänze das Wort „vier“:*

. . . . .blättrig	. . . sitzig
. . . . .mal	. . . tausend
. . . . .füßig	. . . teilen (vierteln)
. . . . .motorig	. . . undzwanzig

73 *Schreib ab und setze i, ih, ie ein!*

Einst kam der Schalk Eulensp . . . gel nach Magdeburg und tr . . . b h . . . r v . . . le Gaukeleien. Da wurde er von den vornehmsten Bürgern gebeten, . . . nen ein lust . . . ges Stücklein zu zeigen. Eulensp . . . gel erklärte darauf, er wolle vom Dache des Rathauses herabfl . . . gen.

Jung und Alt l . . . f nun auf den Markt, um d . . . sem Schausp . . . l zuzuschauen. Schnell st . . . g Eulensp . . . gel auf d . . . Laube des Rathauses und bewegte d . . . Arme, als ob er fl . . . gen wolle. D . . . Leute machten große Augen und meinten, er würde w . . . rklich herabfl . . . gen. Der Schalksnarr aber lachte und sprach: „Ich dachte, es wäre außer m . . . r kein Narr mehr auf der Welt, nun aber sehe ich, dass d . . . ganze Stadt voller Narren ist.“ Darauf verl . . . ß er rasch das Rathaus und d . . . Stadt, denn d . . . erbosten Bewohner hätten . . . m d . . . se Verhöhnung gerne mit H . . . ben heimgezahlt. → **L 73**

Ergänze i oder ie: **74**

Wann kommst du w . . . der? Das Konzert wird im April w . . . derholt. Der Verbrecher leistete bei seiner Verhaftung keinen W . . . derstand. Du sollst dich ohne W . . . derrede fügen! Schafe, Ziegen und Rinder sind W . . . derkäuer. W . . . drige Umstände zwangen ihn zur Umkehr. W . . . derholt wurde Luther zum W . . . derruf seiner Lehre aufgefordert. Er wirkt unw . . . derstehlich. Man kann nicht w . . . der den Strom schwimmen. Ich hoffe w . . . der gesund zu werden. Die gerichtliche Entscheidung ist unw . . . derruflich. W . . . der den Tod ist kein Kraut gewachsen. Wer nicht mit mir ist, ist w . . . der mich. Die Worte des Redners fanden einen starken W . . . derhall. → **L 74**

Beachte den Unterschied und wende in Sätzen an: **75**

das Augenl**i**d	das Volksl**ie**d
die Nähmasch**i**ne	die Eisenbahnsch**ie**ne
die St**i**lübung	der Besenst**ie**l
Du l**ieh**st (von leihen) dem	Der Vater l**ie**st (von lesen)
Freund ein Buch.	Zeitung.
Er g**i**bt nach.	nachg**ie**big sein
G**i**b das Geld nicht aus!	ausg**ie**big

76 *Lass dir ansagen und vergleiche mit dem Text im Buch:*

Straße und Schiene

Manche sagen, Straße und Sch**ie**ne l**ie**gen miteinander im Wettbewerb. Man könnte auch sagen, dass die Lokomot**i**ve und das Automob**i**l beide um Aufträge bemüht sind. An d**ie** Stelle der Dampflokomot**i**ve ist heute v**ie**lfach der elektrische Tr**ie**bwagen getreten, und die Geschwindigkeit ist vor allem bei der Bahn gest**ie**gen. Aber auch die elektrisch betr**ie**bene Bahn ist an die Sch**ie**nen gebunden. Demgegenüber ist das Automob**i**l das wendigere Verkehrsmittel. Es kann überallh**i**n fahren, ist an keine bestimmte Abfahrtszeit gebunden und hat (vor allem auf der Autobahn) eine ebenso große Geschwindigkeit. Es ist daher sehr bel**ie**bt. Zwar ist es im Betr**ie**b nicht billig, aber d**ie** Bahntar**i**fe sind auch nicht n**ie**drig. Viele Frächter z**ie**hen daher das Automob**i**l der Bahn vor. Es ist durchaus möglich, dass bei dem Wettbewerb um v**ie**le Aufträge das Automob**i**l den S**ie**g erringt.

77 *Lerne auswendig und schreib am folgenden Tag aus dem Gedächtnis nieder:*

Vom Dienen

Die Menschen tun mit der Arbeit etwas, was Gott **ih**nen aufgetragen hat: S**ie** wollen sich die Erde untertan machen. Die Erde, aber nicht den Menschen! Dem d**ie**nen w**i**r mit der Arbeit. Jeder von uns scha**ff**t Güter oder hilft, s**ie** zu verteilen. So sorgt jeder von uns mit dem Erl**ös** aus der Arbeit dafür, da**ss** w**i**r selbst, ohne Not und ohne anderen l**ä**stig zu fa**ll**en, menschenwürdig leben kö**nn**en. Wir herrschen mit der Arbeit über die Natur, und gleichzeitig d**ie**nen wir **a**nderen und uns selbst.

Das D**ie**nen wird in besti**mm**ten Berufen besonders deutlich sichtbar, zum Beisp**ie**l im Beruf des Ar**z**tes. Er hilft gerade da**nn**, we**nn** ein Mensch die Hilfe sehr nö**t**ig hat, weil er kran**k** oder verwun**det** ist. Das ist schön, aber auch schwer. Der Arzt kommt dem Menschen dadurch ganz nahe, aber er kann sich nicht aussuchen, wem er naheko**mm**en wi**ll**. Er mu**ss** jedem helfen, der seine Hilfe wünscht, sei er nun **a**rm oder **r**eich, **lie**b oder bös, schön oder h**äss**lich. Dabei kommt es für den Si**nn** der Arbeit gar nicht darauf an, ob einer als weltber**üh**mter Arzt in einem ganz modernen Krankenhaus die schw**ie**rigsten Opera**tion**en ausführt oder irgendwo in einem Winkel der Welt a**ll**tägliche Kra**nk**heiten heilt. Er mu**ss**, was er tut, nur mit der Absicht tun: **I**ch wi**ll** helfen, so gut ich es ka**nn**. Diese Gesi**nn**ung gibt jeder Arbeit Wert, den höchsten Wert für de**n**, der so den**kt**.

o, oo, oh ☐

Das lang gesprochene **o** wird auf drei Arten wiedergegeben: als **o, oo, oh.**

Schreib ab und ergänze den Artikel: **78**

B**o**den, B**o**gen, B**o**te, Ch**o**r (Sängergruppe), D**o**m, D**o**se, H**o**nig, H**o**se, Kn**o**ten, K**o**t, Fr**o**nleichnamsfest, M**o**de, **Mo**nat, M**o**nd, M**o**tor, N**o**t, N**o**te, Pf**o**te, P**o**l, P**o**re, Schl**o**t, Heusch**o**ber, Sch**o**ß, Salzs**o**le (Salzlösung), Sp**o**re, St**o**ß, Str**o**m, T**o**d, T**o**n, T**o**r, Thr**o**n, V**o**gel, W**o**ge, Zitr**o**ne. → **L 78**

Schreib ab und wende in Fügungen an: **79**

gr**o**ß, h**o**ch, r**o**t, emp**o**r, sch**o**n, dr**o**ben, bl**o**ß, v**o**r, geh**o**rsam, h**o**len.

Ergänze das 2. Mittelwort der folgenden Zeitwörter: **80**

schwören (geschw**o**ren), verlieren (verl**o**ren), scheren, frieren, gebären, hobeln, schonen. → **L 80**

81 *Schreib ab und ergänze den Artikel:*

Arg**w**o**h**n, B**oh**ne, D**oh**le, Fl**oh**, F**oh**len, Fußs**oh**le, H**oh**n, K**oh**l, K**oh**le, L**oh**n, M**oh**n, **Oh**nmacht, **Oh**r, R**oh**r, S**oh**n, Str**oh**, W**oh**l, W**oh**nung. → **L 81**

82 *Ergänze die Stammformen des Zeitwortes:*

dr**oh**en (dr**oh**e – dr**oh**te – gedr**oh**t), b**oh**ren, empfehlen, w**oh**nen, befehlen. → **L 82**

83 *Setze je zwei der folgenden Wörter zu einem neuen Wort zusammen:*

Matte	S**oh**le	Stein	**Oh**r	K**oh**le
Stange	Str**oh**	Muschel	Leder	B**oh**ne → **L 83**

84 *Ordne nach dem Alphabet:*

r**oh**, fr**oh**, lichterl**oh**, h**oh**l, **oh**ne, w**oh**l.

85 *Bilde Sätze mit den Wörtern:*

R**oh**heit, H**o**heit, R**au**heit (da rau!).

86 *Erkläre die Redensarten mit „Ohr“:*

a) Die **Ohren** spitzen.
b) Er hat es faustdick hinter den **Ohren**.
c) Sich etwas hinter die **Ohren** schreiben.
d) Er lässt sich nicht über das **Ohr** hauen.
e) Bis über die **Ohren** in Schulden stecken.
f) Einander in den **Ohren** liegen.
g) Ein offenes **Ohr** finden.
h) Sich den Tag um die **Ohren** schlagen.
i) Die Ermahnungen gehen ihm zu einem **Ohr** hinein, zum anderen hinaus.

Mit **oo** schreibt man nur wenige Wörter:
das M**oo**r, m**oo**rig, das M**oo**s, bem**oo**st, das B**oo**t, ausb**oo**ten, der Z**oo** (Tiergarten).

Lerne das folgende Sprüchlein auswendig: **87**

Das oo wird selten angetroffen,
drum halte deine Augen offen!
Das Moos, das Boot, das Moor,
in diesen Wörtern kommt es vor.
Und außerdem gibt's noch den Zoo.
(Das weißt du aber sowieso!)

Setze o, oh, oo ein: **88**

K . . . len h . . . len. Das B . . . t aus dem Auge verl . . . ren haben. Sich auf das Str . . . legen. Die Bienen w . . . nen in dem h . . . len Baum. Die Zitr . . . ne auspressen. Lange H . . . sen tragen. Jeden M . . . nat die W . . . nungsmiete zahlen. Die D . . . se öffnen. Das B . . . t glitt führerl . . . s str . . . mabwärts. Den K . . . t vor dem T . . . r abstreifen. Sie fr . . . r sehr. Aus Gew . . . nheit hingehen. Das gest . . . lene Bild finden. Verl . . . rene Dinge finden. Auf dem M . . . s die Schritte nicht hören. Das L . . . b gilt dem fleißigen R . . . bert. → **L 88**

Lerne den folgenden Text auswendig und schreib ihn am folgenden Tag aus dem Gedächtnis nieder. Vergleiche anschließend mit dem Buch! **89**

Der Sperling

Übera**ll**, wo Menschen wohnen, ist auch der Sperling zu Hause. Diesen V**o**gel kennt w**oh**l jedes Kind. Gew**öh**nlich hat er seine W**oh**nung an Giebeln, unter Dächern **o**der in Baumkr**o**nen und h**oh**len Bäumen aufgeschlagen. Aber auch im Starkasten richtet er sich gerne w**oh**nlich ein. Er ist nicht gew**oh**nt, Rücksicht zu nehmen. Aus dem M**oo**r oder dem nahen Wald h**o**lt er sich M**oo**s, von den Feldern Str**oh**. Dann baut er sein Nest, und nach wenigen Stunden ist seine W**oh**nung fertig. Sch**o**n am frühen M**o**rgen klingt sein Gezwitscher an unsere **Oh**ren.

90 *Lass dir ansagen und vergleiche anschließend mit dem Text im Buch:*

Alte Schachteln

Da muss ich erst einmal eine hübsche Geschichte erzählen, die den V**o**rzug hat, wahr zu sein!
Eine Gruppe v**o**rnehmer, älterer Damen aus dem Münsterland wollte in Rom die berühmten D**o**me besichtigen. Zu ihrer Führung war ein weißhaariger hoher Geistlicher bestimmt worden, der sich liebenswürdig um die Besucher sorgte.
Er hatte s**o**gar zu ihrer Begrüßung etwas Deutsch gelernt; aber wie verblüfft waren die Damen, als er sie fragte: „Wie viele alte Schachteln sein sie denn?" – Verlegenes Schweigen, dann herzhaftes Gelächter. Der gute alte Herr rief erschrocken: „**Oh**, habe ich gesagt falsch?" – Es stellte sich heraus, dass er einen jungen deutschen Kollegen nach einer Anrede befragt hatte, mit der er ältere Damen würdig ehren könne, und der lustige Amtsbruder hatte ihn belehrt, dass die ehrerbietigste Anrede, die er gebrauchen könne, „alte Schachteln" sei! – Nun, diese „alten Schachteln" hatten Humor und es wurde eine fröhliche Führung.

ö, öh ☐

Schreib ab und ergänze ein stammverwandtes Wort mit o: **91**

emp**ö**ren (empor), t**ö**nen (Ton), bet**ö**rend (der Tor = dummer Kerl), tr**ö**sten, gr**ö**ßer, h**ö**her, t**ö**ten, entbl**ö**ßen, r**ö**tlich, str**ö**men, l**ö**sen, pers**ö**nlich. → **L 91**

Setze in die Mehrzahl: **92**

Die Fl**ö**te, der K**ö**nig, der K**ö**rper, der K**ö**ter, die Kr**ö**te, die **Ö**se, der L**ö**we, der K**ö**der, das Br**ö**sel, die L**ö**sung. → **L 92**

Ergänze schriftlich: **93**

st**ö**re (störte, gestört), h**ö**re, l**ö**te, **ö**le, bl**ö**ke, st**ö**bere, tr**ö**dle, z**ö**gere, str**ö**me, l**ö**se.

Verwende die folgenden Wörter als Beifügung (Attribut): **94**

öde, bl**ö**de, spr**ö**de, sch**ö**n.
Beispiele: eine **ö**de Landschaft, sch**ö**ne Bilder.

Wende in Sätzen an: **95**

die M**öh**re (gelbe Rübe), die H**öh**le, die R**öh**re, die F**öh**re, der K**öh**ler, das Nadel**öh**r, der F**öh**n, f**öh**nig, B**öh**men, gew**öh**nen, gew**öh**nlich, fr**öh**lich, vers**öh**nlich, vers**öh**nen, dr**öh**nen, b**öh**misch, der Haarf**öh**n.

Schreib ab und ergänze stammverwandte Wörter mit oh: **96**

H**öh**le (h**oh**l), K**öh**ler (K**oh**le), **Öh**r, R**öh**re, S**öh**ne, fr**öh**lich, argw**öh**nisch, gew**öh**nen, h**öh**nisch, aush**öh**len. → **L 96**

97 *Schreib ab und setze ö oder öh ein:*

Der K . . . ler lehnte am Stamm der F . . . re. Das sch . . . ne Mädchen sang fr . . . liche Lieder. Der K . . . der lag in der H . . . le. Er sollte sich daran gew . . . nen, die Zeit nicht zu vertr . . . deln. Die Nachbarn vers . . . nten sich schon nach kurzer Zeit. Der F . . . n war an jenem Tage ungew . . . nlich stark. Er wird sich an diese Arbeit gew . . . nen müssen. Es war t . . . richt von ihm, seine S . . . ne zu verstoßen. Er sah ihn argw . . . nisch an. H . . . nisch lächelnd übergab er ihm den Strafzettel. Man muss sich an die Sommerzeit erst gew . . . nen. → **L 97**

98 *Unterstreiche die schwierigen Wörter und lass dir dann den Text ansagen:*

Urwald

Gewöhnlich stellt man sich den Urwald schön bunt vor, mit vielen betörend duftenden Blumen, seltenen Vögeln und äußerst reizvoll. Die Wirklichkeit sieht anders aus. So heiter und weit die Wüste und so abwechslungsreich die Steppe ist, so bedrückend wirkt der Urwald.

Wer sich freiwillig in seine Gefangenschaft begibt, muss einen völlig gesunden Körper haben. Es beginnt mit der Dämmerung, ewiger Dämmerung. Nur selten dringt ein Sonnenstrahl bis auf den Waldboden, der feucht und glitschig ist von moderndem Laub.

Die Bäume führen einen ewigen Kampf um das Licht, um die Sonne. Jeder bedrängt den anderen, will dem Himmel am nächsten sein, um sein Blattwerk entfalten zu können. Darum schießen die Bäume 40 Meter und noch höher empor. Die Kronen sind so nahe beisammen, dass sie sich miteinander verflechten. Lianen ringeln sich um die Baumstämme bis hoch hinauf und fallen dann von der Höhe wieder herab. Dickicht und Unterholz tun das ihre, um jede Sicht zu nehmen.

Lerne den folgenden Text auswendig und schreib ihn am folgenden Tag aus dem Gedächtnis auf! **99**

Der Fuchs

Hell scheint die Sonne gegen den weißen Berg. Meisen zwitschern, Goldfin**k**en fl**ö**ten, Häher schwatzen. Das Geschw**ätz** bricht ab, setzt als Gezeter w**ie**der ein, flaut ab, schwillt an und endet in einem schneidenden **G**ekreische. An der steilsten Stelle der ganzen Wand, auf dem schimmernden Schn**ee**fleck, leuchtet ein roter Fle**ck** auf. Schimpfen**d** und l**ä**sternd fallen die bunten Vögel in der krummen Linde über die Fels**pl**a**tt**e ein, stellen sich en**t**se**tz**lich giftig an und stieben ärgerlich keifen**d** ab.

Einen schiefen Blick schickt ihnen der Fu**chs** nach; dann reckt er sich, g**äh**nt her**z**haft, reckt sich abermals, f**äh**rt zusammen und beginnt sich heftig mit dem Hinterlaufe hinter dem Gehör zu kra**tz**en, w**oh**lig dabei knur**r**end; f**äh**rt dann mit dem Maul nach der Keule, fl**öh**t sich ausg**ie**big, kra**tzt** sich st**öh**nend den Na**ck**en und sitzt dann würde**voll** da, ab und zu den Kopf wen**d**en**d**.

(Hermann Löns)

u, uh / ü, üh □

Ordne die folgenden Wörter mit lang ausgesprochenem U-Laut nach ihrer Schreibung in zwei Spalten (u, uh): **100**

St**u**fe, K**uh**, J**u**gend, K**u**chen, **Uh**r, F**u**ß, H**uh**n, F**uh**re, Bl**u**me, St**uh**l, R**u**te, Gl**u**t, Br**u**der, R**uh**m (Ehre), Gr**u**be, Sch**uh**, Sch**u**le, Bl**u**se, H**u**t, Str**u**del, Schn**u**r, Sp**u**le, Kängur**u**.

Schreib Zusammensetzungen mit dem Wort „Uhr" auf: **101**

Taschen**uhr**, Armband**uhr** . . .

102 Die Vorsilbe **ur-** bedeutet „anfänglich, ursprünglich, hervorgegangen aus . . .“.
Schreib 10 Wörter mit der Vorsilbe ur- auf und versuche, sie zu erklären:

Urwald, **Ur**mensch, **Ur**sache . . .

103 *Setze je zwei der folgenden Wörter sinngemäß zusammen:*

Flur	Schutz	Boot	Natur	Volk
Schule	Armband	Haus	Ruder	Uhr

→ **L 103**

104 *Wende die folgenden Wörter mit „uh“ in Sätzen an:*

die F**uh**re, das H**uh**n, die K**uh**, der R**uh**m, der Pf**uh**l (Tümpel), der Aufr**uh**r, der Sch**uh**, der St**uh**l, die **Uh**r, die M**uh**me (Tante), das R**uh**rgebiet.

105 *Schreib ab und ergänze den Artikel:*

B**u**de, R**u**der, Br**u**der, Bl**u**se, Gr**u**be, H**u**f, R**u**f, St**u**fe, Betr**u**g, Bl**u**me, Gl**u**t, Fl**u**t, Br**u**t, G**u**t, H**u**t, Str**u**del, R**u**te, St**u**te, Sp**u**k, L**u**ke, J**u**gend, Sp**u**le, Sp**u**r, Schn**u**r, Schw**u**r, M**u**r (Fluss), Fl**u**r, K**u**r, W**u**t, R**u**del, P**u**del, N**u**del, K**u**chen, Kr**u**g, F**u**ß, Gr**u**ß, Känguru. → **L 105**

106 *Wie lautet die Mitvergangenheit (Präteritum) der folgenden Wörter? Schreib diese Formen auf:*

schlagen (schl**u**g), tragen, schaffen, laden. → **L 106**

107 *Wende die folgenden Wörter schriftlich in Sätzen an:*

t**u**ten, d**u**zen, r**u**fen, t**u**n, n**u**r, p**u**r, kl**u**g, n**u**nmehr.

Wie lauten die stammverwandten Wörter mit uh? Schreib sie auf: **108**

Stühle (Stuhl) Kühe
Hühner einführen
rühmlich berühmt

→ **L 108**

Wende die folgenden Wörter mit üh in sinnvollen Sätzen an: **109**

die B**üh**ne, die M**üh**le, das Gef**üh**l, k**üh**l, die Verk**üh**lung, die W**üh**lmaus, k**üh**n, die Geb**üh**r, fr**üh**, der Fr**üh**ling.

Schreib ab und ergänze: **110**

f**üh**le (f**üh**lte, gef**üh**lt), k**üh**le, r**üh**re, r**üh**me, f**üh**re, s**üh**ne, geb**üh**re, w**üh**le.

Wende beifügend an: **111**

tr**ü**b, w**ü**st, schw**ü**l, m**ü**de, s**ü**ß, w**ü**rzig, **ü**bel, g**ü**tig.
Beispiele: tr**ü**bes Wasser, g**ü**tige Menschen.

Ordne nach dem Alphabet: **112**

S**ü**den, Pr**ü**gel, T**ü**te, **Ü**bel, H**ü**ne, B**ü**cher, Br**ü**der, Gr**ü**bchen, F**ü**ße, Bl**ü**te, T**ü**r, Geschw**ü**r, D**ü**ne.

Schreib die folgenden Wörter ab und setze das 2. Mittelwort daneben: **113**

br**ü**ten, h**ü**ten, l**ü**gen, schn**ü**ren, sch**ü**ren, sp**ü**len, tr**ü**ben.
Beispiele: br**ü**ten – gebr**ü**tet, tr**ü**ben – getr**ü**bt.

Beachte den Unterschied und wende in sinnvollen Sätzen schriftlich an: **114**

f**ü**r den Vater F**üh**re uns nicht in Versuchung!
das Fass f**ü**llen den Schmerz f**üh**len

115 *Setze ü oder üh ein:*

Die Untat muss ges . . . nt werden. Der Finder behielt den Betrag f . . . r sich und f . . . rte ihn nicht ab. Fr . .   . . bt sich, wer ein Meister werden will. Sie r . . . mte sich, die beste Sängerin der B . . . ne zu sein. Der M . . . ller betrat die M . . . le durch den Haupteingang. Quäle nie ein Tier zum Scherz, denn es f . . . lt wie du den Schmerz! Die Geb . . . r wurde entrichtet. Sie bef . . . lte ihre kalten F . . . ße, denn sie f . . . rchtete eine Verk . . . lung. F . . . re uns nicht in Versuchung! → **L 115**

116 *Lies den folgenden Text aufmerksam durch, unterstreiche die Wörter mit ü und üh und lass ihn dir dann ansagen. Vergleiche anschließend mit dem Buch!*

Am Morgen

„Rrrrr . . .“, rasselt der Wecker um sechs Uhr früh. Die Mutter muss aufstehen und für die Familie das Frühstück kochen. Punkt sieben Uhr heult die Sirene drüben in der Fabrik; sie zeigt den Beginn der Arbeit an. Um ½ 8 Uhr müssen die Kinder aus dem Haus, damit sie rechtzeitig in die Schule kommen, denn Punkt acht Uhr läutet die Schulglocke! Um 8.15 Uhr fährt Vaters Zug ab, da heißt es, die Zeit einteilen, um ja nicht zu spät zu kommen.

117 *Lerne den folgenden Text auswendig und schreib ihn am folgenden Tag aus dem Gedächtnis nieder:*

Schwitzen ist gesund

Durch körperliche Anstrengung erhitzt sich unser Körper, besonders bei Wärme. Wir beginnen zu schwitzen. Die Schweißdr**ü**sen, die in der Lederhaut liegen, sondern Schweiß ab. Der Schweiß verdunstet an der Hautoberfläche. Wir sp**ü**ren, dass die Haut kalt wird. Das Blut, das durch die feinsten Äderchen der Haut fließt, k**üh**lt ab. Es bringt die Abk**üh**lung auch ins Körperinnere.
Bei Kälte droht der Körper auszuk**üh**len. Jetzt zieht sich die

Haut zusammen. Wir sagen, wir bekommen eine Gänsehaut. Die Hautäderchen verengen sich. Die Haut wird blass, weil sie weniger durchblutet wird. Die Körperwärme bleibt erhalten. Gegen die Winterkälte kann uns die Haut nicht gen**ü**gend schützen, deshalb tragen wir wärmende Kleidung.

Das silbentrennende Stamm-h ☐

Im Gegensatz zum **Dehnungs-h** (stummen h) ist in den folgenden Wörtern das **h hörbar**. Es steht zumeist zwischen zwei Silben und dient der Silbentrennung beim Abteilen; dre-**h**en, nä-**h**en, zie-**h**en.
In den Personalformen des Zeitwortes und in den Ableitungen bleibt dieses **Stamm-h** erhalten, auch wenn es nicht hörbar ist: dre**h**en – du dre**h**st, er dre**ht**, mä**h**en – die Ma**h**d.

Schreib ab und ergänze die Hauptwörter (Nomen), die von diesen Zeitwörtern (Verben) abgeleitet wurden: **118**

nä**h**en (die Na**h**t), schmä**h**en (die Schmach), mü**h**en, ru**h**en, brü**h**en, erzie**h**en, dro**h**en. → **L 118**

Verwende die folgenden Eigenschaftswörter (Adjektive) als Beifügung (Attribut): **119**

na**h**, fro**h**, zä**h**, ru**h**ig, ro**h**, frü**h**, fä**h**ig, mü**h**evoll.
Beispiele: der na**h**e Laden, die fro**h**e Nachricht.

Schreib die folgenden Zeitwörter (Verben) in der 3. Person, Einzahl, Gegenwart, auf: **120**

blü**h**en – es blü**ht** (aber: die Blüte), glü**h**en – es glü**h**t (aber: die Glut), mä**h**en – er mä**ht**, nä**h**en, lo**h**en, flie**h**en, ste**h**en, se**h**en, beja**h**en, krä**h**en.

121 *Trenne die folgenden zusammengesetzten Hauptwörter (Nomen) in Grund- und Bestimmungswort:*

Schu**hh**aus, Stro**hh**alm, Ku**hh**irte, Blä**hh**als, Vie**hh**erde, Ro**hh**eit.
Beispiel: Schu**h-h**aus.

122 *Lass dir ansagen und vergleiche anschließend mit dem Text im Buch:*

Der Esel als Löwe

Meister Lango**h**r ke**h**rte der Mü**h**le, in der er me**h**rere Ja**h**re gewo**h**nt hatte, den Rücken. Er sah wo**h**lgenä**h**rt aus, aber die Se**h**nsucht nach Freiheit ließ i**h**n die gewo**h**nten reichlichen Mahlzeiten in der Mü**h**le vergessen. Frö**h**lich trabte er durch den kü**h**len Morgen. In einem Ho**h**lwege fand er eine Löwenhaut, die wo**h**l einem Fu**h**rmann vom Wagen gefallen war. Der Esel na**h**m sie um sich, hüllte sich hinein und fü**h**lte sich in i**h**r fast wie ein Löwe. Als i**h**n die andern Tiere gewa**h**rten, pra**h**lte er mit seiner Stärke, sodass sie vor i**h**m in i**h**re Hö**h**len flo**h**en. Er wä**h**nte sie noch me**h**r zu schrecken, wenn er auch wie ein Löwe brüllte. Aber sose**h**r er seinen Hals de**h**nte, er brachte nur ein raues Iah hervor. Nun na**h**men die Tiere wa**h**r, dass sie nur einen Esel vor sich hatten; sie kamen aus i**h**ren Hö**h**len hervor und verhö**h**nten den Pra**h**ler. Etliche von i**h**nen aber liefen zur Mü**h**le und erzä**h**lten es dem So**h**n des Müllers. Dieser kam herbei, schlug i**h**n halb la**h**m und fü**h**rte i**h**n dann zur Mü**h**le zurück.

p, pp/b, bb ☐

• Nach einem **kurz ausgesprochenen** Selbstlaut (Vokal) wird der folgende Mitlaut (Konsonant) gewöhnlich **verdoppelt** (Ri**pp**e, Ste**pp**e, schna**pp**en). Die Verdopplung wird auch beibehalten, wenn Beugungsendungen oder Ableitungssilben hinzutreten (schle**pp**en, er schle**ppt**, die Verschle**pp**ung).
• Folgen auf einen kurz ausgesprochenen Selbstlaut in der Stammsilbe jedoch mehrere Mitlaute, wird **nicht verdoppelt** (Ra**ps**, stu**ps**en, Schna**ps**).

Bilde mit den folgenden Hauptwörtern Zusammensetzungen und schreib sie auf: **123**

das Wa**pp**en (das Wa**pp**entier), der La**pp**en (der Waschla**pp**en), die Ste**pp**e, die Su**pp**e, die Ka**pp**e, die Li**pp**en, die Ma**pp**e, die Pa**pp**e, die Pu**pp**e, die Ri**pp**e, der Schu**pp**en, der Te**pp**ich, die Tru**pp**e, die Kla**pp**e, der A**pp**arat.

Ergänze die Personalformen (in der Einzahl) der nachstehend angeführten Zeitwörter: **124**

ta**pp**en, tri**pp**eln, sto**pp**en, ni**pp**en, ki**pp**en, wi**pp**en, za**pp**eln.
Beispiel: ich schle**ppe** – du schle**pp**st – er schle**ppt**.

Wende die folgenden Wörter in sinnvollen Sätzen an: **125**

schni**pp**isch, kna**pp**, schla**pp**, do**pp**elt, po**pp**ig.

Schreib ab und ergänze den Artikel: **126**

Applaus, **App**etit, **App**arat, Gri**pp**e, Gru**pp**e, Ka**pp**e, Kla**pp**e, Kli**pp**e, Kri**pp**e, Krü**pp**el, La**pp**en, Li**pp**e, Ma**pp**e, Pa**pp**e, Pu**pp**e, Ra**pp**e (schwarzes Pferd), Ri**pp**e, Schu**pp**e, Si**pp**e,

Ste**pp**e, Sto**pp**el (Flaschenverschluss), Te**pp**ich, Tre**pp**e, Tru**pp**e, Wa**pp**en, Ti**pp**, Mo**pp**, Sto**pp**. → **L 126**

127 *Schreib ab und ergänze die Mitvergangenheit (Präteritum):*

erta**pp**en (erta**pp**te), wi**pp**en (wi**pp**te), schna**pp**en, schnu**p**-**p**ern, tri**pp**eln, sto**pp**en.

Mit **bb** schreibt man nur wenige Wörter:

die Ebbe, abebben, die Krabbe, krabbeln, die Robbe, robben, kribbeln, der Schrubber (Bodenbürste), schrubben, knabbern, blubbern, der Rabbiner (jüdischer Seelsorger), der Sabbat (Samstag, jüdischer Feiertag).

128 *Wende diese Wörter in sinnvollen Sätzen an!*

129 *Aus welchen Wörtern bestehen die folgenden Zusammensetzungen? Schreib die Wörter auf!*

Schle**pp**zug (schle**pp**en, Zug), Sto**pp**uhr, Pa**pp**karton, Ki**pp**tor, Kla**pp**stuhl, Ste**pp**decke, Zi**pp**verschluss, Autosto**pp**, Kre**ppp**apier.

Unterscheide:

sto**p** (englisch für „halt“, gilt nur für Verkehrstafeln!)	–	sto**pp**en, die Sto**pp**tafel

Ordne die folgenden Wörter nach dem Alphabet: **130**

Ze**p**ter, Reze**pt**, A**p**ril, Se**p**tember, Pa**p**st, Stö**p**sel, Knir**ps**, Ka**p**sel, Schna**ps**, Ra**ps**, Kla**ps**, Schli**ps** (Selbstbinder), Gi**ps**, ho**p**sen, stol**p**ern, zerlum**pt**, em**p**or.

Setze p, pp oder bb ein: **131**

Der Dieb wurde auf frischer Tat erta . . . t. Die Touristen kni . . . sten drauflos. Der Lärm e . . . te erst langsam ab. Der Boden muss geschru . . . t werden. Er ki . . . te das Tor auf. Die Polizei sto . . . te den Raser. Das Kind war za . . . elig. Die Kinder ho . . . sten im Gras herum. Beim Bremsen leuchtet das Sto . . . licht auf. Er gab mir einen guten Ti . . . . Sie verti . . . te sich sehr häufig. Du musst dir beim O . . . tiker eine neue Brille kaufen. Der Mann entpu . . . te sich als Schwindler. Die Pferde stürmten im Galo . . . davon. Die Pillen werden in dieser Ka . . . sel aufbewahrt. Der Soldat ro . . . te langsam vorwärts. Es hat alles bestens gekla . . . t. → **L 131**

Lerne den folgenden Text auswendig und schreib ihn aus dem Gedächtnis nieder. **132**

Hundstage

Der So**mm**er war heiß gewesen. Das Moos des Waldbodens war fahl und spröde geworden und zwischen den Halmgeri**pp**en der Gräser sah man auf den grauen Erdboden. Neben den dü**rr**en Nadeln des Waldbodens lagen tote Ameisen und Käfer. Die Steine in den Be**tt**en der Bäche waren tro**ck**en und weiß wie Elfenbein. Wo dazwischen noch ein Tümpelchen stand, da starb darin eine Fore**ll**e oder ein anderes Tier des Wa**ss**ers. Die Luft war dicht und die Berge – auch die nahen – waren blau. Die So**nn**e war des Morgens rot wie das verdo**rr**te Bla**tt** einer Buche, dann blass und glanzlos, sodass man ihr ins Gesicht sehen konnte. Ma**tt** kroch sie hin über die graue Wüste des Hi**mm**els, als wäre sie erschöpft vor Durst. Gegen Abend stiegen häufig scharf geränderte, glänzende Wolken auf. Die Leute fingen zu ho**ff**en an, aber es kam ein Luftzug, und am anderen Morgen waren die Wolken vergangen und der nächtliche Tau aufgesogen.

(Peter Rosegger)

133 *Unterstreiche in dem folgenden Text die schwierigen Wörter und lass dir den Text dann ansagen:*

Der Appetit der Krokodile

Es war eine Wüste, und in der Wüste war ein Fluss, und in dem Fluss war ein Krokodil. Es tut mir leid, es zu sagen, aber Krokodile sind nicht beliebt. Es kommt nicht etwa daher, weil ihre Toilette meist schlampig und salopp ist oder weil sie unleugbar einen etwas unsympathischen Zug um den Mund haben. Das sind schließlich Äußerlichkeiten. Die Unbeliebtheit kommt vom Appetit. Das ist in der ganzen Welt so: Je größer der Appetit, umso geringer ist die Beliebtheit. Liebe und Freundschaft gedeihen nur unter Ausschluss des Appetits, und man versteigt sich sogar so weit, auf die harmloseste Unterhaltung nur unter der engherzigen Bedingung einzugehen, dass man nicht gefressen oder auch nur angeknabbert wird. Es ist gewiss einseitig, aber auch begreiflich; denn niemand will, kaum dass ein paar verbindliche Worte gewechselt sind, gleich ohne Hände oder Beine dasitzen, die er doch anderwärts benötigt und die ihm schließlich auch gehören.

d, dd / t, tt □

Nach einem **kurz gesprochenen** Selbstlauf werden das stimmhafte **d** und das stimmlose **t** gewöhnlich **verdoppelt (dd, tt)**: pad**d**eln, Ket**t**e.

Mit **dd** schreibt man nur wenige Wörter. *Schreib sie vorerst ab und wende sie dann in sinnvollen Sätzen an:* **134**

das Paddel, paddeln, der Pudding, der Widder, sich einbuddeln (in Sand eingraben), die Addition, addieren, ein Kuddelmuddel (Durcheinander).

Ordne die folgenden Wörter nach dem Alphabet und ergänze den Artikel. Im Zweifelsfall sieh im Wörterbuch nach. **135**

Mu**tt**er, Be**tt**, Fe**tt**, Bu**tt**er, Mi**tt**ag, Mi**tt**woch, Ra**tt**e, We**tt**er, Kabine**tt**, Ro**tt**e, Be**tt**ler, Gi**tt**er, Fu**tt**er, Hü**tt**e, Ke**tt**e, Ki**tt**, O**tt**er, Da**tt**el, Schme**tt**erling, Gewi**tt**er, Sa**tt**el, Ki**tt**el, Do**tt**er, La**tt**e, Tri**tt**, Brike**tt**, We**tt**e, Ga**tt**in, Scha**tt**en, Wi**tt**erung.

Schreib ab und ergänze das 2. Mittelwort: **136**

be**tt**eln – gebe**tt**elt, schü**tt**eln – geschü**tt**elt, rü**tt**eln, zi**tt**ern, glä**tt**en, kna**tt**ern, kle**tt**ern, ra**tt**ern, schna**tt**ern.

Wende die folgenden Eigenschaftswörter (Adjektive) in Fügungen an: **137**

ma**tt**, ne**tt**, sa**tt**, fe**tt**, bi**tt**er, gla**tt**.
Beispiel: der ma**tt**e Anstrich.

138 *Schreib ab und ergänze die Mitvergangenheitsform (Präteritum):*

glei**t**en (gli**tt**), lei**d**en, rei**t**en, schnei**d**en, schrei**t**en. → **L 138**

Unterscheide:

sich (selbst) etwas verbi**tt**en – jemandem (anderen) etwas verb**ie**ten

- Treffen in zusammengesetzten Wörtern drei Mitlaute (Konsonanten) aufeinander, so wird keiner weggelassen:
  Be**ttt**uch, Schni**ttt**abak, we**ttt**urnen, Schi**fff**ahrt.
  Beim Abteilen dieser Wörter kommt der letzte Mitlaut auf die neue Zeile: Be**tt-t**uch, Schni**tt-t**abak, we**tt-t**urnen, Schi**ff-f**ahrt.
- Folgt auf das letzte t jedoch ein Mitlaut (Konsonant) muss nach der Zusammensetzung getrennt werden: fe**tt-tr**iefend, Fe**tt-tr**opfen.

139 *Schreib ab und setze dd oder tt ein:*

Er übernachtete in einer einfachen Gaststä . . . e. Das Begräbnis fand um 14 Uhr sta . . . . Er fährt mit der Straßenbahn zu seiner Arbeitsstä . . . e. Die Ra . . . en ha . . . en die Äpfel angeknabbert. Beim We . . . urnen wurde er Zweiter. Rechne bitte diese A . . . ition nach! Bei schlechtem We . . . er werden wir nicht wegfahren. Er saß in seinem Kabine . . . und hörte das Ra . . . ern der Straßenbahn. Vor Aufregung zi . . . ernd warf er die Tür zu. Beim Besteigen des Tri . . . bre . . . es gli . . . er ab. Der Pu . . . ing schmeckte ihm sehr gut. Diesen Ton muss ich mir verbi . . . en. → **L 139**

140 *Unterstreiche die schwierigen Wörter, dann lass dir den folgenden Text ansagen:*

Die wunderbare Rettung

Eine Sage berichtet, dass Kaiser Maximilian, der letzte Ritter, als er einst auf die Jagd ging, die steile Martinswand in Tirol erkletterte. Er glitt durch einen Fehltritt aus, stürzte ab und fiel auf eine Felsplatte. Von hier fand er jedoch keinen rettenden Ausweg. Unten im Tal betete inzwischen das Volk für den Kaiser.

Da sandte Gott in letzter Minute einen Retter an die Unglücksstätte. Dieser führte den Herrscher sicheren Schrittes ins Tal hinab. Doch als der Gerettete seinem Führer danken wollte, war dieser verschwunden.

Lerne den folgenden Text auswendig und schreib ihn am nächsten Tag aus dem Gedächtnis nieder: **141**

In letzter Minute gerettet

Im Jänner dieses Jahres hatte es in Braunau am Inn minus 15 Grad. Ein vierjähriges Mädchen rodelte einen Hang hinunter und geriet dabei in die Enknach. Der dreizehnjährige Hauptschüler Rudolf K. kam eben vorbei und beobachtete den Unfall.

Ohne zu zögern sprang Rudolf K. in den kalten Bach und packte das Mädchen. Es drohte eben unterzugehen. Rudolf K. schwamm mit der Kleinen ans Ufer und zog sie aus dem Wasser. Das Kind kam mit dem Schrecken davon. Auch Rudolf K. hatte das kalte Bad nicht geschadet.

f, ff □

Schreib die nachstehend angeführten Wörter mit ff ab und ergänze den Artikel: **142**

A**ff**e, Bü**ff**el, Gri**ff**el, Ho**ff**nung, Lö**ff**el, Ne**ff**e, Scha**ff**ner, Felsenri**ff**, Dampfschi**ff**, Wa**ff**e, Zi**ff**er. → **L 142**

143 *Ergänze die Stammformen des Zeitwortes:*

greife – gri**ff** – gegri**ff**en, pfei**f**en, schlei**f**en, sau**f**en, knei**f**en. → **L 143**

144 *Suche verwandte Wörter und schreib sie daneben:*

ho**ff**en (Ho**ff**nung, ho**ff**entlich, ho**ff**nungsvoll, ho**ff**nungslos), ö**ff**nen, tre**ff**en, scha**ff**en. → **L 144**

145 *Aus welchen Wörtern wurden die folgenden Zusammensetzungen gebildet? Schreib sie auf!*

Zi**ff**erblatt (die Zi**ff**er, das Blatt), Wa**ff**enschein, Schi**ff**stau, Straßenbahnscha**ff**ner, Korallenri**ff**, Silberlö**ff**el, Holzgri**ff**, A**ff**enhaus, Bü**ff**elhorn, Schi**ff**swerft, Reiseko**ff**er, Ho**ff**nungsschimmer, Schi**fff**ahrt.

146 *Teile die folgenden Wörter ab! Wende dabei die Regeln von Seite 62 an!*

Schi**fff**ahrt, Sto**fff**arbe, Sto**fff**etzen, Sauersto**fff**lasche. → **L 146**

147 *Wende die folgenden Wörter ohne Verdoppelung des f in Fügungen an:*

die Gru**ft**, der Schu**ft**, schu**ft**ig, der Du**ft**, du**ft**ig, die Leidenscha**ft**, die Kra**ft**, krä**ft**ig, die Ha**ft**, ha**ft**en, der O**f**en.
Beispiele: Den Gru**ft**deckel öffnen, in Untersuchungsha**ft** sein.

148 *Beachte den Unterschied und wende in Sätzen schriftlich an:*

der O**f**en	das o**ff**ene Fenster
das Ungezie**f**er	die arabische Zi**ff**er
die Viehtri**f**t (von treiben)	er tri**ff**t den Vater

Wer rie**f**?
ein schie**f**er Turm
das junge Scha**f**
der Scha**f**t des Gewehres
die Stra**f**e
der Schla**f**

das Felsenri**ff**
der Schi**ff**er
ein Holzscha**ff**
Er scha**ff**t (arbeitet) fleißig.
das stra**ff**e Segel
den Arm schla**ff** herunterhängen lassen

Schreib die fettgedruckten Wörter vorerst ab, dann lass dir den Text ansagen und vergleiche mit dem Buch: **149**

Der Kampf auf dem Meeresgrund

Das Wasser war **ziemlich** tief, etwa zwanzig Faden*. Neben mir **klaffte** nicht gerade ein Loch, aber doch ein offener Raum zwischen den **Riffen**. Ich bildete mir ein, dort unten liege etwas, das einer echten Muschel **ähnlich** sah. Ich arbeitete mich also über die **Felsblöcke** hinunter in jene flache Vertiefung.

Der Gegenstand, der mich anzog, schien alle meine Erwartungen zu **übertreffen**. Ich bückte mich, um ihn an die Oberfläche zu schaffen. Und in demselben Augenblick **fühlte** ich, wie mich etwas ganz leicht am linken Arm **berührte**. **Instinkt** und Schulung retteten mir das Leben. Bevor ich noch die leiseste **Ahnung** hatte, was es sein mochte, wirbelte ich um meine Achse, **riss** meine Waffe, ein **haarscharfes** Messer, aus der Scheide am Gürtel und hieb drei- oder viermal mit dem vollen Schwung meines Armes in die Richtung, aus der die **Berührung** kam.

Das Glück war mir **hold**, ich trennte zwei **lassoartige** Arme ab, die mich ergriffen hatten; im nächsten Augenblick hätte der **Krake** mich an beiden Armen **gefesselt** und ich wäre hilflos gewesen.

(Viktor Berge)

* ein Faden = 1,88 m.

150 *Ergänze f oder ff:*

Das Geschä . . . t ist durchgehend geö . . . net. Er ho . . . t, dass dort die Lu . . . t besser sein wird. Der Scha . . . ner kontrollierte den Fahrschein. Man tri . . . t einen solchen hilfsbereiten Menschen nicht sehr o . . . t. Sein Arm hing schla . . . herunter. Er musste das Tre . . . en aus tri . . . tigen Gründen absagen. Sie kau . . . te den Sto . . . . Endlich wurde Ordnung gescha . . . en. Sie ho . . . en auf besseres Wetter. Ich weiß nicht, wo er die Ware hingescha . . . t hat. Das Schi . . . liegt seit zwei Stunden im Ha . . . en. Die Tür ist o . . . en. → **L 150**

151 *Lerne auswendig und schreib am nächsten Tag aus dem Gedächtnis nieder:*

Wie eine Schleuse arbeitet

Eine Schleuse ist eine Wasserkammer, die auf jeder Seite durch eine Klapptür verschlossen ist. Kommt ein Schi**ff** von der Seite des höheren Wasserstandes, so lässt man die Schleuse volllau**f**en, bis sich der Wasserstand ausgeglichen hat. Dann kann man die Schleusentore auf dieser Seite leicht ö**ff**nen, und das Schi**ff** kann hinein**f**ahren. Auf der anderen Seite steht das Wasser bedeutend niedriger. Die Schleusentore sind aber so eingerichtet, dass der Wasserdruck von innen sie **f**est zudrückt. Nachdem das Schi**ff** ganz in die Kammer hineinge**f**ahren ist, schließt man hinter ihm die Tore und ö**ff**net auf der anderen Seite die Schotten, das sind die Klappen unter Wasser, sodass nun das Wasser aus der voll ge**f**üllten Schleuse wieder hinausströmen kann. Das Schi**ff** sinkt mit dem **F**allen des Wassers langsam in die Tie**f**e. Das Abfließen dauert so lange, bis der Wasserstand wieder ausgeglichen ist. Dann werden auf dieser Seite die Tore geö**ff**net, und das Schi**ff** kann aus der Schleuse heraus**f**ahren.

k, ck, kk / g, gg □

- **In deutschen Wörtern** wird **nach kurzen Selbstlauten** (Vokalen) für den k-Laut ein **ck** geschrieben, **in Fremdwörtern** meist **k** oder **kk**.
- **Nach langen Selbstlauten**, nach Zwielauten und nach Mitlauten (Konsonanten) steht ein **k**.

Schreib ab und setze ein stammverwandtes Wort daneben: **152**

die Stri**ck**nadel (stri**ck**en), das Ba**ck**pulver (ba**ck**en), die Kna**ck**wurst, der Ru**ck**sa**ck**, der Kle**ck**s, der Kni**ck**s, das Dreie**ck**, das Pa**ck**papier, die We**ck**eruhr, die Stri**ck**ja**ck**e, die Ste**ck**nadel. → **L 152**

Teile die folgenden Wörter nach ihrer Zusammensetzung ab: **153**

Stri**ck**kleid, das Schmu**ck**kästchen, die Gepä**ck**skasse, die Rü**ck**kehr, der Dru**ck**knopf, der Ro**ck**kragen, der Ste**ck**kontakt. → **L 153**

Schreib von den folgenden Zeitwörtern die zweite Person Einzahl und Mehrzahl der Gegenwart auf: **154**

aufwe**ck**en (du we**ck**st auf, ihr we**ck**t auf), fli**ck**en, sti**ck**en, ba**ck**en, schle**ck**en, spu**ck**en, wa**ck**eln, zwi**ck**en, abtro**ck**nen, einpa**ck**en, zude**ck**en, anste**ck**en, verlo**ck**en, zu**ck**en, verde**ck**en.

Wende beifügend an: **155**

lo**ck**er, sche**ck**ig, na**ck**t, tro**ck**en.
Beispiele: ke**ck**e Mädchen, sche**ck**ige Pferde.

156 *Ordne nach dem Anfangsbuchstaben in der Reihenfolge des Alphabets:*

Da**ck**el, Que**ck**silber, Ku**ck**uck, Lü**ck**e, Mü**ck**e, Fa**ck**el, Bo**ck**, A**ck**er, Bli**ck**, Schi**ck**sal, Be**ck**en, He**ck**e, Zwieba**ck**, Geschma**ck**, Schne**ck**e, Spe**ck**, Zu**ck**er, Tü**ck**e, Stö**ck**e, Zwe**ck**, Kü**ck**en.

Beim Abteilen kommt ck auf die neue Zeile:

Bä-**ck**er, zwi-**ck**en, lo-**ck**en.

157 *Teile die Wörter der Übung Nr. 154 ab!* → **L 157**

158 *Wende die folgenden Wörter in Fügungen an:*

der Ha**k**en, sta**k**, erschra**k**, der Ma**k**el, ma**k**ellos, der E**k**el, hä**k**eln, blö**k**en, einpö**k**eln, qua**k**en, quie**k**en, der Spu**k**, das La**k**en (Betttuch).
Beispiel: eine ma**k**ellose Arbeit.

In **Fremdwörtern und in Lehnwörtern** schreibt man zumeist **k** (Ke**k**s, Scho**k**olade, Fabri**k**). In einigen Fällen wird aber auch **ck** geschrieben (siehe unten).

159 *Schreib die folgenden Wörter ab und ergänze den Artikel:*

Di**k**tat, Techni**k**, Pa**k**et, Do**k**tor, Scho**k**olade, Ke**k**s, Se**k**unde, Taba**k**, Ko**k**s, Fabri**k**, O**k**tober, Inse**k**t, Musi**k**, Ameri**k**a, Ele**k**trizität, Lo**k**omotive, Chara**k**ter. → **L 159**

Die folgenden Fremdwörter bzw. Lehnwörter werden jedoch mit **ck** geschrieben:
der Sche**ck**, der Stu**ck**, die Perü**ck**e, der Fra**ck**, die Bara**ck**e, schi**ck**.

Wende diese Wörter in sinnvollen Sätzen an! **160**

Manche Fremdwörter werden mit **kk** geschrieben:

das Sakko, sekkieren, der Mokka, die Makkaroni, der Akkord, das Akkordeon, der Akkumulator, der Akkusativ, akkurat, die Akklimatisierung.

*Das Wort Stu**kk**ateur darf auch mit ck geschrieben werden (Stu**ck**ateur).*

Schreib diese Wörter ab und wende sie anschließend in kurzen Sätzen an! **161**

Beachte den Unterschied und wende in Sätzen schriftlich an: **162**

die E**ck**e des Zimmers	die E**gg**e
die Blö**ck**e aus Stein	das Blö**k**en der Schafe
der Spu**ck**napf, ausspu**ck**en	ein Spu**k**, spu**k**en (geistern)
Kleider einpa**ck**en	das Pa**k**et
das Pä**ck**chen	
der La**ck**	das La**k**en (Betttuch)

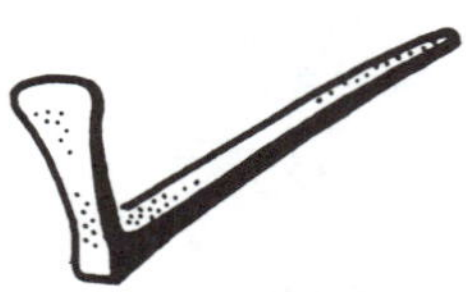

die Ha**ck**e	der Mauerha**k**en
Holz ha**ck**en	hä**k**eln

Mit gg schreibt man nur wenige Wörter:

die E**gg**e, e**gg**en, die Fla**gg**e, fla**gg**en, der Schmu**gg**ler, schmu**gg**eln, der Ba**gg**er, ba**gg**ern, der Ro**gg**en, flü**gg**e werden, der Wa**gg**on (auch schon Wa**g**on), die Do**gg**e, die Su**gg**estion (Beeinflussung eines seelischen Zustandes).

163 *Schreib diese Wörter ab und ordne sie nach dem Alphabet!*

164 *Löse das folgende Rätsel (Wörter mit gg):*

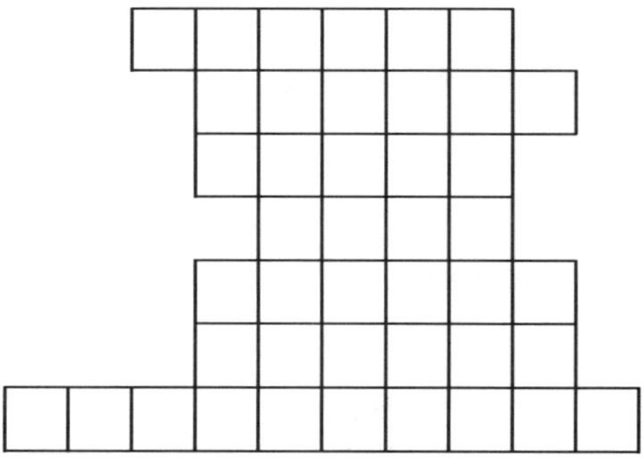

Fahne

Eisenbahnwagen

Hunderasse

Ackergerät

Getreideart

Maschine für Erdbewegungen

heimlich über die Grenze bringen

→ **L 164**

165 *Schreib ab und ergänze den Artikel:*

Bi**rk**e, Ba**lk**on, Da**nk**, Du**nk**elheit, Fa**lk**e, Gu**rk**e, Fu**nk**e, I**m**-**k**er, Ka**lk**, Me**lk**er, Ne**lk**e, Pa**rk**, Qua**rk** (Topfen), Stä**rk**e, Zi**r**-**k**us.

166 *Setze k oder ck ein:*

Der Soldat schlägt die Ha . . . en zusammen. Die Mutter ha . . . t Spinat auf dem Ha . . . brett. Den Kleiderha . . . en an der Wand befestigen. Der Bauer ha . . . t Kartoffeln aus. Der Holzha . . . er ha . . . t Holz. Nicht abgeha . . . t sprechen. Eine Sache hat oft einen Ha . . . en. Was ein Hä . . . chen werden will, krümmt sich beizeiten. Zum Hä . . . eln braucht man eine Hä . . . elnadel. In diesem Schloss spu . . . t es. Es wird gebeten, nicht auf den Boden zu spu . . . en, sondern die Spu . . . näpfe zu benützen.

→ **L 166**

Lass dir ansagen und vergleiche mit dem Text im Buch: **167**

Vom Zucker

Früher wurden bei uns die Speisen mit Honig gesüßt. Der Zu**ck**er wurde erst durch die Kreuzzüge bekannt und war bis zum Beginn des 19. Jahrhunderts ein kostbarer Stoff. Er war etwa zwanzigmal so teuer wie der Honig, weil er aus fremden Ländern kam und aus dem Zu**ck**errohr gewonnen werden musste. In der Mitte des 18. Jahrhunderts entde**ck**te der deutsche Chemiker Markgraf, dass auch die Run**k**elrübe Zu**ck**er enthält. Aber erst 50 Jahre später versuchte man, aus der Rübe Zu**ck**er zu gewinnen.

Setze k, ck oder kk ein: **168**

Er nahm den Da . . . el nach Maro . . . o mit. In Italien speist man gern Ma . . . aroni, aber auch bei uns werden diese Nudeln oft gegessen. Langsam zog die Schne . . . e ihres Weges. Auf dem Ro . . . waren mehrere Fle . . . en zu bemer- . . . en. Nur einen Schlu . . . Zu . . . erwasser. Die Fa . . . el ste . . . te in einem Halter, welcher in der Zimmere . . . e befestigt war. Zu welchem Zwe . . . benötigt er dieses Buch? Sie wird bald zurü . . . kehren. Franz schlug den Ha . . . en mit der Ha . . . e in die Mauer. Stu . . . ateure werden gut bezahlt, denn ihre Arbeit ist schwierig und mühevoll. → **L 168**

169 *Lerne auswendig und schreib am nächsten Tag aus dem Gedächtnis nieder:*

Tirol, Land der Berge

Tirol – welche Bilder steigen bei der Nennung dieses Namens in uns auf! Eisbede**ck**te Ber**gg**ipfel und **G**letscher, einsame Berghöfe auf steilen Hängen, blütenübers**ä**te Bergwiesen im Fr**üh**ling, rauschende Wil**d**wa**ss**er in engen Schluchten, Schafherden, die über **v**erschneite Hänge ziehen, ragen**de**, Burgen, weitläufige **K**losteranlagen, mi**tt**elalterliche Stä**dt**chen, sp**ie**gel**b**lan**k**e Bergs**ee**n inmi**tt**en dun**k**ler Wälder, wei**ß** leuchten**d**e Kal**k**felsen und schwarzdr**äu**endes Urgestein, fla**mm**ender Almrausch und einsame Zirben, festlich geschmü**ck**te Herden beim Alma**b**trie**b**, saubere Dörfer mit spi**tz**en Kirchtürmen, farbenfro**h**e **T**rachten, Schützenkompa**n**ien mit lustig fla**tt**ernden Fe**d**ern auf breit**k**rem**p**igen Hüten, gespenstische Mas**k**enzüge, winterlich verschneite Hänge, von fr**öh**lichem Schi**v**ol**k** belebt; hol**z**getäfelte Stuben, Herrgo**tt**swin**k**el, geschni**tz**te Truhen, bemalte **K**ästen, Schwarzbrot, Bu**tt**er und Spe**ck**; Glockenläuten, Bergkirchlein und schm**ie**deeiserne Grab**k**reuze; Lichterke**tt**en auf Ber**gg**raten in einer M**ai**nacht – heiliges Land Tirol!

170 *Setze k, ck, kk oder gg ein:*

Die Arbeiter strömen aus der Zu . . . erfabri . . . . Das Sa . . . o passt ihm ausgezeichnet. Die Frösche qua . . . en laut. Er erschra . . . vor der dunklen Gestalt. Sie liebt die Musi . . . von Mozart. Das Bild war vom Ha . . . en gefallen. Mutter wird ihm eine Weste stri . . . en. Wir müssen den Fahrradschlauch fli . . . en. Du darfst nicht immer Scho . . . olade essen! Der Bauer hat einen Wa . . . on voll Ro . . . en verschi . . . t.

→ **L 170**

171 *Lass dir den folgenden Text ansagen und vergleiche anschließend mit dem Buch:*

Sollen wir im Dreck ersticken?

Inmitten der Natur ein Dre**ck**haufen.

Wer war das? So ertönt es sofort. Wer hat hier den Dre**ck** abgelagert?
Ich war es nicht, und du warst es auch nicht?
Wer ist also der **S**chuldige? Ich behaupte: Wir alle! De**nn** jeder **v**on uns hat schon einmal irgendwo seinen **U**nra**t** ach**t**los we**gg**eworfen. Gewiss nicht aus **B**oshei**t**, auch nicht, um die Natur zu verschandeln. Ganz einfach nur aus Gedan**k**enlosi**gk**eit, aus **B**e**qu**emlichkeit, weil man halt nicht wusste, wohin mit dem Abfa**ll**. Und weil man sich einre**d**e**t**e: Wem schadet das schon?
Aus **U**nke**nn**t**n**is und aus Du**mm**heit entst**eh**t in dieser Welt oft mehr Unheil als aus Bosheit. Und deshalb sei es klar gesagt:
Wir selbst sind es, die durch den Abfa**ll** unserer **Z**i**v**ilisa**tion** (auf die wir mit Recht stolz sein dürfen) die Umwelt, in der wir leben, lebensfeindlich machen. Ein **P**ara**d**ies ist die Natur nie gewesen, aber soll sie deshalb zum Misthaufen werden?

l, ll ☐

Nach einem kurz ausgesprochenen Selbstlaut wird l gewöhnlich verdoppelt.

Schreib ab und ergänze den fehlenden Artikel: **172**

A**ll**ee, Ba**ll**, Bri**ll**e, Fa**ll**, Fe**ll**, Ga**ll**e, Gese**ll**e, Gri**ll**e, Ha**ll**e, Hü**ll**e, Kra**ll**e, Nu**ll**, Que**ll**e, Scho**ll**e, Sta**ll**, Sto**ll**en, Te**ll**er, Appe**ll**, Krista**ll** (Stein), Kontro**ll**e, Mi**ll**imeter, Mode**ll**, Porze**ll**an, Protoko**ll**, Pi**ll**e, To**ll**patsch. → **L 172**

Ordne nach dem Alphabet: **173**

sti**ll**, a**ll**e, vo**ll**, schne**ll**, pra**ll**, a**ll**ein, he**ll**, to**ll**, schri**ll**, gre**ll**, spezie**ll**, to**ll**patschig, vo**lll**aufen.

174 *Schreib die Stammformen des Zeitwortes (Verbs):*

bellen (belle – bellte – gebellt), brüllen, fallen, füllen, grollen, knallen, knüllen, rollen, prellen, schallen, wollen.

175 *Setze l oder ll ein:*

Schwarze Wo . . . kenba . . . en verhü . . . en den Himme . . ., gre . . . e Blitze erhe . . . en die Dunke . . . heit. Der Donner ro . . . t und scha . . . t. Die Tiere ei . . . en den Stä . . . en zu, und auch im Wa . . . d wird es sti . . . . Bald fä . . . t dichter Regen. A . . . mählich wird es sti . . . er und he . . . er. Aus den Wä . . . dern scha . . . t wieder der Gesang der Vöge . . ., die Drossel pfeift ihre kunstvo . . . en Tri . . . er. Ein schi . . . ernder Regenbogen beschließt das to . . . e Wetter. → **L 175**

176 *Schreib die Mehrzahl der folgenden Wörter auf:*

die Quelle (die Quellen), die Scholle, der Müller, die Pille, die Schnalle, der Geselle, die Knolle, der Stall, der Ball, der Teller, das Fell, die Grille, die Halle, der Keller, die Zelle, die Brille, die Allee. → **L 176**

177 *Ordne nach dem Alphabet:*

Null, Bollwerk, Hölle, Wille, Zoll, Kontrolle, Modell, Kristall, Porzellan, Knall.

178 *Setze je zwei der folgenden Wörter zu einem neuen zusammen:*

Erbse	Schirm	füllen	Fall	Knall	Feder
Wolle	Schein	Platte	Knäuel	Schall	bestellen

→ **L 178**

179 *Schreib als zusammengesetztes Hauptwort (drei Mitlaute werden geschrieben!):*

bestellen	+	Liste	=	Bestellliste
schnell	+	Läufer	=	
Wolle	+	Lappen	=	
Stall	+	Laterne	=	
Metall	+	Löffel	=	

→ **L 179**

Schreib auf und ergänze mit **voll** (Voll-): **180**

vollauf	gedanken . . .
	. . . macht
. . . enden	eine Hand . . .
. . . bringen	. . . führen
. . . kommen	kunst . . .

Setze die Reihe fort: **181**

bellen – bellende Hunde, brüllen, knallen, rollen, grollen

Schreib ab und setze daneben das 2. Mittelwort von: **182**

knüllen (geknüllt), prellen (geprellt), anschwellen, grollen, fallen, brüllen, füllen. → **L 182**

Steigere schriftlich: **183**

prall (praller, am prallsten), hell, grell, schnell.

Beachte den Unterschied und wende schriftlich an: **184**

Der Arm wird anschwellen.	die Geschwulst
geschwellte Segel	das Feuer schwelt (schwelen)
Ein Pfiff gellt durch den Wald. (gellen)	Gelt, du siehst das ein?
	abgelten, das Entgelt, vergelten
das Korn wallt, die Wallfahrt	mit Gewalt, gewaltig, gewaltsam

Das Echo hallt (hallen).	Halt! Wer da?
aufprallen, prall gefüllt	nicht prahlen
laut schallen, es schallt	die Apfelschalen, die Mutter schalt mich aus (von schelten)
einhüllen	die Hülse
der Verteidigungswall	der Wal (Meeressäugetier), die Walnuss
die Qualle im Meer	Qualen erdulden
der Wille Gottes	Wilhelm
die Zwillinge	der Zwilch (zweifädiger Stoff)
den Krug füllen	den Schmerz fühlen

185 *Schreib Zusammensetzungen mit -all- auf:*

Weltall, überall, Alltag . . .

186 *Lass dir ansagen und vergleiche mit dem Text im Buch:*

Im Sommer

Im Sommer schallt und hallt es durch Wald und Flur. Die Wellen des Baches eilen schnell dahin. Auf den Weiden brüllen die Kühe, und hell tönt das Krähen der Hähne vom Dorf herüber. Voller Freude am Sonnenschein spielen die Kinder mit Reifen und Ball. In der Luft trillert die Lerche, im Busch erschallt die wundervolle Stimme der Amsel, und vom Teich her quaken die Frösche wie toll inden scheidenden Tag. Allmählich wird es überall still. Die Grille verstummt, der grelle Glanz der Sonne schwindet. Nur die Nachtigall singt tief im Gebüsch ihre Lieder.

187 *Lerne auswendig und schreib aus dem Gedächtnis nieder:*

Rettung aus der Mülltonne

Ein Nachtwächter in Hofheim bei Frankfurt am Main entdeckte einen schlafenden Buben in einer Großmülltonne, die wenig sp**ä**ter zur **V**erbre**nn**ungsst**ätt**e trans**p**ortiert werden sollte. Der zwölfjährige Bub ha**tt**e sich am Nachmi**tt**ag von einem Ka**m**eraden **v**erabsch**ied**et, um in den z**oo**logischen Garten zu gehen. Am Abend hatte er sich jedenfa**ll**s in der gro**ß**en Mü**ll**to**nn**e aus Holzwo**ll**e und anderem Ma**t**erial ein Lager eingerichtet. Da**nn** schl**ie**f er in der To**d**esfa**ll**e ein, ohne die Gefahr zu **ah**nen. – Der **V**ater des Kindes hatte die Vermi**ss**tenanzeige ersta**tt**et, aber die Poli**z**ei musste nach langer Suche ihre Arbeit ohne Ergebni**s** einstellen. Nur der Nachtwächter suchte aus eigenem Entschlu**ss** weiter und entde**ck**te den Buben um zwei **Uh**r fr**üh** in jener Mü**ll**to**nn**e, kna**pp** be**v**or der Mist **v**erladen werden so**ll**te.

m, mm ☐

- Nach **kurz gesprochenen** Selbstlauten (Vokalen) wird in der Regel das m **verdoppelt** (So**mm**er, Ha**mm**er, Ka**mm**, nu**mm**erieren).
- Folgen auf den kurz gesprochenen Selbstlaut jedoch verschiedene Mitlaute (Konsonanten), die zum Wortstamm gehören, dann wird m **nicht verdoppelt** (Gä**m**se, He**m**d, insgesa**m**t).

Schreib weitere Wörter auf, von denen du weißt, dass sie mit mm geschrieben werden! **188**

Ordne nach dem Alphabet: **189**

La**mm**, Da**mm**, Ka**mm**, Gra**mm**, Schla**mm**, Schwa**mm**, Ha**mm**er, Ha**mm**el, A**mm**er, Bru**mm**er, Ku**mm**er, Nu**mm**er, Zi**mm**er, Schi**mm**er, Schi**mm**el, So**mm**er, Tro**mm**el, Trü**mm**er, Hu**mm**el.

190 *Wende die folgenden Eigenschaftswörter beifügend an:*

du**mm**, fro**mm**, kru**mm**, stu**mm**, stra**mm**, schli**mm**, vollko**m**-**m**en.
Beispiele: fro**mm**e Nonnen, schli**mm**e Buben.

191 *Schreib die Stammformen des Zeitwortes (Verbs):*

bu**mm**eln (bu**mm**le – bu**mm**elte – gebu**mm**elt), bru**mm**en, su**mm**en, bi**mm**eln, fli**mm**ern, he**mm**en, schwi**mm**en, sa**m**-**m**eln, ja**mm**ern, kla**mm**ern, kli**mm**en, nu**mm**erieren.

192 *Schreib die Befehlsform (Einzahl) auf:*

kä**mm**en, schwi**mm**en, ko**mm**en, su**mm**en, bru**mm**en, hä**m**-**m**ern, ste**mm**en. → **L 192**

193 *Beachte den Unterschied und wende schriftlich in Sätzen an:*

insgesa**m**t vier Kinder	Zusa**mm**en waren es vier.
aus Gra**m** sterben, sich grä**m**en	40 Gra**mm**
der Da**m**hirsch, die Da**m**e	Der Da**mm** schützt vor Überschwe**mm**ungen.
ein Bild rah**m**en	das Schiff ra**mm**en
Wenn sie nur bald kä**m**en!	sich kä**mm**en
die Brotkru**m**e (Brösel)	kru**mm**e Stä**mm**e
der I**m**ker	die I**mm**e (Biene)

194 *Wende die folgenden Wörter in sinnvollen Sätzen an:*

die Bro**m**beere, die Hi**m**beere (Beere der Hindin = Hirschkuh), der Ru**m**, der Sa**m**t, der Zi**m**t, der Ka**m**erad, insgesa**m**t, sä**m**tliche, sa**m**t den Eltern (aber: zusa**mm**en!).

Ergänze m oder mm: **195**

Das Auto wurde von einem Lastwagen gera . . . t. Du musst ein frisches He . . . d anziehen. Der Motorradfahrer war ganz mit Schla . . . bedeckt. Der Apfel fällt nicht weit vom Sta . . . . Er ist sehr zi . . . perlich. Ich ko . . . e um 9 Uhr. Zeig mir deine Briefmarkensa . . . lung. Schreib dir die Telefonnu . . . er auf. Nu . . . eriere die Zettel. Das Kind hat kru . . . e Beine. Das Pferd ist geduldig wie ein La . . . . Räume dein Zi . . . er auf! Wir gehen Bro . . . beeren pflücken. Sie isst gern Hi . . . beermarmelade. Der I . . . ker hat seinen gesa . . . ten Honig verkauft. Regnet es noch i . . . er?
→ **L 195**

Bilde Hauptwörter und ergänze die Nachsilbe -tum: **196**

eigen (Eigentum), reich, irren, wachsen. → **L 196**

Setze m oder mm ein: **197**
Ko . . . fort, Ko . . . bination, Ko . . . pass, ko . . . pensieren, Ko . . . ando, Ko . . . plex, Ka . . . erad. → **L 197**

Unterstreiche die schwierig zu schreibenden Wörter, dann lass dir den Text ansagen: **198**

Nashörner
Ein Reiter verfolgte einmal eine Nashornkuh mit ihrem Kalb. Geduldig ließ die Kuh alle Angriffe des Reiters über sich ergehen; ihre ganze Sorge galt dem Kälbchen. Es lief ihr nicht schnell genug; darum stieß sie es mit der Schnauze vorwärts. Kaum aber war das Junge im Dickicht geborgen, da rannte die Nashornkuh auf den Reiter los. In blinder Wut riss sie alle kleinen Bäume im Weg um und prallte gegen zwei dicke Stämme, hinter die der Mann mit knapper Not entkommen war.
So sind die Nashörner, die gutmütigsten Tiere, wenn sie in Frieden leben können; gereizt aber stampfen und stoßen sie

alles nieder. Trotz ihrer Plumpheit können sie sehr schnell rennen (bis 45 Stundenkilometer). Dabei schnauben und prusten sie wie Lokomotiven. Ihre graue Haut ist dick wie ein Panzer (Dickhäuter!). Trotz dieser Haut haben die Tiere viel unter Stechfliegen, Bremsen und anderen Insekten zu leiden. Nur im Wasser finden sie Linderung. Deshalb ist das Schlammbaden ihre liebste Beschäftigung. Dabei brummen und grunzen sie vor Behagen.

199 *Lerne auswendig und schreib am folgenden Tag aus dem Gedächtnis nieder:*

Die Zimmerleute

Wenn die Hausmauern stehen, setzen die Zi**mm**erleute den Dachstuhl auf. Zunächst halten eiserne Kla**mm**ern die Holzstä**mm**e zusa**mm**en, bis sie verzapft und verschraubt sind. Dann kli**mm**en die Zi**mm**erer vorsichtig bis zum Giebel empor und nageln mit ihrem Ha**mm**er die Latten, die die Ziegel tragen sollen, auf die Balken. Manchmal schlägt sich ein Nagel kru**mm**. Das wäre nicht weiter schli**mm**, aber es he**mmt** die Arbeit. Nach Feierabend ko**mm**en die Lehrlinge und sa**mm**eln das Werkzeug ein. Die abgesägten Holztrü**mm**er werden mit nach Hause genommen.

(Nach Gebhardt/Grabau)

n, nn ☐

- Nach einem **lang ausgesprochenen** Selbstlaut und nach einem Zwielaut kann nur ein einfaches **n** stehen (Spa**n**, brau**n**).
- Nach einem **kurz ausgesprochenen** Selbstlaut dagegen wird das **n** in der Regel verdo**pp**elt (spi**nn**en, bre**nn**en).
- Folgen dem kurzen Selbstlaut jedoch verschiedene Mitlaute, die zum Wortstamm gehören, dann wird keiner von ihnen verdoppelt (Gespi**ns**t).
  Will man feststellen, ob Mitlaute zum Wortstamm gehören, ist es nützlich, das Wort zu beugen oder mit anderen Wörtern aus derselben Familie zu vergleichen.

Schreib die folgenden Wörter ab und ergänze die Mehrzahlform: **200**

die Pa**nn**e (die Pa**nn**en), die Ta**nn**e (die Ta**nn**en), die Pfa**nn**e, die Ka**nn**e, die Spa**nn**e, die He**nn**e, die Ante**nn**e, der Se**nn**er, der Pfe**nn**ig, die Ri**nn**e, die Zi**nn**e, die Spi**nn**e, die No**nn**e, der Tu**nn**el, die Bre**nnn**essel.

Schreib die folgenden Wörter ab und ordne sie nach dem Alphabet: **201**

So**nn**e, Do**nn**er, Zi**nn**, Wo**nn**e, Pa**nn**e, Te**nn**e; gewi**nn**en, ne**nn**en, bre**nn**en, bi**nn**en, dri**nn**en, kö**nn**en, re**nn**en, ba**nn**en, so**nn**en, si**nn**en.

202 *Ergänze die Personalformen der angegebenen Zeitwörter (Verben) in der Einzahl:*

begi**nn**en (ich begi**nn**e – du begi**nn**st – er begi**nn**t), bre**n**-**n**en, fle**nn**en, ke**nn**en, ne**nn**en, re**nn**en, spi**nn**en, si**nn**en, gö**nn**en, kö**nn**en, verba**nn**en. → **L 202**

203 *Beachte den Unterschied genau und wende in Sätzen schriftlich an:*

i**n**	i**nn**en und außen
dari**n**	dri**nn**en, dari**nn**en
ma**n** sagt	der Ma**nn** sagt
die Ku**n**st	kö**nn**en
die Feuersbru**n**st	bre**nn**en
inbrü**n**stig	
die Gu**n**st des Königs	gö**nn**en
die Ku**n**de (Borschaft)	ke**nn**en
Ja**n**uar	Jä**nn**er
die Spi**n**del, das Gespi**n**st	spi**nn**en
der Gewi**n**st	gewi**nn**en, der Gewi**nn**
der Bra**n**d	bre**nn**en, Bra**nn**twein
	(= gebra**nn**ter Wein)
die Tischka**n**te	Er ka**nn**te ihn.
Ha**n**s	Joha**nn**es, Ha**nn**es
Ich bi**n** dort gewesen.	bi**nn**en (innerhalb) einer Stunde

204 *Ergänze ein stammverwandtes Wort:*

So**nn**tag (So**nn**e), Ke**nn**tnis, Beka**nn**tschaft, Ri**nn**sal, Ke**nn**nummer, Begi**nn**, Ba**nn**fluch, Spi**nn**gewebe. → **L 204**

205 *Schreib die folgenden Wörter ab und setze die Mehrzahl daneben:*

Schaffneri**n**, Helferi**n**, Ärzti**n**, Verkäuferi**n**, Wäscheri**n**, Sängeri**n**, Beamti**n**, Kindergärtneri**n**, Schauspieleri**n**, Pflegeri**n**. *Beispiel:* Lehreri**n** – Lehreri**nn**en.

Beachte:
den = a) Artikel (ersetzbar durch „einen“)
b) bezügliches Fürwort (ersetzbar durch „welchen“)
c) hinweisendes Fürwort (ersetzbar durch „diesen“)
denn = Umstandswort oder Bindewort (verbindet Teilsätze, ersetzbar durch „da“ oder „weil“).

Beispiele:

de**n** (= **Artikel**):
de**n** Vater begrüßen, de**n** (einen) Freund besuchen, in de**n** Keller gehen.

de**n** (= **bezügliches Fürwort**):
Der Mann, de**n** (welchen) die Polizei sucht, hat sich selbst gemeldet. Der Hut, de**n** (welchen) du dir gekauft hast, gefällt mir. Der Apfel, de**n** (welchen) ich bekommen habe, schmeckt mir.

de**n** (= **hinweisendes Fürwort**):
Ich will mich auf de**n** (diesen) Sessel setzen. Nicht jenen, sondern de**n** (diesen) Mantel will ich anziehen. De**n** (diesen) Verkehrsteilnehmern, die so rücksichtslos waren, gebührt eine hohe Geldstrafe.

de**nn** (= **Bindewort** oder **Umstandswort**):
a) Hast du de**nn** noch immer nicht genug? Wo bleibt er de**nn** so lange? Ist de**nn** das nicht richtig? („de**nn**„ ist Umstandswort)
b) Er kam zu spät, de**nn** er hatte den Bus verpasst. Der Fahrer wurde bestraft, de**nn** er hatte die Verkehrszeichen missachtet. Der Schüler wird gelobt, de**nn** er hat fleißig gelernt.
(. . . „de**nn**“ leitet einen Umstandssatz des Grundes ein, hier ist es ersetzbar durch „da“ oder „weil“)

206 *Bilde je fünf ähnliche Sätze mit „den“ und „denn“ und schreib sie auf!*

Unterscheide ferner:

we**n** = fragendes Fürwort (Frage nach einer Person)
we**nn** = Bindewort (leitet einen Gliedsatz ein)

Beispiele:

we**n** (= **fragendes Fürwort**): We**n** meinst du? An we**n** soll er sich wenden? Für we**n** ist diese Arbeit bestimmt?
we**nn** (= **Bindewort**): We**nn** die Spinnen im Regen spinnen, wird es nicht lange rinnen. We**nn** du weiter so fleißig arbeitest, wird der Erfolg nicht ausbleiben. Immer we**nn** ich müde bin, ruhe ich mich etwas aus. We**nn** wir aus dem fahrenden Zug hinausblicken, glauben wir, dass der Zug stillstehe. We**nn** ein Stierkampf stattfindet, eilen Tausende in die Arena.

207 *Vollende die Sätze:*

We**nn** es regnet, . . .
We**nn** es Abend wird, . . .
We**nn** er nicht bald kommt, . . .
We**nn** ich die Prüfung bestehe, . . .

208 *Ergänze schriftlich:*

Ein Schüler, de**n** . . .
Der Garten, de**n** . . .
Ein Baum, de**n** . . .
Der Hut, de**n** . . .
Der Freund, de**n** . . .
Der Weg, de**n** . . .
Er übt fleißig, de**nn** . . .

Die Mutter kocht gut, de**nn** . . .
Fritz freut sich schon auf die Ferien, de**nn** . . .
Else tanzt gern, de**nn** . . .
Erich will Mechaniker werden, de**nn** . . .

Bilde fünf Sätze mit „dann" und „wann" und schreib sie auf! **209**

Beispiele:

Wa**nn** wirst du mich besuchen?
Da**nn** nahm er Abschied.

*Ergänze in den folgenden Sprichwörtern de**n** oder de**nn**, we**n** oder we**nn**!* **210**

Durch d . . . Irrtum gelangt man zur Wahrheit. D . . . die Götter hassen, schlagen sie mit Blindheit. Wer das W . . . und das Aber hat erdacht, hat sicher aus Häckerling Gold schon gemacht. W . . . sich ein Mensch etwas fest vornimmt, so ist ihm mehr möglich, als man glaubt. Hast du genug im Überfluss, so denk an d . . . , der darben muss! W . . . große Herren bauen, geht es über des gemeinen Mannes Beutel. Man kann viel, w . . . man sich viel zumutet. W . . . man dem Teufel d . . . kleinen Finger hinhält, so will er die ganze Hand. W . . . man den Teufel an die Wand malt, kommt er. Untreue schlägt d . . . eigenen Herrn. Treu hat allzeit Brot, w . . . die Untreu leidet Not. Was in d . . . Halm wächst, kann nicht ins Korn wachsen. D . . . Brotkorb höher hängen. Unter d . . . Menschen ist kein Volk so unbändig und so wild, dass es nicht wüsste, dass man einen Gott haben muss, w . . . auch nicht welchen *(Cicero)*. W . . . die Maus satt ist, schmeckt das Mehl bitter. → **L 210**

Lass dir ansagen und vergleiche anschließend mit dem Text im Buch: **211**

Ein Flugzeug startet

Durch eine riesige Halle und über Rolltreppen gelangen wir direkt in das **Inn**ere des Autobusses, der uns zum Flugzeug bringt. Natürlich suchen wir uns im Flugzeug einen Fensterplatz, we**nn** auch die Bullaugen ziemlich klein sind. Stu**mm** harren wir der ko**mm**enden Dinge.

Da spüren wir, wie unser Riesenvogel leise erzittert, wir rollen zur Startbahn. Wie im Bus, denkst du. „Nicht rauchen, bitte anschnallen!", leuchtet ein Schild auf. Wir starten! Die Triebwerke heulen auf. Die Boeing wird schneller, i**mm**er schneller. Wir heben ab, lösen uns von der Erde, wir fliegen, gewi**nn**en Höhe. Eine Linkskurve. Neugierig blicken wir von unserem Fensterplatz in die Tiefe. Unter uns ein paar Häuser, Straßen. Aha, die Autobahn. Wie Spielzeug alles, Wälder, Kiesgruben, Ödland, Dörfer. Und da**nn** ist alles wie verschluckt. Vor dem Bullauge nur noch graue Schleier, Regen ri**nn**t am Glas herunter. Neben uns der Geschäftsma**nn** blättert ungerührt in der Zeitung. Er kü**mm**ert sich um nichts.

212 *Lerne den folgenden Text auswendig und schreib ihn am folgenden Tag aus dem Gedächtnis nieder. Vergleiche anschließend mit dem Buch:*

Die Dampflokomotive

Die Erfindung der Dampflo**k**omoti**v**e ist eines der umwälzendsten Ereigni**ss**e in der Geschichte der Menschheit. Wir sprechen von einer Zeit vor und nach der **E**inf**üh**rung der Eisenb**ah**n und wo**ll**en damit ausdrü**ck**en, dass sich unser Le**b**en durch dieses **V**erke**h**rsmi**tt**el von Grund auf geändert hat. Industrie und Handel, wie wir sie heute ke**nn**en, hä**tt**en sich ohne die Eisenb**ah**n nicht zu solcher Bl**ü**te entwi**ck**eln kö**nn**en.

Gewiss ist auch diese technische Tat nicht aus dem Kopf eines **e**inzelnen Menschen **f**ertig her**v**orgegangen. Ganze Genera**tionen** von **Ingenieuren** und geschi**ck**ten Arbeitern haben ihr **v**orgearbeitet. Aber der Ma**nn**, der mit seinem großen Kö**nn**en und seiner zähen Ausdauer im Entste**h**ungsalter der Eisenb**ah**n den grö**ß**ten Erfolg hatte, war **George Stephenson.**

r, rr □

- Nach einem **langen** Selbstlaut und nach einem **Zwielaut** kann nur ein einfaches r stehen (ga**r**, hie**r**).
- Nach einem **kurzen** Selbstlaut jedoch wird das r in der Regel verdoppelt (ha**rr**en, He**rr**). Die Verdopplung wird auch in den Ableitungen beibehalten (er i**rr**t, ze**rr**t).
- Folgen einem kurzen Selbstlaut jedoch **mehrere Mitlaute**, wird nicht verdoppelt (ha**r**t, Wi**r**t, Ba**r**t).

Die Namen der folgenden Gegenstände werden mit rr geschrieben. Notiere sie: **213**

____

____

____

____

→ **L 213**

Ordne nach dem Alphabet und setze den Artikel davor: **214**

I**rr**tum, Pfa**rr**er, Spa**rr**en, Ka**rr**en, Na**rr**, He**rr**, A**rr**est, Te**rr**asse, Gita**rr**e, Kata**rr**, Ko**rr**ektur, Parte**rr**e. → **L 214**

Bilde Zusammensetzungen mit **215**

Geschi**rr**, Pfa**rr**er, He**rr**, Ziga**rr**e. → **L 215**

216 *Ergänze die Zeitformen:*

irren (irre – irrte – geirrt), klirren, schwirren, surren, scharren, schnurren, starren, herrschen, murren, plärren, harren, zerren.

217 *Schreib ab und ergänze ein stammverwandtes Wort:*

Herrlichkeit (Herr), Wirrsal (wirr), Irrtum, Irrweg, Verzerrung, Schnurrbart, Sperrkette, Geplärre, Herrschsüchtigkeit, Erstarrung, Sperrholz. → **L 217**

218 *Wende die folgenden Wörter beifügend an:*

wirr, starr, herrlich, dürr, mürrisch.
Beispiele: ein mürrischer Mensch, der starre Blick.

In den Wörtern Herzog, Herberge, Hermann, Herbert wird das r nicht verdoppelt. Die Silbe her- hatte ursprünglich die Bedeutung „Heer".

219 *Beachte den Unterschied und wende schriftlich in Sätzen an:*

die Zigarren	die Zigaretten
Der Diener harrt seines Herrn (harren = warten)	Der Stein ist sehr hart.
am Barren turnen	mit barem Geld zahlen
starr blicken	der Filmstar, der Star (Vogel)
verdorrtes Gras	dort drüben
scharrende Hühner	die Vögel scharen (sammeln) sich, die Vogelschar,
gescharrt	geschart

Zwei r stoßen zusammen in

ze**rr**eißen, ve**rr**eiben, e**rr**egen, ve**rr**enken, ve**rr**ichten, ve**r**-**r**ückt, ve**rr**ingern, ve**rr**eisen, e**rr**ichten, ve**rr**aten, Vo**rr**at, unte**rr**eden, unte**rr**ichten, Hinte**rr**ad, Moto**rr**oller, Zie**rr**at.

Wende diese Wörter in Fügungen an! **220**

Setze r oder rr ein: **221**

Am Ba . . . en turnen, das ha . . . te Brot gern essen, lange ausha . . . en, vor Kälte sta . . . sein, einen Filmsta . . . bewundern, mu . . . end an die Arbeit gehen, der knu . . . ende Köter, ha . . . ter Stahl, die ganze Vogelscha . . . , do . . . t oben im Geäst, ein verdo . . . ter Ast, mit sta . . . em Blick, sich nä . . . isch benehmen, das vor Schmerz verze . . . te Gesicht, scha . . . ende Hufe, in die He . . . berge gehen, den I . . . tum einsehen, vor Schreck ersta . . . en, die Sta . . . e verjagen, verdo . . . tes Gras, mit ba . . . em Geld zahlen, keine Ziga . . . etten rauchen. → **L 221**

Lerne auswendig und schreib am folgenden Tag aus dem Gedächtnis nieder: **222**

Das stolze Pferd

Einst stand vor dem Palast eines Fü**r**sten ein he**rr**licher Schimmel und ha**rr**te auf seinen He**rr**n. Voll Ungeduld scha**rr**te das edle Tier mit den Hufen und ze**rr**te an den Zügeln. Da kam ein dü**rr**er Klepper vorbei. Er zog einen kna**r**-**r**enden Ka**rr**en hinter sich her. Als der alte Gaul den Schimmel erblickte, blieb er stehen und sta**rr**te auf das he**rr**lich gezäumte Pferd. Doch dieses wandte sich mü**rr**isch und stolz ab. Da sprach die alte Mähre: „Du aufgeblasener Na**rr**! Auch ich war einst ein stolzes Reitpferd, und auch dir wird es im Alter nicht besser ergehen als mir."

223 *Lass dir ansagen und vergleiche mit dem Text im Buch:*

Diese Jugend!

Eine mü**rr**ische alte Frau ze**rr**t einen Ka**rr**en vo**r**über, auf welchem einige Körbe rumpeln. Da stü**r**mt mit lautem Hu**rr**a eine Bubenscha**r** he**r**bei und macht sich erbötig, den kna**rr**enden Handwagen zu ziehen. Verwi**rr**t will die Alte abweh**r**en, denn sie glaubt, sie müsse nachher für diese Hilfe bezahlen. Doch sie hat sich ve**rr**echnet. Die Buben ve**rr**ichten diese Arbeit selbstverständlich umsonst. Da streicht sich die Frau verlegen über die Sti**r**n und dankt mit belegter Stimme. Am Ziel angekommen, sta**rr**t sie noch lange der davoneilenden Bubenscha**r** nach. – Als Dank hat sie jedem von ihnen einen Apfel geschenkt.

s, ss, ß ○

Für den s-Laut gibt es drei verschiedene Schreibweisen. Die nachstehende Übersicht zeigt dir, wann s, ss oder ß geschrieben werden muss. Die schräg geschriebenen Wörter kannst du als „Maßstab“ verwenden.

lesen *leise*	*messen*	*grüßen* *draußen*
Zwielaut, Selbstlaut lang oder s-Laut stimmhaft (summend),	Selbstlaut kurz, s-Laut stimmlos (zischend),	Selbstlaut lang oder Zwielaut, s-Laut stimmlos (zischend),
↓ daher *s*	↓ daher *ss*	↓ daher *ß*

Am Wortanfang ist stets *s* zu schreiben. *sehr*	Am Wortende, vor -t und vor Nachsilben, die mit einem Mitlaut beginnen, wird nach einem kurzen Selbstlaut ebenfalls *ss* geschrieben.	In der Blockschrift wird für ß meist SS geschrieben *STRASSE*
Ein s steht auch nach b, l, m, n, p, r, t: *Erbse, Ilse, Insel, Hirse, Lotse, Kapsel, emsig*	Nur die Endsilben **-is**, **-us**, **-as**, **-nis** werden trotz des kurzen Selbstlautes und der stimmlosen Aussprache nur mit **s** geschrieben. Mehrzahl: -ni**ss**e, -i**ss**e, -u**ss**e, -a**ss**e!	Beim Zusammentreffen von drei s-Lauten sollte in der Blockschrift das dritte S durch einen Bindestrich abgetrennt werden: SCHLUSS-SATZ

Bist du im Zweifel, ob am Schluss eines Wortes **s** oder **ß** zu schreiben ist, verlängere das Wort und sprich es gegensätzlich aus (Klangprobe):

lies – lesen → s-Laut stimmhaft, daher ***s***
Gruß – grüßen → s-Laut stimmlos, daher ***ß***

Schreib ab und setze in die Mehrzahl: **224**

der Be**s**en, die Blu**s**e, die Do**s**e, die Bla**s**e, die Ro**s**e, die Rei**s**e, der Kai**s**er, die Ba**s**e (Kusine), die Na**s**e, die Pau**s**e, die Wei**s**e (Lied).
Beispiele: die Na**s**e – die Na**s**en, der Be**s**en – die Be**s**en.

225 *Ergänze die Stammformen folgender Zeitwörter (Verben):*

preise – pries – gepriesen, weise, lese, niese, reise, brause, zause, rase, schmause, löse.

226 *Ergänze die Vergleichsformen der Eigenschaftswörter (Adjektive):*

leise – leiser – am leisesten, weise, heiser, böse.

227 *Setze je zwei der folgenden Wörter zu einem neuen zusammen:*

Bluse	Preisel	Kuchen	Knopf	Zeichen
Stiel	Streusel	Besen	Pause	Beere

→ **L 227**

228 *Bilde die Hauptwörter mit der Nachsilbe -sal:*

irren (das Irrsal), laben, mühen, rinnen, scheuen (das Scheusal), schicken, drängen, trüb, wirr. → **L 228**

229 *Schreib ab und ergänze die Nachsilbe -sam:*

achtsam, furcht . . ., genüg . . ., arbeit . . ., grau . . ., wach . . . , müh . . ., spar . . .

230 *Ordne nach dem Alphabet:*

Linse, Hirse, Hülse, Ferse, Erbse, Lotse, Binsen, Hälse, Ilse, Insel, Kapsel.

231 *Ergänze die Stammformen des Zeitwortes (Verbs):*

beißen (beiße – biss – gebissen), fließen, reißen, genießen, schließen, grüßen, büßen, spaßen. → **L 231**

232 *Ergänze die Vergleichsformen:*

fleißig – fleißiger – am fleißigsten, müßig, mäßig, heiß, groß, süß. → **L 232**

Am Wortende oder vor t wird ebenfalls **ss** geschrieben!
Z. B.:

e**ss**en	–	er i**ss**t	–	i**ss**!
la**ss**en	–	er lä**ss**t	–	la**ss**!

Bist du im Zweifel, ob s (st) oder ß (ßt) zu schreiben ist, so suche die Grundform (Infinitiv, Nennform):

fri**ss**t kommt von fre**ss**en (stimmlos, Selbstlaut kurz, daher **sst**!)
vergi**ss** kommt von verge**ss**en (stimmlos, Selbstlaut kurz), daher **ss**!
Lie**s** kommt von le**s**en (stimmhaft, Selbstlaut lang), daher **s**!
Gru**ß** kommt von grü**ß**en (stimmlos, Selbstlaut lang), daher **ß**!

Schreib die folgenden Wörter ab und ergänze zwischen Klammern ein stammverwandtes Wort mit ss: **233**

hä**ss**lich (ha**ss**en), gewi**ss**, verlä**ss**lich, unerme**ss**lich, me**ss**bar, fre**ss**bar, wi**ss**begierig, Ha**ss**, Gefä**ß**, unerlä**ss**lich, Pre**ss**luft, Me**ss**band, unverge**ss**lich. → **L 233**

Schreib die folgenden Wörter ab und setze die Mehrzahl daneben: **234**

der Schu**ss** (die Schü**ss**e), der Spa**ß** (die Spä**ß**e), der Pa**ss**, der Gru**ß**, das Türschlo**ss**, das Fa**ss**, das Ro**ss**, der Sto**ß**, der Ri**ss**, der Bi**ss**, der Regengu**ss**, der Strau**ß** (Vogel).
→ **L234**

Die Endsilbe **-nis** bildet die Mehrzahl auf **-nisse**:
Hinderni**s** – Hinderni**ss**e
Aber auch die folgenden Wörter haben in der Mehrzahl **ss**: Kürbi**s** – Kürbi**ss**e, Ilti**s** – Ilti**ss**e, Zirku**s** – Zirku**ss**e, Autobu**s** – Autobu**ss**e, Atla**s** – Atla**ss**e oder Atlanten.

235 *Setze die folgenden Wörter in die Mehrzahl:*

Begräbni**s** (Begräbni**ss**e), Erlebni**s**, Ereigni**s**, Gefängni**s**, Hinderni**s**, Geheimni**s**, Versäumni**s**, Verzeichni**s**, Zeugni**s**, Verhältni**s**.

236 *Bilde die Befehlsform:*

aufpa**ss**en (pa**ss** auf!), losla**ss**en, anfa**ss**en, anpa**ss**en, nachme**ss**en, aufe**ss**en, auspre**ss**en. → **L 236**

237 *Wende die folgenden Wörter in Fügungen an:*

wei**ß**lich, schie**ß**en, der Spa**ß**vogel, au**ß**en, drau**ß**en, die Gie**ß**kanne, vermi**ss**t, mi**ss**lingen, die Mi**ss**ernte, der Verschlu**ss**, sü**ß**lich, rei**ß**en, das Vergi**ss**meinnicht, die Mu**ß**e, der Mi**ss**erfolg, das Flo**ß**, der Bi**ss**, ein bi**ss**chen (ein wenig), barfü**ß**ig, das Gu**ss**eisen, der Ausgu**ss**, die Gie**ß**erei, mi**ss**billigen, mi**ss**brauchen, der Mi**ss**brauch, der Ri**ss**, die Sü**ß**igkeit, der Hundebi**ss**, ausgie**ß**en, verdrie**ß**lich, wi**ss**begierig, hei**ß**, Hei**ß**sporn, wei**ß**en (wei**ß** tünchen), der Ha**ss**.

238 *Schreib in einem Wort:*

Geschirr für das Essen (E**ss**geschirr), gego**ss**enes Ei**s**en, die Latte zum Me**ss**en, der Schu**ss** aus der Pistole, ein Strau**ß** Blumen, ein Fa**ss** Butter, ein Klo**ß** (Knödel) aus Grie**ß**, ein Schlo**ss** zum Vorhängen, Bilder für Pä**ss**e, Fische in Flü**ss**en, mit blo**ß**en Fü**ß**en. → **L 238**

239 *Bilde Ableitungen:*

Wer viel Flei**ß** zeigt, ist f . . . . Was man nicht fa**ss**en kann, ist un . . . . Ein Erlebnis, das man nicht verge**ss**en kann, ist un . . . . Was man nicht e**ss**en kann, ist nicht . . . . Ein Hund, der leicht bei**ß**t, ist bi . . . . → **L 239**

In der Blockschrift (Großbuchstaben der Antiqua) gibt es kein Zeichen für ß. In diesem Fall ist statt des ß ein SS zu schreiben. STRA**SS**E, STO**SS-S**TANGE:

240 *Bilde Zusammensetzungen mit*

me**ss**en + Stab (Me**sss**tab), gro**ß** + Stadt, me**ss**en + Schneiderei, sto**ß**en + Seufzer. → **L 240**

241 *Beachte den Unterschied genau und wende in Sätzen schriftlich an:*

die Fri**s**t (bestimmter Zeitraum)	Der Vogel fri**ss**t.
Er hat genie**s**t (von nie**s**en).	Er genie**ß**t den Urlaub.
Er i**s**t so (von sein).	Er i**ss**t (von e**ss**en).
Er la**s** (von lesen).	La**ss** das! (von la**ss**en)
Er rei**s**t morgen ab.	Er rei**ß**t den Knopf ab.
die Kü**s**te des Meeres	Er kü**ss**te die Mutter.
der Hahn auf dem Mi**s**t	Karl mi**ss**t 1,60 m (von me**ss**en).
das Glei**s** (Geleise)	glei**ß**en (glänzen)
Du ha**s**t Recht.	Er ha**ss**t ihn.
bi**s** heute	der Bi**ss** der Schlange
ein Gro**s** (12 Dutzend) Eier	gro**ß** sein
der Grie**s**gram (griesgrämig)	Grie**ß**klö**ß**e (Grie**ß**knödel)
Apfelmu**s**	das Mu**ss** (Zwang), er mu**ss** (von mü**ss**en)
das Burgverlie**s**	Er verlie**ß** die Heimat (von verlassen).
den Weg wei**s**en, Wegwei**s**er	die Mauer wei**ß**en
Steinflie**s**en (der Flie**s**enleger)	abflie**ß**en
fa**s**t (beinahe) drei Tage	Fa**ss**t an! (von fa**ss**en)
die hei**s**ere Stimme	hei**ß**ere Tage

In der deutschen Kurrentschrift und in der **Frakturschrift** gibt es ein weiteres Zeichen für den s-Laut:

das runde s (s s).

Das runde s schreibt man:

- am Ende von Wörtern:

Haus, das, las, Hindernis

- in der Wortfuge:

hoffnungsvoll, Zugsverkehr

- im Auslaut einer Stammsilbe

Häschen, weismachen, Reisgulden

Das lange ſ ſ *wird geschrieben:*

- am Anfang von kleingeschriebenen Wörtern:

sorgen, setzen, schön

- am Beginn einer Sprechsilbe in der Wortmitte:

lesen, weisen, Wiese

- in Verbindung mit t oder p und bei sch:

stehen, Wespe, spitz, schreiben, löschen

- in den Nachsilben -sal, -sam, sel:

Schicksal, ehrsam, Mitbringsel

- im Wortinneren nach Mitlauten:

Erbse, Hülse, Abwechslung

242 *Begründe die s-Schreibung in dem folgenden Text:*

Daſ Bauernhaus in der Steiermark

Die Steiermark heißt auch die grüne Mark, denn es ſind die Berge mit einem feſten Mantel ihrer Wälder und die ſmaragdenen Almen und Wieſen, denen ſie dieſen Namen verdankt. Es iſt altes Bauernland, in dem wir hier ſind. So hoch der Boden nur etwas trägt, haben auch Bauern ihre Sitze. Das ſteiriſche Bauernhaus hat ſeine beſondere Form. Es vereinigt nicht, wie die Einzelhöfe anderwärts, auch die Räumlichkeiten unter ſeinem Dach, die der Wirtſchaft zu dienen haben, ſondern hier ſind ihnen eigene Wände gezimmert, der Bauer ordnet Ställe und Scheunen ringsherum, wie es der Boden tauglich erſcheinen läſſt, und ſo ſtellt ſein Hof eine Gruppe größerer und kleinerer Baulichkeiten vor. Das Wohnhaus, ſtockhoch, blickt mit dem abgeſchrägten Giebel, unter dem der Holzgang geht, zu Tal. Die Fenſterchen ſind ſchmuck von Blumenſtöcken. Was an dem Haus gemauert iſt, oft nur ſein Sockel, iſt kalkweiß, was Holz iſt, dunkel von der Einwirkung des Wetters. Das Schindeldach iſt von zarter, ſeidener Farbe, außer, wo ſich das Moos der alten Brettchen bemächtigt hat. Nur den Anblick heiterer, herrenmäßiger Anſitze wie in den weſtlichen Alpenländern wird man hier nicht erwarten dürfen. Das ſteiriſche Bauernhaus iſt das unſcheinbarere, ärmere, aber naturhaftere der Geschwiſter.

(Nach Max Mell)

243 *Ergänze s, ss oder ß!*

Ein Wunschtraum?

Die Menschen wi . . . en natürlich genau, da . . . es Mitbürger gibt, die immer nur an sich denken. Aber mit solchen Eigensüchtigen lä . . . t es sich nicht gut zusammen leben. Wa . . . hat man also getan, um sicherzustellen, da . . . die Stra . . . e für alle da ist? Man hat eine Stra . . . enverkehrsordnung geschaffen. Da . . . i . . . t ein Gesetz, in dem steht, da . . . jeder von uns das gleiche Recht zur Benützung der Verkehrswege

be . . . itzt. Wer das Ge . . . etz, da . . . uns alle schützen will, nicht befolgt, wird bestraft.
Die Polizei hat darauf zu achten, da . . . jeder die Bestimmungen de . . . Ge . . . etzes einhält. Man will, da . . . die Kraftfahrer aufeinander Rücksicht nehmen, da . . . sie auch an die Fu . . . gänger denken und nicht nur überlegen, wie sie am schnellsten vorwärts kommen.
Das Ge . . . etz will weiters, da . . . die Radfahrer auf den Radwegen oder am rechten Stra . . . enrand fahren sollen und nicht auf dem Gehsteig, da . . . die Fu . . . gänger die Stra . . . e aufmerksam überqueren.
Du meinst, da . . . sei ein Wunschtraum? Da . . . glaube ich nicht. Mit dem Rück . . . ichtnehmen braucht man nicht erst zu warten, bi . . . der andere damit anfängt. Damit kann man selbst beginnen. → **L 243**

244 *Lerne den folgenden Text auswendig und schreib ihn am folgenden Tag aus dem Gedächtnis nieder:*

Auf einer verkehrsreichen Kreuzung

Auf der hölzernen Kanzel inmi**tt**en des gro**ß**en Pla**tz**es steht der **V**erk**eh**rspoli**z**ist bei Regen und Schn**ee**, K**ä**lte und Hi**tz**e. Von hier aus ka**nn** er den gan**z**en **V**erk**eh**r überbli**ck**en und regeln.
Wir sehen **ih**m kurze Zeit zu.
Je**tzt** hebt er den rechten Arm. Da mü**ss**en alle Fa**h**rzeuge die Kreu**z**ung verla**ss**en. Da**nn** wen**det** er sich nach links und gibt die Fahrtrichtung frei.
Nun setzen sich die wartenden Auto**s** auf der einen Seite in Bewegung, und ein Strom von Fu**ß**gängern w**ä**l**z**t sich über die Stra**ß**e.
W**ie**der hebt der Poli**z**ist den Arm, da fli**tz**t eben noch bli**tz**schnell ein schwarz glän**z**endes Moto**rr**ad an ihm vorüber, da**ss** da**s** Wa**ss**er einer Pfü**tz**e aufspri**tz**t. Der Hüter des Gesetzes greift nach seiner Pfeife, aber der Moto**rrad**fahrer ist schon weit weg.

Lass dir ansagen und vergleiche anschließend mit dem Text im Buch! **245**

Vom Schwimmen
Immer noch werden **t**au**s**ende Menschen Opfer des „na**ss**en Todes", nur weil sie schlechte Schwimmer geblieben sind oder überhaupt nicht **s**chwimmen können. Jeder junge Mensch sollte daher trachten, ein tüchtiger Schwimmer zu werden. Beim **S**chwimmenlernen gewöhnt man sich zuerst ans Wa**ss**er, indem man an seichten Stellen spielt. Eines Tages erlebt man dabei, da**ss** das Wa**ss**er trägt und gewinnt dadurch zum Wa**ss**er Vertrauen. Als Vorübung stö**ß**t sich der **L**ernende von der Wand des Schwimmbeckens ab und legt sich flach auf das Wa**ss**er. Dann kann er bereits mit den Arm- und Beinbewegungen des Bru**s**tschwimmens beginnen.
Andere Schwimmarten sind da**s** Schmetterling**s**schwimmen, da**s** Seitenschwimmen, das Rückenschwimmen, das Kraulen. Be**s**onders wichtig beim Schwimmen ist die Atmung. Man mu**ss** sie an die **F**ortbewegung im Wa**ss**er anpa**ss**en. Jeder Schwimmer sollte auch ein Rettung**s**schwimmer sein.

das / dass ○

Bist du im Zweifel, ob **das** oder **dass** zu schreiben ist, überlege, um welche Wortart es sich handelt:

- Den Artikel „**das**" schreibt man immer mit s.
- Nur das Bindewort „**dass**" wird mit **ss** geschrieben. Es leitet gewöhnlich einen Gliedsatz ein.
- Kannst du „**das**" jedoch durch den Artikel „**ein**" oder durch das Fürwort „**welches**" oder das Fürwort „**dieses**" ersetzen, dann gehört es mit **s** geschrieben.

246 *Setze die Wortart ein!*

das (ein) Verhalten – da**s** = ______________

das Stoppschild, **das** (welches) – da**s** = ______________

Ist es **das** (dieses) Schild – da**s** = ______________

Gerhard meinte, **dass** . . . – da**ss** = ______________

247 *Vollende schriftlich die Gliedsätze:*

Es ist mir bekannt, da**ss** . . .
Hans weiß, da**ss** . . .
Grete ist überzeugt, da**ss** . . .
Es ist falsch, da**ss** . . .
Sie hoffte, da**ss** . . .
Sie hat nicht bedacht, da**ss** . . .
Der Tischler behauptete, da**ss** . . .
Beispiel: Hans weiß, da**ss** man Rechtschreiben durch fleißiges Üben erlernen kann.

248 *Vollende auch die folgenden Sätze:*

Da**ss** es regnen wird, da**s** (dieses) glaube ich nicht.
Da**ss** . . . . , da**s** ist auch meine Meinung.
Da**ss** . . . . , da**s** ist noch nicht gewiß.
Da**ss** . . . . , da**s** glauben die Leute.
Da**ss** . . . . , da**s** war eine falsche Behauptung.
Da**ss** . . . . , da**s** bedauern wir.
Beispiel: Da**ss** Hans das hinweisende Fürwort mit **ss** geschrieben hat, da**s** war falsch.

Und nun ergänze hier die Sätze: **249**

Ein Kind, da**s** (welches). . . , wird gern gesehen.
Ein Haus, da**s** . . . ., ist unbewohnbar.
Das Dach, da**s** . . . ., musste abgetragen werden.
Das Geschäft, da**s** . . . . , war ganztägig geöffnet.
Das Wetter, da**s** . . . ., machte uns Sorgen.
Das Lied, da**s** . . . ., gefiel allen.

Beispiel: Das Dorf, das wir im Sommer besuchten, hatte eine wunderbare Lage.

Schreib je 5 Sätze, in denen „das" ein Artikel, ein hinweisendes Fürwort oder ein bezügliches Fürwort ist! **250**

Schreib fünf Sätze auf, in denen das Bindewort „dass" vorkommt! **251**

In den Wortfolgen soda**ss** (Bindewort), als da**ss**, ohne da**ss**, anstatt da**ss** steht immer **ss**!

*Setze **das** oder **dass** ein und begründe die Schreibweise durch die Regeln:* **252**

Ist es dir nicht auch schon so ergangen, . . . du dich vor einem rücksichtslosen Kraftfahrer retten musstest? Hast du nicht auch schon einmal von einem anderen Fußgänger einen Stoß in die Rippen bekommen, weil er es eilig hatte und nur an sich dachte? Oder ist dir . . . noch nie passiert?
Was haben die Menschen also getan, um sicherzustellen, . . . die Straße für alle da ist und . . . keiner den anderen behindern darf? Sie haben sich besondere Gesetze, Straßenverkehrsgesetze, geschaffen. Jeder von uns hat . . . gleiche Recht, jeder von uns hat aber auch gleiche Pflichten übertragen bekommen. Unser Straßenverkehrsgesetz will, . . . die Straße für uns alle da ist. Und wer dieses Gesetz, . . . uns alle schützen will, nicht befolgt, wird verwarnt oder be-

straft. Damit die Gesetze eingehalten werden, gibt es eine Polizei, die darauf zu achten hat, . . . jeder die gleichen Rechte hat, . . . jeder aber auch den gleichen Pflichten nachkommt.
Ich träume manchmal davon, . . . die Kraftfahrer aufeinander Rücksicht nehmen, . . . sie an die Fußgänger denken, . . . sie – ja, . . . sie eigentlich nur an andere denken und nicht überlegen, wie sie am schnellsten weiterkommen. Ich träume manchmal davon, . . . die Radfahrer auf den Radfahrwegen oder auf der rechten Straßenseite und nicht auf dem Gehsteig fahren und . . . keine Kunststückchen vollbracht werden. Ich träume manchmal davon, . . . die Fußgänger aufeinander Rücksicht nehmen und . . . sie auf der Straße aufmerksam sind. In diesem Traum haben alle Menschen zufriedene Gesichter. Und keinem ist es unbequem, wenn er auf den anderen Rücksicht zu nehmen hat. Du lachst? Du meinst, . . . sei ein Wunschtraum? Ich glaube . . . gar nicht. Es kann nicht jeder . . . tun, was er will. Mit dem Rücksichtnehmen, zum Beispiel, braucht man nicht erst zu warten, bis der andere damit anfängt. Damit kann man selbst beginnen. Und Rücksichtnehmen hat nichts damit zu tun, ob jemand mit 100 PS fährt oder ob er zu Fuß geht. → **L 252**

253 *Beschreibe einige Verkehrszeichen, die du täglich siehst, und bilde dass-Sätze.*

Beispiele: Ein rotes rundes Schild mit einem weißen Querbalken bedeutet, da**ss** hier die Einfahrt verboten ist. Ein weißes Dreieck mit einem roten Rand und einer schwarzen Lokomotive in der Mitte bedeutet, da**ss** sich ein unbeschrankter Bahnübergang in der Nähe befindet.

254 *Lerne auswendig und schreib am folgenden Tag aus dem Gedächtnis nieder:*

Das Erdöl
In Nordamerika stieß man vor ungefähr 70 Jahren beim Graben eines Brunnens auf eine so starke Erdölquelle, **dass**

man nicht alles Öl auffangen konnte. **Das** war die Ursache, **dass** tausende Menschen dorthin zogen, um Erdöl zu suchen und reich zu werden. Aus dem Erdöl gewinnt man durch Reinigung **das** Petroleum und bei stärkerer Reinigung **das** Benzin, **das** heute ein wichtiger Treibstoff ist. Es ist bekannt, **dass** Polen, Rumänien, Russland und Vorderasien (Irak) reich an Erdölquellen sind, doch wenige wissen, **dass** es auch in Österreich Erdölvorkommen gibt.

Lass dir ansagen und vergleiche anschließend mit dem Text im Buch: **255**

Der Radfahrer im Straßenverkehr

In der letzten Unterrichtsstunde sprachen wir über **das** Verhalten des Radfahrers im Straßenverkehr. **Dass** wir auf der rechten Straßenseite fahren müssen, **das** wussten alle. Gerhard ergänzte, **dass** wir eine Straßenbahn, wenn die Gleisanlage es gestattet, rechts überholen. Aber was nützt **das** richtige Verhalten im Verkehr, wenn **das** Fahrrad nicht betriebssicher ist. In diesem Zusammenhang erzählte Brigitte: „Als ich vor einigen Tagen mit meinem Fahrrad zum Einkaufen fuhr, hatte ich **das** Gefühl, **dass** mein Hinterrad immer hin und her schlenkerte, denn ich konnte nicht geradeaus fahren. Beim Nachsehen stellte ich fest, **dass** sich **das** Hinterrad gelöst hatte. Nachdem ich die Schrauben wieder fest angezogen hatte, merkte ich, **dass** ich viel sicherer fuhr."
Nun warf Fritz ein: „Auch die Kette muss in Ordnung sein. **Das** große und **das** kleine Zahnrad müssen genau in einer Flucht hintereinander liegen. **Dass** die Kette gut geölt sein muss, ist für jeden Radfahrer selbstverständlich."
Sehr wichtig für die Sicherheit ist es auch, **dass** wir außer dem Rückstrahler ein gut brennendes Schlusslicht haben. Es ist deshalb unbedingt erforderlich, **dass** wir vor jeder Fahrt bei Dunkelheit **das** Schlusslicht überprüfen. Es ist außerdem noch darauf zu achten, **dass** wir mit den Kleidern **das** Licht nicht verdecken.

Peter erklärte darauf **das** Verhalten des Radfahrers an der Straßenkreuzung. Dabei wurde nicht vergessen, **dass das** Stoppschild, **das** an manchen Stellen angebracht ist, auch für Radfahrer gilt.
Wichtiger als alle Verkehrsschilder erschien uns jedoch die Erkenntnis, **dass das** rücksichtsvolle Verhalten die beste Verkehrssicherung ist.

256 *Ergänze die folgenden Sprichwörter und Zitate und begründe die Schreibung von da***s** *(da***ss***):*

Es ist besser, da . . . ein Kind jetzt weint, als da . . . später die Eltern weinen. Geh treu und redlich durch die Welt, da . . . ist da . . . beste Reisegeld. Womit man umgeht, da . . . hängt einem an. Wem da . . . Glück den Finger reicht, der soll ihm die Hand bieten. Lässt Gewalt sich blicken, geht da . . . Recht auf Krücken. Da . . . Pferd, da . . . den Hafer verdient, kriegt ihn nicht. Es ist dafür gesorgt, da . . . die Bäume nicht in den Himmel wachsen. Es ist leichter, da . . . ein Kamel durch ein Nadelöhr gehe, als da . . . ein Reicher in den Himmel komme. Was dich nicht brennt, da . . . blase nicht. Tue nur da . . . Rechte in deinen Sachen, da . . . andere wird sich von selber machen. Da . . . ist der Fluch der bösen Tat, da . . . sie fortzeugend Böses muss gebären. Glück und Glas, wie leicht bricht da . . . . Was Gott tut, da . . . ist wohl getan. Da . . . Glück fällt keinem in den Schoß. → **L 256**

z, zz, tz ○

- Nach einem **lang** ausgesprochenen Selbstlaut und auch nach einem Zwielaut steht immer **z** (du**z**en, bei**z**en).
- Nach einem **kurz** ausgesprochenen Selbstlaut steht in der Regel **tz** (wi**tz**ig, verle**tz**en, Hi**tz**e).
- Eine kleine Gruppe von **Fremdwörtern** wird mit **zz** geschrieben (Ra**zz**ia, Ski**zz**e, Interme**zz**o).

Schreib ab und ordne die Wörter nach dem Alphabet: **257**

bei**z**en, hei**z**en, schnäu**z**en, Wei**z**en, Strapa**z**en, Kapu**z**e, Kau**z**, Flö**z**, Noti**z**, La**z**arett, Qui**z**, Kapri**z**e (Laune).

Auch **nach l, n, r** und **ch** steht immer **z** (Wal**z**e, Kran**z**, War**z**e, schluch**z**en).

Ordne die folgenden Wörter nach ihrer Schreibung mit nz, lz, rz und chz in vier Spalten: **258**

die Schü**rz**e, der Le**nz**, das Schma**lz**, die Wa**lz**e, der Schwa**nz**, der Pla**tz**, das He**rz**, der Kra**nz**, der A**rz**t; schmer**z**en, ä**chz**en, schlu**chz**en, pu**rz**eln, jau**chz**en, glä**nz**en, tan**z**en, ausme**rz**en, le**chz**en, wü**rz**en, schna**lz**en; die Dista**nz**, der Bo**lz**en, die Bro**nz**e, die Ke**rz**e, der Ne**rz**, der Pi**lz**.

Schreib die nachstehenden Fremdwörter ab und setze den Artikel davor: **259**

Noti**z**, Noti**z**buch, Re**z**ept, Strapa**z**e, Kapu**z**e, Aka**z**ie, Maga**z**in, Hospi**z**, Matri**z**e (Gussform).

260 *Unterscheide und wende in Sätzen an:*

der Spazierstock *der Spatz*
spazierengehen

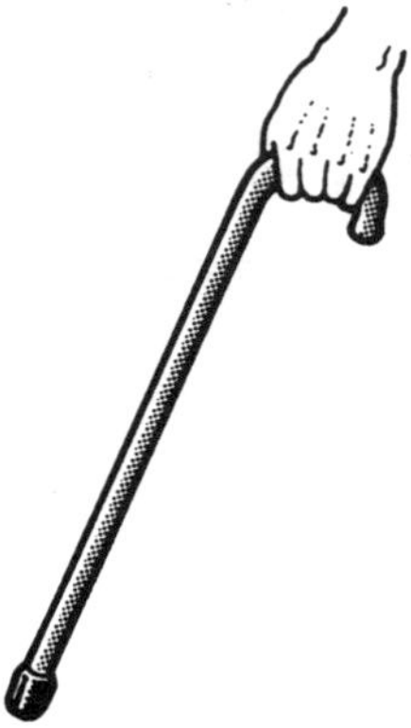

platzieren *der Platz*

261 *Ergänze Wörter mit z:*

der . . . . stock, sp . . . . gehen

die Schn . . . des Hundes, der Schn . . . . bart

das Gipfelkr . . . ., sich bekr . . . .

die . . . ., K . . . . mönche

der N . . . . . block, sich eine N . . . . . machen

die Bre . . . ., Bre . . . . backen

ein P . . . ., im Wald P . . . . suchen

vor Freude tan . . . ., der Tan . . . .

die K . . . . anzünden, K . . . . licht

→ **L 261**

Schreib ab und ergänze die Stammformen: **262**

se**tz**en (se**tz**e – se**tzt**e – gese**tzt**), ergö**tz**en, glo**tz**en, schwä**tz**en, pro**tz**en, pu**tz**en, schä**tz**en, schli**tz**en, schwa**t**-**z**en, schwi**tz**en, kra**tz**en, he**tz**en, si**tz**en, spri**tz**en, stu**tz**en, stü**tz**en, tro**tz**en, pla**tz**ieren.

263 *Notiere von den oben angeführten Zeitwörtern die Du-Form:*

Beispiele: du schwi**tzt**, du si**tzt** . . .

264 *Setze je zwei Wörter zu einem neuen sinnvollen Wort zusammen:*

Bli**tz**	Haus	Gese**tz**	Pu**tz**	Schu**tz**
Buch	Sucht	Hütte	Licht	Ka**tz**e

→ **L 264**

265 *Ordne nach dem Alphabet und setze den Artikel davor:*

Wi**tz**, Ba**tz**en, Ä**tz**ung, Ta**tz**e, Spi**tz**e, Bli**tz**, Du**tz**end, Spa**tz**, Gese**tz**, Schü**tz**e, Gö**tz**e, Schu**tz**, Grü**tz**e, Hi**tz**e, Scha**tz**, Sa**tz**, Pu**tz**, Ri**tz**e, Pla**tz**, Mü**tz**e, Nu**tz**en, Ne**tz**, Klo**tz**, Ke**tz**er, Ka**tz**e, Me**tz**ger.

Nach **kurzen** Selbstlauten wird meist **tz** geschrieben: si**tz**en, Nu**tz**en, verschwi**tz**t.

266 *Wende in Sätzen an:*

verdu**tz**t, verschmi**tz**t, zule**tz**t, je**tz**t, plö**tz**lich, tro**tz**dem, wi**tz**ig.

267 *Bilde Hauptwörter (Nomen) von:*

rei**z**en, hei**z**en, kreu**z**en, bei**z**en, schnäu**z**en.
Beispiel: reizen – der Reiz

→ **L 267**

Setze Wörter mit tz ein: **268**

						Gewinn
						Haustier
						spaßig
						Lumpen
						Gerät zum Fischen (Mehrzahl)
						säubern

→ **L 268**

Lerne den folgenden Text auswendig und schreib ihn am folgenden Tag aus dem Gedächtnis nieder: **269**

Der Knappe an der Rittertafel
Eine wichtige Tugen**d**, welche die höfische Zucht insbesondere von dem angehen**d**en Ri**tt**er verlangte, war das Be**neh**men bei Tisch.
Der junge Kna**pp**e mu**ss**te folgende Tischregeln behe**rr**schen:
Du so**ll**st dich nicht über den Tisch legen, nicht kru**mm** da**s**itzen, dich nicht auf die E**ll**bogen stü**tz**en, bei Tisch nicht den Gürtel aufschna**ll**en, nicht da**s** Brot beim **S**chneiden an die Brust ste**mm**en, nicht mit den Fingern in Senf, Sal**z** oder in die Schü**ss**el greifen, nicht trinken, bevor du das E**ss**en hinuntergeschlu**ck**t ha**s**t, nicht in den Trank bla**s**en, nicht mit der Zunge schnal**z**en, nicht schma**tz**en und rülpsen, nicht in das Tischtuch schnäu**z**en . . .!

270 *Lass dir ansagen:*

Schule der Toleranz

Das ist eine merkwürdige Schule, eine Schule, in der man neben **L**esen, **S**chreiben, **R**echnen und all dem, wa**s** einem in einer Schule an Nü**tz**lichem fürs Leben beigebracht wird, auch noch etwas anderes erlernt: **F**reundschaft der **M**enschen untereinan**d**er. Dieses Fach steht zwar nicht auf dem Stundenplan, man lernt es einfach so nebenbei. Diese Schule steht in Ludwigsfeld bei München. Hier werden Kinder, die von **v**ielen **v**erschiedenen **V**ölkern stammen und verschiedenen Religionen angehören, unterrichtet. In dieser Schule lernt man durch das tägliche Beispiel und Zusammenleben Toleran**z**. Das ist ein seltsam klingendes Wort, da**s** aus der lateinischen Sprache kommt. Es bedeutet nichts anderes als Duldsamkeit. **T**oleran**t** ist, wer die Eigenarten seines Mitmenschen anerkennt, gerne duldet und nicht zu unterdrücken sucht, auch wenn dieser Mitmensch gan**z** anders denkt, fühlt und handelt als man selbst. Und das ist etwas sehr **W**ichtiges für das menschliche Zusammenleben.

e, ä ○

Für das **kurz** ausgesprochene **geschlossene e** gibt es **zwei Schreibweisen: e** oder **ä**.
Im Zweifelsfall stelle fest, ob es ein stammverwandtes Wort mit a gibt (**ä**lter – **a**lt, er f**ä**llt – f**a**llen).

271 *Schreib ab und ergänze ein stammverwandtes Wort mit a:*

F**ä**cher (Fach), Fl**ä**che (flach), B**ä**cker, **Ä**rger, **Ä**pfel, **Ä**ste, Kr**ä**nkung, H**ä**ndler, **ä**ndern, **ä**rmer, b**ä**ndigen, f**ä**llen, g**ä**nzlich, pl**ä**tschern, schl**ä**ngeln, t**ä**ppisch, w**ä**lzen, **Ä**rztin, **Ä**rmel,

Gef**ä**lle, Gel**ä**nde, Gem**ä**lde, H**ä**nde, **ä**chzen, **ä**ngstlich, k**ä**mmen, k**ä**mpfen, kr**ä**chzen, l**ä**cheln, pf**ä**nden, S**ä**nfte, St**ä**lle, G**ä**mse, St**ä**ngel, Schl**ä**gel, beh**ä**nde, aufw**ä**ndig.

Auch die Nachsilbe -wärts wird mit ä geschrieben, ergänze sie in den folgenden Wörtern: **272**

auf-, ab-, aus-, ein-, seit-, heim-.

Manche Wörter werden trotz stammverwandter Formen mit a mit einem e geschrieben. In diesen Fällen haben sich alte Schreibweisen erhalten: **E**ltern, M**e**hl, Sp**e**ngler, Wildbr**e**t, **e**del u. a.

Schreib ab und ordne nach dem Alphabet: **273**

H**e**nne, Wildbr**e**t, str**e**ng, sch**e**nken, sch**e**llen, g**e**rben, **e**del, w**e**nden, Kr**e**mpe, S**e**nke, s**e**nden, St**e**mpel, Schw**e**mme, ausm**e**rzen, br**e**nzlich, schm**e**lzen, Sp**e**ngler, M**e**hl, Schneew**e**chte.

Unterscheide und wende in Sätzen an: **274**

die Landesgr**e**nze	die Blumenkr**ä**nze
die Haltest**e**lle	die Pferdest**ä**lle
ein schl**e**chter Schüler	ein Schl**ä**chter (Fleischhauer)
echte Pelze	den Verräter **ä**chten
Fehler ausm**e**rzen	der Monat M**ä**rz

Ergänze die Personalformen (Einzahl) der folgenden Zeitwörter (Verben): **275**

wachsen (ich wachse, du w**ä**chst, er w**ä**chst), halten, fallen, fangen, graben. → **L 275**

276 *Setze e (eh) oder ä (äh) ein!*

Der Gesch . . . ftsführer wird ihm die Bitte gew . . . ren. Der verdiente Arbeiter wird ge . . . rt. Bei der Haltestelle warteten einige Leute mit Blumenkr . . . nzen. Liesl sammelt auf dem F . . . ld die Korn . . . ren auf. Wir wollen versuchen, die Rechtschreibf . . . ler auszum . . . rzen. Das L . . . rchenholz wird in Bretter geschnitten und für Fußböden verw . . . ndet. In den Kuhst . . . llen wird t . . . glich ausgemistet. Du musst die Erde mit dem R . . . chen ein . . . bnen. Es hat lange gew . . . rt, bis er Antwort bekam. → **L 276**

277 *Lerne den nachstehenden Text auswendig und schreib ihn dann aus dem Gedächtnis nieder! Vergleiche anschließend mit dem Buch!*

Melden ist wichtiger als Angreifen

Die Mä**nn**er vom Bewachungsdienst behüten riesige Werte. In Kaufh**äu**sern, auf Lagerpl**ätz**en, in Fabri**k**en und Gesch**ä**ften. Sie sind Nachtarbeiter. Ihr D**ie**nst begi**nn**t in der R**e**gel nach Betr**ie**bsschlu**ss**, ihr Arbeit**s**ger**ä**t ist die Ste**ch**uhr, ihre **V**er**t**ei**d**igungsmittel sind sp**ä**rlich: ein Sto**ck**, eine St**ah**lrute, in den seltensten F**ä**llen eine Handfeuerwa**ff**e, bei manchen Untern**eh**men ein Schnurlostelefon.

Für diese Bewachungsorgane gilt: Melden ist wichtiger als Angreifen. In diesem Si**nn**e arbeiten auch jene M**ä**nner, die die **S**icherheit von Banken und **Geldinstituten** während der Nachtstunden garan**tie**ren.

278 *Unterstreiche die schwierigen Wörter und lass dir dann den Text ansagen:*

Selbstlose Helfer

Der Müllergehilfe Franz Gruber und der Postbeamte Hans Gigerl bemerkten eines Tages, dass aus dem Nebengebäude einer Hartberger Villa in der Steiermark Flammen schlugen. Rasch verständigten sie die Besitzerin der Villa, eine 75jährige Frau. Die alte Frau eilte sofort zu dem bedrohten Gebäude und wollte eine Hacke aus dem Haus holen, weil die Löschgeräte in einem Verschlag eingeschlossen waren. Kaum war sie im verqualmten Inneren des Hauses verschwunden, als auch schon krachend ein Teil der Decke einbrach. Rasch entschlossen drangen Gruber und Gigerl zum Brandherd vor. Unter Trümmern, halb verschüttet, fanden sie die alte Frau, die aus eigenen Kräften das brennende Haus nicht mehr hätte verlassen können. Trotz schwerer Brandwunden ist sie jetzt außer Lebensgefahr.

ei, ey, ai, ay ○

Die Zwielaute **ei, ey, ai, ay** werden meist gleich ausgesprochen. Du musst dir daher die Schreibung der wenigen Wörter mit ai besonders einprägen. Mit **ay** und **ey** werden nur **Fremdwörter** und **Eigennamen** geschrieben.

In dem folgenden Rätsel sind Wörter mit ai einzusetzen: **279**

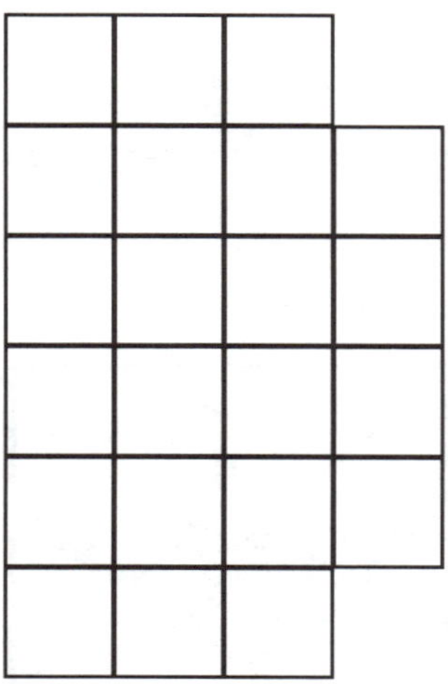

Monat

Backform des Brotes

Kukuruz

Streifen zwischen den Äckern

Nichtfachmann

Uferstraße

→ **L 268**

280 *Hier sind die Wörter durcheinandergeraten. Je zwei gehören zusammen. Schreib sie auf und unterstreiche das ai:*

Fisch	Krone	S**ai**te	Kolben	W**ai**sen	L**ai**b
M**ai**s	Violin-	L**ai**ch	K**ai**ser	Brot	Haus

→ **L 280**

281 *Ordne die folgenden Wörter mit ai nach dem Alphabet:*

K**ai**ser, L**ai**e, M**ai**, Froschl**ai**ch, W**ai**senknabe, Darms**ai**te, Birkenh**ai**n, Ackerr**ai**n, H**ai**fisch, M**ai**d, M**ai**n (ein Fluss), L**ai**b (Brotform), K**ai**, M**ai**s, tr**ai**nieren, Tr**ai**ning.

282 *Setze je zwei der folgenden Wörter zu einem einzigen Wort zusammen:*

Saite	Glöckchen	Laich	Haus
Darm	Kaiser	Rain	Mai
Knabe	Waise	Laie	Acker
Spiel	Fisch	Frosch	Hai

→ **L 282**

283 *Unterscheide und wende die Wörter in Sätzen an:*

der Froschl**ai**ch (Eier des Frosches) — die L**ei**che auf der Bahre

die Violins**ai**te — die Hefts**ei**te

der Brotl**ai**b

der L**ei**b (Körper)
des Schmetterlings

das W**ai**senhaus

eine alte W**ei**se (Lied)
die Art und W**ei**se
die Kohlm**ei**se

Die Zahl der Wörter mit ei ist sehr groß. Schreib die folgen- **284**
den Wörter ab und ergänze den Artikel:

Am**ei**se, **Ei**, H**ei**de, L**ei**b (Körper), M**ei**se, Buchs**ei**te, W**ei**de, V**ei**lchen, R**ei**se, Sp**ei**se, Fl**ei**ß.

Wende die folgenden Wörter in Fügungen an: **285**

fr**ei**, zw**ei**, ged**ei**hen, gesch**ei**t, gr**ei**senhaft, nasew**ei**s, r**ei**n, schn**ei**en, sp**ei**en, w**ei**t, hinw**ei**sen, abr**ei**sen.
Beispiele: frei entscheiden, zwei Vögel.

286 *Wende die folgenden Eigennamen in Sätzen an:*

Fr**ey**a (nordische Göttin), Sp**ey**er (eine deutsche Stadt), St**ey**r (eine Stadt in Österreich), Th**ay**a (Fluss), B**ay**ern, b**ay**risches Bier (aber: der b**ai**rische Dialekt), H**ay**dn (ein Tondichter).

287 *Lerne den folgenden Text auswendig und schreib ihn aus dem Gedächtnis nieder:*

Der Rheingau

Zu den schönsten Landschaften Deutschlands gehört der Rh**ei**ngau. Er beginnt unterhalb M**ai**nz, wo sich der Rh**ei**n nach Westen wendet, und erstreckt sich an s**ei**nem nördlichen Ufer bis Bingen. Hier br**ei**tet sich Deutschlands berühmteste W**ei**ngegend aus. Ort r**ei**ht sich an Ort; dazwischen liegen W**ei**ngärten, die den Rh**ei**ngau zum W**ei**ngau machen. Im leuchtenden Sonnensch**ei**n blinken kl**ei**ne Sommerhäuser und Winzerhäuschen; von den Höhen grüßen Kapellen den Reisenden, der auf einem der großen Schiffe den sagenumwobenen Strom hinabfährt.

288 *Lass dir ansagen und vergleiche mit dem Text im Buch:*

Eine Straße voller Romantik

Vom M**ai**n bis zum Fuße der Alpen führt eine herrliche Straße. Sie ist wie eine Schnur, an der eine Fülle von kostbaren Perlen aus der deutschen Vergangenh**ei**t aufger**ei**ht ist. Es ist das romantische Deutschland, das sich hier links und rechts der Straße ausbr**ei**tet. Malerische Fachwerkhäuser, enge Gassen und spitze Giebel, trutzige Burgruinen, verschnörkelte Wirtshausschilder und die b**ay**erischen Königsschlösser erinnern uns an eine gemütvolle Vergangenh**ei**t. K**ei**n Wunder, dass viele Ausländer sie besuchen, weil sie hier das Deutschland verträumter mittelalterlicher Flecken und Städte finden. Und w**ei**l diese Straße so viele Schönh**ei**ten aufzuweisen hat, solltet auch ihr sie **ei**nmal im **Mai** entlangfahren.

eu, äu ○

Die Zwielaute **eu** und **äu** klingen gleich. Die meisten Wörter mit äu haben jedoch ein stammverwandtes Wort mit **au**.

Schreib die folgenden Wörter ab und notiere daneben die stammverwandten Wörter mit au: **289**

die R**äu**ber (rauben), der K**äu**fer (kaufen), die H**äu**te (Haut), der S**äu**fer, das S**äu**getier, die Schl**äu**che, der Wiederk**äu**er, der Verk**äu**fer, das Ger**äu**sch, das Geh**äu**se, der H**äu**ptling, der D**äu**mling, die B**äu**(e)rin, das Fr**äu**lein, die Br**äu**te, die L**äu**se, die F**äu**lnis, ein Blumenstr**äu**ßchen, der Br**äu**tigam, der S**äu**gling, ein Tr**äu**mer, sch**äu**men, einz**äu**nen, erl**äu**tern, bet**äu**ben, s**äu**seln, anh**äu**fen, (ent)t**äu**schen, kr**äu**seln, ausr**äu**men, s**äu**bern, tr**äu**men; ger**äu**mig, h**äu**fig, bl**äu**lich, gl**äu**big, gel**äu**fig, **äu**ßerlich, h**äu**slich, Gr**äu**el, gr**äu**lich (schrecklich), schn**äu**zen. → **L 289**

Wende die folgenden Wörter mit äu in Sätzen an: **290**

Der (das) Kn**äu**el, die S**äu**le, die R**äu**de (Hundekrankheit), sich str**äu**ben, sich r**äu**spern, einbl**äu**en.

Ergänze die Stammformen der Zeitwörter: **291**

h**eu**len (h**eu**le – h**eu**lte – geh**eu**lt), k**eu**chen, m**eu**tern, ber**eu**en, schl**eu**dern, l**eu**chten, s**eu**fzen, l**eu**gnen.

Schreib ab und setze die Mehrzahl dahinter: **292**

die S**eu**che, die Sch**eu**ne, die **Eu**le, die K**eu**le, der Z**eu**ge, die B**eu**le, das **Eu**ter, das Abent**eu**er, das F**eu**er, die Schl**eu**se.
Beispiel: die S**eu**che – die S**eu**chen. → **L 292**

293 *Wende die folgenden Wörter in Fügungen an:*

d**eu**tlich, sch**eu**ßlich, verg**eu**den, n**eu**lich, schl**eu**nig, bed**eu**tend, d**eu**tsch.

294 *Unterscheide genau und wende in sinnvollen Sätzen schriftlich an:*

l**äu**ten (von laut!)	die L**eu**te (Menschen)
die H**äu**te (Haut)	h**eu**te Abend
der T**äu**fling (von taufen)	der T**eu**fel

295 *Sprich die folgenden Wörter deutlich aus! Bei eu (äu) wird der Mund mehr gerundet:*

ein großes F**eu**er – die Schulf**ei**er; eine dicke B**eu**le – scharfe B**ei**le (Hacken); die kluge **Eu**le – in **Ei**le sein; duftendes H**eu** – der Blauh**ai** (Fisch); eine große K**eu**le – Holzk**ei**le; keine R**eu**e zeigen – die lange R**ei**he; der Z**eu**ge bei Gericht – der Z**ei**ger der Uhr; weiße M**äu**se – die nützliche M**ei**se; im s**ei**chten Wasser stehen – vers**eu**chtes Trinkwasser.

296 *Setze eu oder äu ein:*

Das größte Geb . . . de in unserem Ort ist die Kirche. Darin versammeln sich die Gl . . . bigen. Die . . . ßere Form des Gotteshauses ist ganz anders als die der anderen H . . . ser. Das Innere ist sehr ger . . . mig; die gewölbte Decke wird von schlanken S . . . len getragen. An einer dieser S . . . len steht die Kanzel. Auch mehrere n . . . e Altäre zieren die Kirche. Auf dem Turm befindet sich ein schönes Gel . . . te, das die Gl . . . bigen zur Andacht ruft. Das alte Gem . . . er des Turmes ist h . . . fig der Aufenthaltsort von Flederm . . . sen, K . . . zchen und . . . len. → **L 296**

Die Lösung des Rätsels besteht aus Wörtern mit äu. **297**

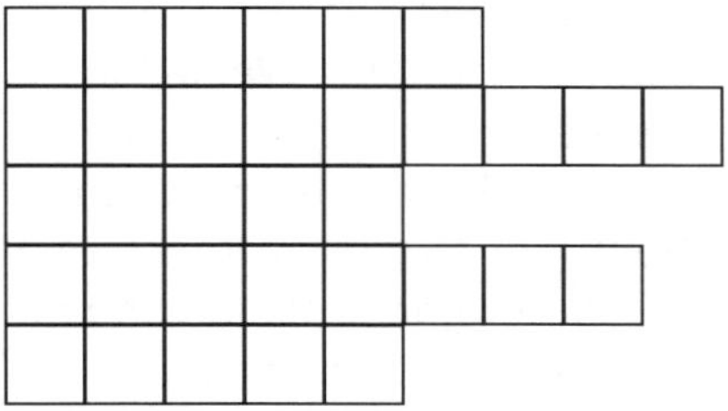

Mehrzahl von Haus
Partner der Braut
Ungeziefer (Mehrzahl)
in den Rauch hängen
Nagetiere

→ **L 297**

Lerne den folgenden Text auswendig und schreib ihn am nächsten Tag aus dem Gedächtnis nieder: **298**

Im Wald
Ein gesegneter Tag ist heute. Nicht weniger als sechs fette Blindschl**ei**chen findet der Dachs im f**eu**chten Waldboden. Alle naselang stößt er auf ein neues M**äu**senest. Der Kuckuck ruft, die Tauben gurren. Aus dem Gestr**äu**ch tritt ein scheuer Bock heraus, **äu**gt hin und her und **ä**st sich dann an Gras und Klee. Auf **ei**nmal erschrickt der Dachs furchtbar, schnauft be**ä**ngstigend und wird ganz kurz und breit, denn mit betr**ä**chtlichem Getöse plumpst etwas vor ihm in das Laub, eine bl**äu**lich schimmernde Kr**ä**he.
(Nach Hermann Löns)

Lass dir ansagen und vergleiche mit dem Text im Buch: **299**

Frühsommer
Jetzt im Frühsommer standen die B**äu**me still unter dem blauen Himmel, hielten die Arme ausgebreitet und empfingen die niederstr**ö**mende Kraft der Sonne. An den Hecken und Str**äu**chern im Di**ck**icht gingen Bl**ü**ten auf, weiße, rote oder gelbe Sterne, An manchen wieder begannen schon die Fruchtknospen sichtbar zu werden. Z**ah**llos saßen sie an

den feinen Spitzen der **Ä**ste, zart und fest geschlo**ss**en, und sahen aus wie kleine geballte F**äu**ste. Aus dem Boden kamen die bunten Sterne vieler und **v**iel**fä**ltiger Blumen, sodass* die Erde am d**ämm**ernden Grunde des Waldes in einer stillen, inbrü**n**stigen Farbenheiterkeit spr**üh**te. Es roch überal**l** nach frische**m** **Laub**, nach Blüten, nach f**eu**chter Scho**ll**e und grüne**m** Holz. We**nn** der Morgen anbrach und we**nn** die So**nn**e unterging, klan**g** der ganze Wald von tausen**d** Sti**mm**en, und **v**om Morgen bis zum Abend sangen die B**ie**nen, su**mm**ten die Wespen, **b**rausten die Hu**mm**eln durch die duftende Sti**ll**e.

(Felix Salten)

* In Deutschland immer getrennt: so dass

b, p ○

- Willst du erkennen, ob **b** oder **p** zu schreiben ist, sprich das Wort deutlich aus. **B** wird **am Wortanfang und in der Wortmitte stimmhaft (weich)** ausgesprochen, **p stimmlos (hart)**.
- Am **Wortende** klingen **b** und **p** jedoch gleich (Kal**b**, plum**p**). Die richtige Schreibweise kannst du erkennen, wenn du das Wort **verlängerst** und laut aussprichst. Vor einem Selbstlaut klingt **b** dann **stimmhaft, p** jedoch **stimmlos**: Kal**b** – Käl**b**er, plum**p** – plum**p**e.

300 *Ordne die folgenden Wörter in zwei Spalten: Wörter mit b, Wörter mit p:*

Lau**b**, Stem**p**el, Rau**p**e, Stau**b**, Lo**b**, Lau**b**e, Kör**p**er, Sie**b**, Ta**p**ete, Pum**p**e, Sta**b**, plum**p**, gro**b**, Gi**p**s, Urlau**b**, O**b**dach,

A**p**ril, Wes**p**e, der**b**, räus**p**ern, Re**b**huhn, Weinre**b**e, Reze**pt**, überhau**pt**, hal**b**, stol**p**ern, gel**b**, Kal**b**, stram**p**eln, Her**b**st, **p**urzeln, Er**b**se, O**b**st, **P**olster, sel**b**st, Re**p**ublik, hü**b**sch, ab**p**ausen, ger**b**en, **P**ause, ster**b**en, Al**b**traum.

Hänge an die folgenden Wörter die Verkleinerungssilben **301**
-chen oder -lein an:

Tau**b**e (Täu**b**chen), Stau**b**, Rau**p**e, Stu**b**e, Hau**b**e, Kna**b**e, Bu**b**, Wei**b**. → **L 301**

Schreib die folgenden Wörter ab und setze ein stammver- **302**
wandtes Wort dahinter:

die (der) Schu**b**karre(n) (schie**b**en), der Schrau**b**stock, die Er**b**schaft, die Gro**b**heit, lie**b**los, stre**b**sam, wei**b**lich, gel**b**lich, le**b**haft, glau**b**haft, der Stau**b**sauger, die Ha**b**gier, der Lau**b**frosch, der Trei**b**stoff. → **L 302**

Bilde mit den folgenden Wörtern Zusammensetzungen: **303**

der Die**b**, das Gra**b**, das O**b**dach, das O**b**st, das Sie**b**, der**b**, der Urlau**b**, der Schna**ps**, die Wes**p**e, die Lam**p**e. → **L 303**

Beispiel: Diebesgut.

Beachte den Unterschied und wende in Sätzen schriftlich **304**
an:

feines Ge**b**äck **b**acken

das Reisege**p**äck **p**acken

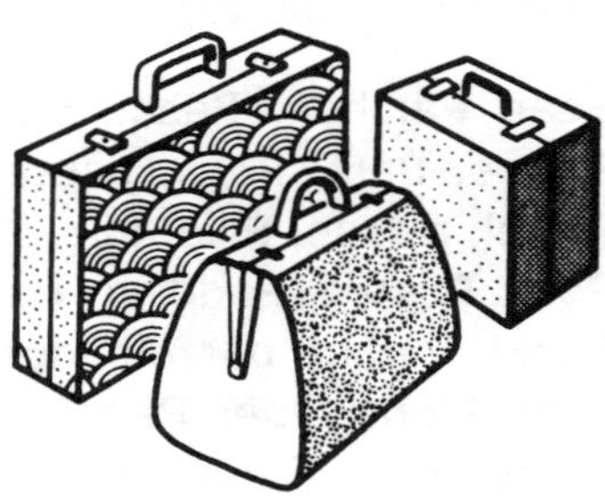

der **B**äcker
die **B**assgeige
bar zahlen
blitz**b**lank (sauber)
ein Klee**b**latt
blättern, ein **B**latt Papier
Geld rau**b**en, der Räu**b**er
barfuß gehen
der Arm und das **B**ein

die **P**ackung
der Reise**p**ass
ein **p**aar (einige) Äpfel
die **P**lanke aus Holz
die **P**lattfüße
platt drücken, die **P**latte
schädliche Rau**p**en
paarweise gehen
der Schmerz und die **P**ein

305 *Schreib die folgenden Wörter mit b ab und setze den Artikel davor:*

Bad, **B**and, **B**art, **B**ass, **B**esen, **B**ehörde, **B**eil, **B**ock, **B**ub, **B**oden, **B**ohne, **B**öller, **B**oot, **B**urg, **B**oxer, **B**ote, **B**ühne, **B**ürste, **B**utter, **B**litz, **B**lech, **B**lock, **B**luse, **B**lut, **B**rand, **B**remse, **B**rücke, **B**ruder, **B**rett, **B**rief, **B**rombeere, **B**rösel, **B**rosche, **B**rust, **B**assin, **B**atterie, **B**iskuit, **B**onbon, **B**rikett, **B**ronchialkatarr. → **L 305**

306 *Schreib ab und ergänze zwischen Klammern eine verlängerte Form desselben Wortes:*

Gra**b** (gra**b**en), gro**b** (gro**b**e), Hie**b**, lie**b**, Lei**b**, gi**b**, Lo**b**, Sie**b**, Sta**b**, Stau**b**, tau**b**, Wei**b**, Bu**b**, gel**b**. → **L 306**

307 *Ordne die folgenden Wörter mit p in drei Spalten: Wörter mit p am Wortanfang, Wörter mit p in der Wortmitte, Wörter mit p am Wortende.*

Paar, **P**ärchen, **P**acht, **p**acken, **P**aket, **P**alme, **P**a**p**agei, **P**a**pp**e, **P**ark, **P**ass, **p**assen, **P**ater, **P**aul, **P**endel, **P**eter, **P**ickel, **p**icken, **P**ille, **P**ilz, **P**insel, **p**ochen, **P**olster, **p**oltern, **P**ore, **P**osten, **P**udding, **P**udel, **P**uder, **P**uls, **P**ult, **P**umpe, **P**unkt, **P**urpur, **p**urzeln, a**p**er, Gi**p**s, Hau**p**t, Hu**p**e, Ka**p**sel, Lu**p**e, Mo**p**s, O**p**er, Pa**p**st, Ra**p**s, Rau**p**e, Schli**p**s, Schna**p**s, Se**p**tember, Siru**p**, Stö**p**sel, **p**lagen, **P**lan, **p**lanschen (**p**lantschen), **p**lärren, **p**latt, **P**latte, **p**lätschern, **p**lätten, **P**latz, **p**latzen, **p**laudern, **P**lombe, **p**lötzlich, **p**lum**p**, **p**lumps, **p**lündern, A**p**ril, **P**acht, **p**rägen, **p**raktisch, **p**rall, **p**rallen, **p**rassen, **P**redigt, **P**reis, **P**reiselbeere, **p**rellen, **p**ressen, **p**rickeln, **P**riester, **P**rinz, **P**robe, prom**pt**, **p**rotzen, **p**rüfen, **P**rügel, **P**runk, hol**p**erig, stol**p**ern, stül**p**en, Stul**p**en, Tul**p**e, Am**p**el, Gim**p**el, Gerüm**p**el, Ham**p**elmann, hum**p**eln, Klum**p**en, Lam**p**e, Lum**p**, Lum**p**en, rum**p**eln, stram**p**eln, Stüm**p**er, Tüm**p**el, Wim**p**el, Wim**p**er, **p**ritscheln, **p**irschen, ho**p**sen, **P**lache, **p**ausbackig, Ra**p**s, **P**ratze, **p**um**p**en, **p**elzen, **p**lauschen, Re**p**ublik, Knir**ps**, **P**anik, **P**arade, **p**arallel, **P**arfüm, **P**arlament, **P**arterre, **p**atriotisch, **P**edal, **P**eriode, **P**lateau, **P**olitik, **P**raxis, **p**rivat, **P**roblem, **P**rodukt, **P**rofessor, **P**rofit, **p**roklamieren, **P**ro**p**aganda, **P**rophet, **P**rotokoll, **P**rovision, **P**rozess, **P**ublikum, O**p**er, Ka**p**, Reze**pt**.

Setze b oder p ein: **308**

Im Wasser . . . ritscheln, die Zeichnung a . . . ausen, . . . aus . . . ackige Mädchen, die große . . . ratze, lange . . . lauschen, die Re . . . u . . . lik Österreich, den Knor . . . el zer . . . eißen, Kre . . . se verspeisen, ein hü . . . scher An . . . lick, schädliche Rau . . . en, o . . . dachlose Menschen, gel . . . e . . . irnen, ein trü . . . er Novem . . . ertag, vergil . . .-te . . . lätter, und damit . . . asta, Re . . . hühner jagen, die Schuhe mit . . . asta pflegen, den Tem . . . el besuchen, in die A . . . otheke laufen, das Reze . . . t holen, Schna . . . s . . . rennen, die . . . eleuchtete Ram . . . e, altes Gerüm . . . el, nicht schlam . . . ig arbeiten, ein Gelü . . . de a . . . legen, eine sil . . . erne Ka . . . sel, in Lum . . . en gehüllt, mit den Münzen klim . . . ern, das Ge . . . äck vom . . . ahnhof a . . . holen, um jeden . . . reis, . . . lühende . . . äume, das Haus wird a . . . rennen, ein Tru . . . . . . eutegieriger . . . lünderer, den . . . reiten . . . ach überspringen, der . . . rave . . . ursch wurde . . . beinahe um den Verstand ge . . . racht, der . . . ächter hatte . . . ech, . . . eter und . . . aul . . . lagen sich a . . . , der Tru . . . kam im Galo . . . daher. → **L 308**

309 *Lerne auswendig und schreib aus dem Gedächtnis nieder:*

Was packt man in einen Rucksack?

Gut ge**p**ackt ist halb getragen – das ist eine alte Wanderweisheit. Und wie richtig dieser Satz ist, erfährt jeder, der einmal einen schlecht ge**p**ackten Rucksack durchs Gelände hat schle**pp**en müssen.

Beginnen wir mit dem Rucksack für eine Tageswanderung. Zunächst holen wir alles her**b**ei, was wir für einen Tag **b**rauchen. Auf jeden Fall einen **P**ullover, denn früh am Morgen und in den späten A**b**endstunden kann es empfindlich kühl sein. Sehr nützlich ist eine Regenhaut. Sie ist leicht, **b**equem zu ver**p**acken und schützt vor dem stärksten Regenguss. Dann dürfen wir getrost an die Verpflegung denken, denn Wandern macht hungrig.

310 *Lass dir ansagen und vergleiche mit dem Text im Buch:*

Kennst du dieses Spiel?

Alle Spieler **b**ilden stehend einen engen Kreis. Ein A**p**fel (es kann auch eine Orange, ein Wollknäuel oder ein kleiner **B**all sein) wird vom **b**eginnenden Spieler zwischen Kinn und **B**rust eingeklemmt. Dieser Spieler hat nun den A**p**fel an den links von ihm stehenden Spieler weiterzugeben, der den A**p**fel e**b**enfalls durch Einklemmen zwischen Kinn und **B**rust ü**b**ernimmt. Da**b**ei darf weder der überge**b**ende noch der ü**b**ernehmende Spieler die Hände zu Hilfe nehmen. So wandert der A**p**fel von Spieler zu Spieler, bis der Kreis geschlossen ist. Dann wird die Richtung gewechselt, der A**p**fel wird also dem rechten Nach**b**arn überge**b**en.

Bei diesem lustigen Geschicklichkeitsspiel ergeben sich die ergötzlichsten V**errr**enkungen des Kör**p**ers und viele andere heitere Situationen.

Wer den A**p**fel fallen lässt oder die Hände zu Hilfe nimmt, gi**b**t ein Pfand oder macht zwanzig Knie**b**eugen!

d, dt, t, th ○

- **Am Wortanfang und im Wortinnern** wird **d stimmhaft** (weich) ausgesprochen, **t, dt, th** jedoch **stimmlos** (hart): **D**ame, lei**d**er, En**d**e, **T**anne, We**tt**er, Kä**th**e.

- **Am Wortende** klingen **d und t** immer **stimmlos** (hart), obwohl d, dt, t oder th geschrieben werden muss: Gra**d**, Sta**dt**, ha**t**, Judi**th**.
  Im Zweifelsfall **verlängere das Wort** und sprich es deutlich aus; **d** klingt dann **stimmhaft** (weich), **t, dt, th** klingen **stimmlos** (hart).
  Auch das Vergleichen mit stammverwandten Wörtern kann dir helfen, die richtige Schreibung zu finden.

Ordne die folgenden Wörter in zwei Spalten: Wörter mit d und Wörter mit t! **311**

der Stran**d**, die Heima**t**, der Drah**t**, gesun**d**, geschwin**d**, das Gesich**t**, elen**d**, der Gra**d**, der Abschie**d**, die Furch**t**, das Haup**t**, die Or**d**nung, der Verban**d**, der Mon**d**, das Gewich**t**, die Gedul**d**, die Tugen**d**, jeman**d**, die Fruch**t**, die Pach**t**, Er**d**beben, Blin**d**darm, der Knech**t**, die Schluch**t**, der Han**d**schuh, das Freiba**d**, die Ax**t**, der Sam**t**, zar**t**, nack**t**.

Schreib ab und setze die Mehrzahl daneben: **312**

das Schil**d**, der Stan**d**, das Pfan**d**, das Glie**d**, das Volkslie**d**, das Pfer**d**, der Freun**d**, der Fein**d**, der Schmie**d**, der Pfa**d**, der Aben**d**, das Mä**d**chen, das Hem**d**, der Her**d**, der Jugen**d**liche, das Augenli**d**. → **L 312**

313 *Bilde mit den folgenden Wörtern Zusammensetzungen und schreib sie auf:*

Ra**d**, Lan**d**, Han**d**, Fel**d**, Stran**d**, San**d**, Gol**d**, Bran**d**, Wil**d**, Ba**d**, blin**d**, blon**d**, run**d**, Win**d**.
Beispiele: Lan**d**haus, Win**d**mühle usw. → **L 313**

314 *Bilde aus den folgenden Wörtern Eigenschaftswörter mit -lich:*

Freun**d** (freun**d**lich), Grun**d** (grün**d**lich), Stun**d**e, Scha**d**en, Frie**d**e, Nor**d**en, Sü**d**en, Lan**d**, Kin**d**. → **L 314**

315 *Warum schreibt man die folgenden Wörter mit t bzw. mit d? Wende die Verlängerungsregel an!*

das Bun**t**papier, das Schal**t**jahr, die Kne**t**masse, der Lau**t**sprecher, die Bra**t**pfanne, der Spä**t**sommer, wor**t**reich, hal**t**los, furch**t**los, schrif**t**lich, deu**t**lich, rö**t**lich, arbei**t**sam, zar**t**, spä**t**; das Ban**d**, der Nei**d**, die Mo**d**e, der Kö**d**er, die Krei**d**e, die Han**d**, das Ba**d**.

Wenn das d der Stammsilbe mit dem t der Beugungssilbe (durch Wegfall des e) zusammentrifft, entstehen **Wörter mit dt**:
sen**d**en, san**dt**e, gesan**dt**, der Gesan**dt**e, etwas versan**dt** haben;
wen**d**en, wan**dt**e, gewan**dt** sein, die Gewan**dt**heit, die Bewan**dt**nis, die Verwan**dt**schaft;
einla**d**en, er lä**dt** ein;
bere**d**en, er ist bere**dt**.
Außerdem wird noch das Wort **„Stadt"** mit dt geschrieben.

316 *Wende die Wörter mit dt in sinnvollen Sätzen an!*

Unterscheide und wende in Sätzen an: **317**

die Sta**dt**	die Werksta**tt**
zwei Stä**dt**e	zwei Werkstä**tt**en
er ist gewan**dt**	sein Gewan**d**
er ist bere**dt**	seine Bere**d**samkeit
die Ware wurde versan**dt**	der Versan**d**, die Versan**d**kosten
er ist verwan**dt**	er wan**d** sich vor Schmerzen

Bilde Zusammensetzungen mit „Stadt", „-statt" (-stätte): **318**

Beispiele: Großsta**dt**, Gaststä**tt**e.

Mit **th** werden heute nur noch Fremdwörter und Eigennamen geschrieben. Ausnahme: der **Th**ron.

Erkläre die folgenden Fremdwörter mit Hilfe eines Wörterbuches oder eines Lexikons, dann schreib sie ab und wende sie in Fügungen an: **319**

Theater, **Th**ema, **Th**ermometer, Apo**th**eke, **Th**ron, Biblio**th**ek, Ka**th**olik, Sympa**th**ie, Or**th**ografie, A**th**let, Rhy**th**mus, Zi**th**er.

Unterscheide und wende in Sätzen an: **320**

die Entenjag**d**	er jag**t** Enten
ein Kö**d**er zum Fischen	ein bissiger Kö**t**er (Hund)
zehn Gra**d** Wärme	ein schmaler Felsgra**t**
das **D**orf	der **T**orf, **T**orfmull
der Bran**d**	der Brann**t**wein (gebrann**t**er Wein)
gera**d**e	aufs Gera**t**ewohl, wohl gera**t**en
ein Bun**d** Stroh	die Blumen sind bun**t**
das Ra**d** des Autos	einen guten Ra**t** geben
die Sei**d**e (Gewebe)	die linke Sei**t**e
sei**d** ehrlich!	sei**t** gestern
das Ba**d**	er ba**t** mich
das Gel**d**	sein Entgel**t**, etwas entgel**t**en

321 *Setze d, t, dt oder th ein:*

Ein wer . . . volles Gemäl . . . e, die wil . . . e Jag . . . , . . . rübe Ge . . . anken, lau . . . läu . . . en, die Mutter ba . . . um Bro . . . , sei . . . ruhig, er ist sei . . . gestern in der Sta . . . , der Hun . . . jag . . . die En . . . en, der Wir . . . deu . . . e . . . e hin, der Stu . . . en . . . war or . . . en . . . lich beklei . . . e . . . , . . . u . . . eine Pflich . . . , die El . . . ern beglei . . . en, aufs Gera . . . ewohl hingehen, schä . . . liche . . . iere, gesun . . . e Kin . . . er, hohe Mie . . . en zahlen, wenige Me . . . er wei . . . er stan . . . der Sol . . . at, an diesem Or . . . ist das Rauchen verbo . . . en, das verschnür . . . e Pake . . . absen . . . en, pflich . . . bewusst hand . . . eln, auf Or . . . nung sehen, sei . . . mehreren . . . agen, eine . . . asse . . . ee, lange mi . . . sammen plau . . . ern, eine wil . . . e Hor . . . e, brei . . . e . . . ore, al . . . e Klei . . . er nich . . . . . . ragen, ein be . . . eu . . . en . . . er Scha . . . en, seine Gewan . . . hei . . . ist bekann . . . , talen . . . ier . . . e Kin . . . er, eine Anek . . . o . . . e erzählen, Kä . . . e besuch . . . e das . . . ea . . . er an je . . . em Aben . . . , außer A . . . em sein, Verwan . . . e wie . . . ersehen. → **L 321**

322 *Lerne den folgenden Text auswendig und schreib ihn am folgenden Tag aus dem Gedächtnis nieder. Vergleiche anschließend mit dem Buch:*

Arbeitszeit und Freizeit

Die eine nimmt stän**d**ig ab, währen**d** die an**d**ere immer noch wächst. Aber ist freie Zei**t** nur eine Zei**t**, die von Arbei**t** frei ist? Was macht **d**enn der Mensch überhaup**t** mit **d**ieser freien Zei**t**? Er hat so viel **d**avon wie niemals zuvor. Vor hun**d**ert Jahren arbei**t**e**t**e man zwölf bis vierzehn Stun**d**en am **T**ag, den Samstag na**t**ürlich eingeschlossen. Da war Freizeit ein Luxusar**t**ikel. Doch wie Gel**d** allein noch längst nicht glücklich mach**t**, so schafft auch das gewal**t**ige Mehr an Freizei**t** noch kein Para**d**ies. Arbeitszei**t** und Freizei**t** erweisen sich bei näherem Zusehen oft als überraschen**d** eng aufeinander bezogen. Der In**t**ensivierung der Arbei**t** auf der einen Sei**t**e entspricht die immer stärkere Notwen**d**igkeit des Freizei**t**ausgleichs auf der an**d**eren. Freizeit be**d**eute**t** aber keineswegs ein beliebiges Nichts**t**un. Sie verhilf**t** dem Menschen dazu, dass er für höhere Anfor**d**erungen leistungsfähig bleibt und sich weiterbilden kann.

Lass dir ansagen und vergleiche mit dem Text im Buch: **323**

Berlin

Berlin ist die größte Sta**dt** **D**eutschlan**d**s. Zahlreiche berühmte Bauwerke und Stä**tt**en der Kunst und Wissenschaft erinnern daran, dass Berlin von jeher der Wohnor**t** vieler bekann**t**er Männer und Frauen war. Heu**t**e ist diese Sta**dt** an der Spree eine Stä**tt**e der Arbei**t**. Aus den **T**rümmern nach dem letzten Krieg wuchsen wohl ausgesta**tt**ete Geschäftshäuser und Fabrikanlagen empor, in modernen Bürobau**t**en haben wichtige staa**t**liche Verwal**t**ungsorgane ihren Sitz. Nach Geschäftsschluss fahren die Berliner mit den doppelstöckigen Omnibussen, der stä**dt**ischen Straßenbahn, der U-Bahn oder mit eigenen Autos zu ihren Wohnstä**tt**en, um sich dor**t** von den Anstrengungen des **T**ages zu erholen.

Unterscheide die Silben **–end-** und **–ent-**!

-end ist Stammsilbe	**-end** ist Nachsilbe im Mittelwort	**-end** ist Stammsilbe
En**d**e en**d**gültig en**d**lich been**d**en vollen**d**s	laufen**d** denken**d** schlafen**d** lesen**d** essen**d**	Aben**d** Jugen**d** Gegen**d**

ent- ist Vorsilbe	**-ent** ist Nachsilbe	**-ent-** vor -lich (t ist Fugenlaut)
en**t**behren en**t**decken en**t**gleisen unen**t**behrlich	Zemen**t** Präsiden**t** Momen**t** Fundamen**t**	hoffen**t**lich eigen**t**lich wöchen**t**lich gelegen**t**lich

324 *Setze d oder t ein:*

Den en . . . standenen Schaden ersetzen, eine außerorden . . . liche Belohnung, das Denkmal en . . . hüllen, postwenden . . . an . . . worten, nichts Wesen . . . liches mitteilen, letzten En . . . es hat er doch recht, hoffen . . . lich kommt er bald, en . . . los lange warten, dem Gefängnis en . . . fliehen, das Wasser wird zusehen . . . s weniger, alle namen . . . lich anführen, arbeiten . . . e Männer, eine en . . . setzliche Kälte. sich orden . . . lich kleiden, gelegen . . . lich vorbeikommen, der en . . . laufene Hund. die Rede en . . . lich been . . . en, öffen . . . lich auftreten, hoffen . . . lich nicht zu spät kommen, en . . . zweite Nachbarn, sich en . . . gültig einigen, nirgen . . . s lange bleiben, flehen . . . lich bitten, eilen . . . s kommen, bleiben . . . e Eindrücke gewinnen, eigen . . . lich nicht das En . . . e abwarten wollen, aufblicken . . . gewahrte er das Feuer, en . . . los lange schlafen, blühen . . . e Bäume, den Unterricht unen . . . geltlich besuchen, die en . . . gültige Entscheidung des Obersten Gerichtshofes in Wien abwarten, singen . . . und lachen . . . weiterziehen, wissen . . . lich die Unwahrheit sprechen, die öffen . . . liche Meinung beeinflussen, dem Tode en . . . rissen werden. → **L 324**

325 *Schreib die folgenden Wörter ab und ergänze die Meiststufe (den Superlativ):*

blühen**d** (am blühen**d**sten), hervorragen**d**, überraschen**d**, passen**d**, entzücken**d**, bedeuten**d**; bescheiden, verlogen, verwegen, vollkommen, angesehen. → **L 325**

Bist du im Zweifel, ob in der Meiststufe (im Superlativ) eines Eigenschaftswortes bzw. Mittelwortes ein **d** stehen muss, so führe das Wort auf die Grundstufe zurück. Hat die Grundstufe kein **d**, so darf auch in der Meiststufe kein **d** geschrieben werden:

bedeuten**d** – am bedeutendsten
angesehen – am angesehensten

Ergänze -dste oder -ste! **326**

Er lebt in bescheiden . . . Verhältnissen. Ich grüße Sie aufs Ergeben . . . . Der Verwegen . . . war gewiss Hans. Die hervorragen . . . Männer der Wissenschaft nahmen an dem Kongress teil. Die bedeuten . . . Entdeckung des 20. Jahrhunderts ist ohne Zweifel die Atomkraft. Fritz schnitt bei dem Wettbewerb am glänzen . . . ab. Durch die Spende wurden sie von der drücken . . . Not befreit. Der angesehen . . . Dichter war Thomas Mann. Die Überschwemmung hatte die verheeren . . . Folgen. Der bescheiden . . . Mann war Hans. Egon sprach das Spanische am hervorragen . . . . → **L 326**

Beachte die Schreibweise von Tod und tot:

d	**t**
Eigenschaftswörter:	**Zeitwörter:**
(Wie ist er bzw. es?)	(Was tut er?)
to**d**müde	jemanden tö**t**en
to**d**wund	to**t**schlagen
to**d**krank	sich to**t**stellen
tö**d**lich verletzt	sich to**t**arbeiten
to**d**sicher	etwas to**t**schweigen
to**d**ernst	
to**d**esmutig	**Eigenschaftswörter:**
to**d**unglücklich	to**t**, totenstill

Hauptwörter (Nomen):

d	**t**
der To**d** („Sensenmann“)	der To**t**e (Leichnam)
die To**d**feinde	der To**t**schläger
die To**d**sünde	der To**t**engräber
die To**d**esstrafe	die To**t**enfeier
das To**d**esopfer	die To**t**enschau
der To**d**estag	das To**t**enbett

327 *Setze d oder t ein:*

Heute rot, morgen tot

So lautet ein altes Sprichwort, das wohl im Zusammenhang mit dem frühen To . . . so macher Sol . . . aten entstan . . . en sein mag. Heute jedoch sterben viele Menschen meist nicht mehr im Krieg, auch nur sel . . . en eines qualvollen Hungerto . . . es. Heute lauern die to . . . bringenden Gefahren auf der Straße, denn stün . . . lich werden viele Menschen im Verkehr getö . . . et. Das ist eine Tatsache, die nicht einfach to . . . geschwiegen werden darf. Man muss vielmehr den Ursachen der Unfälle nachgehen und alles unternehmen, was die große Zahl der Verkehrsto . . . en verringern kann. Selten führen technische Mängel an Fahrzeugen zu tö . . . lichen Unfällen. Weit häufiger ist menschliches Versagen schul . . . an den vielen Verkehrsto . . . en. → **L 327**

328 *Lass dir ansagen und vergleiche mit dem Text im Buch:*

Der Tod lauert auf der Straße

Fast täglich liest und hört man von tö**d**lichen Verkehrsunfällen. Fast stün**d**lich werden irgendwo in unserem Lande Menschen durch Autos, Motorräder oder Eisenbahnen getö**t**et. Und was ist die Ursache dieser Unfälle? Häufig ist die überhöhte Geschwindigkeit oder die Unachtsamkeit des

Fahrers schul**d** an den vielen To**d**esfällen im Verkehr. Doch auch die Fahrlässigkei**t** mancher Fußgänger ist der To**d**feind der Sicherhei**t** auf der Straße. Besonders Kinder laufen immer wieder unmittelbar vor einem Auto über die Fahrbahn. Der Lenker kann dann den Wagen nicht mehr rechtzeitig zum Stehen bringen. Es kam aber auch schon vor, dass sich ein Schofför to**d**mü**d**e an das Steuer gesetzt hat und dann tö**d**lich verunglückt ist oder andere getö**t**et hat.
Und wie erschütter**nd** ist es, wenn man selbst Zeuge eines Verkehrsunfalles wir**d**! Da liegt dann der To**t**e, mit einem Tuch oder einem Stück Packpapier zugedeckt, und bezeugt die To**d**esgefahr, in welcher alle Verkehrsteilnehmer stehen.

g, k, ch ○

- **Am Wortanfang** und in der Wortmitte wird **g stimmhaft** (weich), **k stimmlos** (hart) ausgesprochen: **g**anz, **K**anzel.
- **Am Wortende** besteht jedoch hinsichtlich der Aussprache kein merkbarer Unterschied zwischen **g** und **k**. Im Zweifelsfall musst du das Wort **verlängern** oder ein **verwandtes Wort zum Vergleich** heranziehen. Wenn auch in der verlängerten Form g stimmhaft gesprochen wird, ist dieser Buchstabe zu schreiben.
  Beispiele: we**g** – we**g**en, geisti**g** – geisti**g**e, le**g**t – le**g**en.

Ordne die folgenden Wörter mit g und k in zwei Spalten und ergänze den Artikel: **329**

Gans, **K**rone, **K**nappe, **G**arten, **G**asse, **G**ipfel, **K**amin, **K**amel, **G**urke, **G**las, **K**ater, **G**lut, **K**reis, **G**ruft, **K**ajüte, **K**alender, **K**ampf, **K**artoffel, **K**ern, **K**erze, **K**ipfel, **K**ücken. → **L 329**

330 *Leite von den folgenden Wörtern Eigenschaftswörter mit den Nachsilben -ig oder -lich ab! Ordne sie in zwei Spalten!*

Nebel (nebeli**g**), Würfel (würfeli**g**), Herz (herzli**ch**, herzi**g**), Freund, Eile, Knollen, Wolle, Stachel, Schuld, Staub, Riss, Mehl, Haar, Wasser, Herbst, Schreck, Christ, Gefahr, Tag, Angst, Seite, Wort. → **L 330**

Unterscheide bei der Aussprache **gt** und **cht**:
Steht in der Nennform **g**, so steht auch im 2. Mittelwort **g (gt)**: erledi**g**en – erledi**gt**.
Steht in der Nennform **ch**, so steht auch im 2. Mittelwort **ch (cht)**: verheimli**ch**en – verheimli**cht**.

331 *Schreib die folgenden Wörter ab und setze die Nennform (Infinitiv) daneben:*

gepredi**gt**, vereini**gt**, beherzi**gt**, berechti**gt**, gebändi**gt**, ermuti**gt**, bestäti**gt**, verheimli**cht**, verherrli**cht**.
Beispiel: gepeini**gt** – peini**g**en.

332 *Unterscheide hinsichtlich der Aussprache und der Schreibweise und schreib ab:*

die **K**ränze auf dem Grab

die **G**renze von Österreich

der Holzbal**k**en	sich bal**g**en (raufen)
den Sünder be**k**ehren	etwas be**g**ehren
die **K**rippe	die **G**rippe (Krankheit)
Holz auf**k**lauben	an Gott **g**lauben
das Telefon**k**abel	die Mist**g**abel
sich be**k**leiden	das Mädchen be**g**leiten
der Bruder**k**uss	der **G**uss der Glocke
die **K**unst des Malers	die **G**unst des Vorgesetzten

Ergänze: **333**

der Berg ________________

das knusprige ____________

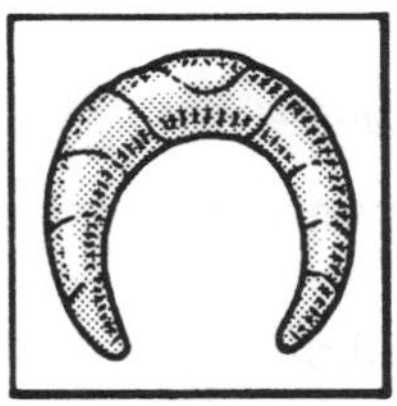

der neunzigjährige ______

ein ____________________

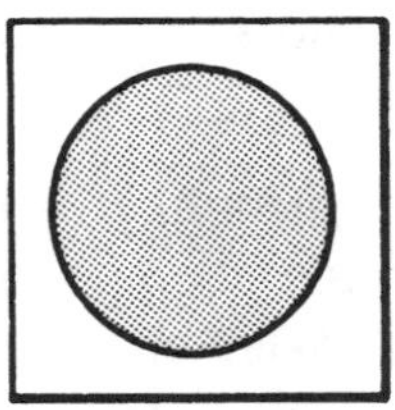

Blumen im ____________

die Spiel________________

→ **L 333**

334 *Schreib die folgenden Wörter ab und setze daneben die Mehrzahl:*

die Bur**g**, der Sar**g**, die Or**g**el, der Ber**g**, der **K**er**k**er, der Schur**k**e, der On**k**el, der Bezir**k**. → **L 334**

335 *Schreib die folgenden Wörter ab und setze ein stammverwandtes Wort daneben:*

Klin**g**el (klin**g**en), Stren**g**e (stren**g**), Län**g**e (lan**g**), En**g**e, Gedrän**g**e, Dün**g**er, Klin**g**el; Rundfun**k**, Den**k**zettel, Den**k**mal, betrun**k**en, len**k**bar, zän**k**isch, dan**k**bar, lin**k**isch, Dun**k**elheit. → **L 335**

336 *Wende in Fügungen an:*

tan**k**en, schen**k**en, verren**k**en, blin**k**en, verdun**k**eln, der Hen**k**el, der Kran**k**e, die Tun**k**e (Soße), die Trän**k**e, blan**k**, flin**k**, lin**k**s, dun**k**el.
Beispiele: Benzin tan**k**en, ein Buch verschen**k**en, das flin**k**e Mädchen.

337 *Beachte den Unterschied und wende in Sätzen schriftlich an:*

nicht wan**k**en (weichen)	rote Wan**g**en
im Moor versin**k**en	ein Lied sin**g**en
die Türklin**k**e (einklin**k**en)	die Messerklin**g**e
der En**k**el des Großvaters	ein Schutzen**g**el
der Or**k**an (Sturmwind)	das Or**g**an
erfrischende Geträn**k**e	das Gedrän**g**e in der Straßenbahn

Eine kleine Gruppe von **Fremdwörtern** wird mit **ch** oder **c** geschrieben, das wie k ausgesprochen wird: **Ch**arakter, **Ch**or, **Ch**aos; **C**afé (Kaffeehaus), **C**amp (Lager), **C**ampingplatz, **C**lown, **C**omi**c**s, **C**ousin.

Wende diese Wörter in sinnvollen Sätzen an und schreib sie auf! **338**

Setze g oder k ein: **339**

Blan . . . es Eis, den An . . . er lichten, die Ban . . . rot streichen, weni . . . trin . . . en, die Wir . . . ung abwarten, den Sar . . . verschließen, eine lan . . . e Stan . . . e, die Fin . . . ernä . . . el reini . . . en, der Man . . . el an Arbeits . . . räften, sich die Haare versen . . . en, einen Stein versen . . . en, lin . . . s lie . . . en lassen, . . . räftesparend arbeiten, sich lan . . . e auf den Vortra . . . vorbereiten, . . . einen Man . . . el leiden, im Schlamm versin . . . en, eine Anre . . . ung . . . ern aufnehmen, sich das . . . edicht leicht mer . . . en, etwas zur . . . enntnis nehmen.

→ **L 339**

Lerne auswendig und schreib am folgenden Tag aus dem Gedächtnis nieder: **340**

Drittabschlagen

Zum „Drittabschla**g**en" ist eine **g**erade Zahl von Spielern nöti**g**. Als Spielfeld **k**ann jeder **g**rößere Platz im Freien dienen.

Zuerst werden zwei Spieler **g**ewählt, einer als Fän**g**er, der andere als Verfol**g**ter. Die anderen Spieler stellen sich dann so in einem **K**reis auf, dass je zwei hintereinander zu stehen kommen.

Die beiden Spieler außerhalb des **K**reises laufen einander außerhalb des **K**reises nach.

Wird der Verfol**g**te vom Fän**g**er ab**g**eschla**g**en, wird in um**g**ekehrter Reihenfol**g**e **g**elaufen. Der Verfol**g**te **k**ann den Fän**g**er dadurch abschütteln, dass er sich vor ein Paar des **K**reises stellt. Dann muss der Fän**g**er dem hintersten Spieler nachlaufen.

341 *Unterstreiche die schwierig zu schreibenden Wörter und lass dir den Text dann ansagen! Vergleiche mit dem Buchtext!*

Achtung, Baustelle!
Straßen halten leider nicht ewi**g**. Die vielen Fahrzeu**g**e, die darüber hinwe**g**rollen, beschädi**g**en immer wieder die Straßende**ck**e.
Die Bautrupps der Straßenbauverwaltun**g** haben daher stets alle Hände voll zu tun. Eine solche Baustelle ist natürlich immer ein Ver**k**ehrshindernis. Damit die Fahrer rechtzeiti**g** gewarnt sind, werden Baustellen sor**g**fälti**g** **g**e**k**ennzeichnet. Wer an Baustellen spielt, die Kennzeichnun**g**en und die Warneinrichtun**g**en beseiti**g**t oder zerstört, begeht eine sehr grobe Verkehrssünde. Er handelt unverantwortlich. Das kann nicht deutlich genu**g** **g**esa**g**t werden.

f, v, ph, pf ○

Im Deutschen werden **f, v** und **ph** gleich ausgesprochen. Du musst dir daher die einzelnen Wortbilder einprägen.

Mit **v** (Aussprache wie f) schreibt man nur wenige Wörter:
Vater, **V**etter (Cousin), **V**ieh, **V**ogel, **V**olk, Fre**v**el, **v**oll, **v**öllig, **v**on, **v**om, **v**or, **v**orne, **v**iel, **v**ielleicht, **v**ier, bra**v**, Gusta**v**, **V**illach, Ner**v**, **V**eilchen, Lar**v**e, Pul**v**er.
Aber auch die Vorsilben **v**er- und **v**or- werden mit **v** geschrieben: **v**erdauen, **v**orsehen.

342 *Schreib diese Wörter ab und wende sie in Fügungen an!*

In manchen Fremdwörtern wird v wie w ausgesprochen:
No**v**ember, **V**ers, **V**ase, **V**ioline, Kla**v**ier, **V**ulkan, Ad**v**ent, Uni**v**ersität, Konser**v**e, **V**entil, In**v**alide, Reser**v**e, E**v**angelium, **V**irtuose, **V**enedig, **V**illa.

Schreib diese Wörter ab und setze den Artikel davor! **343**
→ **L 343**

Mit ph (Aussprache wie f) werden nur Fremdwörter und Eigennamen aus dem Griechischen und Hebräischen geschrieben. Die deutsche Schreibweise mit f ist vorzuziehen.

Al**ph**abet, **Ph**otogra**ph**ie (**F**otogra**f**ie), Geogra**ph**ie (Geogra**f**ie), Paragra**ph** (Paragra**f**), **Ph**antasie (**F**antasie), **Ph**os**ph**or, **Ph**ysik, Pro**ph**et, Stro**ph**e, Trium**ph**, Gra**ph**ik (Gra**f**ik), Mikro**ph**on (Mikro**f**on), Sym**ph**onie (Sin**f**onie), Stenogra**ph**ie (Stenogra**f**ie), Telegra**ph** (Telegra**f**), Tele**ph**on (Tele**f**on), Magneto**ph**on (Magneto**f**on), Gra**ph**iker (Gra**f**iker).

Mit f schreibt man jedoch schon die Namen Jose**f**, So**f**ie, Al**f**ons.

Schreib die Wörter mit ph ab und ergänze den Artikel! **344**
→ **L 344**

Setze vor die folgenden Zeitwörter die Vorsilbe ver-: **345**

lesen – verlesen, irren – verirren, rechnen, schreiben, zeichnen, hören, greifen, stopfen, bieten, arbeiten, messen, fahren, laufen, gucken, sehen, kitten, speisen, streichen.

346 *Wie heißen die stammverwandten Hauptwörter von:*

verdienen (**V**erdienst), **v**erstehen, **v**erbinden, **v**ersenden, **v**ersuchen, **v**erkehren, **v**ertrauen, **v**ersprechen, **v**ersichern, **v**erdauen, **v**erkleiden, **v**ergrößern, **v**erpflegen, **v**ersammeln, **v**erspäten, **v**erdampfen?
Schreib sie daneben! → **L 346**

347 *Schreib ab und ergänze* **v**or- (**V**or-):

. . . tragen
. . . teilhaft
. . . kehren
. . . sichtig
. . . führen
. . . derfuß
da . . .
. . . sätzlich
. . . sprechen
. . . ziehen
. . . nehmen
. . . mund
. . . aus
wo . . .

348 *Bilde Zusammensetzungen mit* **v**oll- (**V**oll-, -**v**oll):

volllaufen
. . . führen
. . . enden
. . . bringen
gedanken . . .
eine Hand . . .
die . . . macht
. . . kommen

349 *Beachte den Unterschied und wende in sinnvollen Sätzen schriftlich an:*

fertig
Geld **f**ordern (verlangen)
die **F**orderung
fortlaufen (**f**ort)
ein **f**etter Braten
die **F**eile
die **F**erien
ver**f**ertigen
der **V**ordermann
vorlaufen (**v**or)
mein lieber **V**etter (Cousin)
das **V**eilchen
verreisen

Erich fiel nieder (von fallen)
es fiel ihm auf
es gefiel ihm

viel Geld
vielleicht
vielfach

Schreib ab und setze v oder f ein: **350**

. . . ..iele . . . ögel waren im . . . reien zu sehen. Die . . . rauen er . . . uhren bei unseren . . . or . . . ahren große Achtung und . . . erehrung. Niemand ist . . . rei . . . on . . . ehlern. Die . . . olge . . . on Uneinigkeit ist häu . . . ig der . . . erlust der . . . reiheit eines . . . olkes. Die her . . . orragende Leistung des . . . iolin . . . irtuosen ge . . . iel allen. . . . ergessen wir nicht unsere . . . erehrten . . . reunde. Mutter bekam das Pul . . . er . . . om Arzt . . . erschrieben. . . . ater kam mit . . . etter . . . erdinand . . . om Ha . . . en. Alle . . . ier . . . ielen über den Unschuldigen her. → **L 350**

Lass dir ansagen und vergleiche anschließend mit dem Text im Buch: **351**

Ein spanisches Volksfest
Das schönste **F**est Spaniens, ja aller spanisch sprechenden **V**ölker, ist die sogenannte „**F**eria“, und am herrlichsten wird es alljährlich in der südspanischen Großstadt Se**v**illa mit **v**iel Aufwand und **F**röhlichkeit ge**f**eiert. Her**v**orgegangen ist dieses wunderbare **V**olks**f**est aus dem **V**iehmarkt der Pferde

und Stiere, an den sich ursprünglich Wiedersehens- und **F**amilien**f**eiern knüpften. Die Bauern Andalusiens kamen **v**on weit her und brachten ihre wert**v**ollsten Tiere mit. Geblieben ist von damals die **V**ersammlung **f**röhlicher Menschen und herrlicher Pferde in südlicher Pracht. Im Leben aller Spanier hat die **F**eria einen besonderen Rang.

Um zu erkennen, ob **f** oder **pf** zu schreiben ist, musst du das Wort nur deutlich aussprechen. Beim **pf** öffnen sich die **verschlossenen** Lippen plötzlich (Verschlusslaut), beim **f** streicht die Luft zwischen **halb offenen** Lippen langsam durch (Reibelaut).

352 *Sprich die folgenden Wörter während der Niederschrift deutlich aus und bilde die Mehrzahl:*

das **Pf**erd, der **Pf**eil, der **Pf**ad, der **Pf**arrer, die **Pf**licht, die **Pf**laume, das **Pf**and, der **Pf**lug, der **Pf**ahl. → **L 352**

353 *Ordne die folgenden Wörter nach dem Alphabet:*

Dam**pf**, Zo**pf**, Strum**pf**, Sum**pf**, Schnu**pf**en, Ko**pf**, Kam**pf**, Geschö**pf**, em**pf**ehlen, im**pf**en, sta**pf**en, hü**pf**en, anza**pf**en, Rum**pf**, Na**pf**, Trum**pf**.

354 *Lass dir ansagen und vergleiche anschließend mit dem Text im Buch:*

Über die Fotografie

„Wer **f**otogra**f**iert, hat mehr vom Leben“, so könnte man mit Recht sagen. Ein **F**otoapparat ist ein Zaubergerät. Die schönsten und lustigsten Augenblicke hält er uns für immer fest. Das beim **F**otogra**f**ieren geschulte Auge sieht die Schönheiten der Natur besser. Ein moderner Zweig ist die Farb**f**otogra**f**ie. Hier besteht die lichtem**pf**indliche Schicht des **F**ilmes aus je drei Einzelschichten, in denen die Mischung der Grundfarben **f**estgehalten wird. Der gebräuchliche Umkehr**f**ilm lie**f**ert Diapositi**v**bilder in natürlichen **F**arben, die man nur im durchscheinenden Licht betrachten kann. Das in letzter Zeit ausgearbeitete Negati**vv**er**f**ahren erzeugt ein **f**arbverkehrtes Bild, von dem man auch **V**er**v**iel**f**ältigungen herstellen kann. Die Farb**f**otogra**f**ie liefert naturgetreue Bilder. Die **F**otogra**f**ie verwendet auch Kunstlicht, vor allem die Blitzlichtgeräte, die im Augenblick der Au**f**nahme au**ff**lammen. Sie spenden größere Helligkeit als die Sonne und ermöglichen Au**f**nahmen in dunklen Räumen.

qu, k ○

Die Buchstabenfolge **qu** wird wie **kw** ausgesprochen. Nur in wenigen **Fremdwörtern** wird **qu als k** gesprochen: En**qu**ete = Umfrage, **Qu**arantäne = Absonderung Ansteckungsverdächtiger.

Schreib ab und setze verwandte Hauptwörter daneben: **355**

quitt (**Qu**ittung), **qu**aken (Ge**qu**ake), be**qu**em, **qu**älen, **qu**ellen, **qu**etschen, **qu**ietschen, er**qu**icken, **qu**almen, über**qu**eren, **qu**irlen. → **L 355**

Verwende schriftlich in Sätzen: **356**

der **Qu**ark (Topfen), das **Qu**ecksilber, die **Qu**aste, der **Qu**ittenbaum, die **Qu**itte, das **Qu**artier (Unterkunft), die **Qu**al, die **Qu**elle, das **Qu**adrat, das **Qu**artett, der **Qu**ader, der **Qu**alm, die **Qu**ittung, das A**qu**ädukt, das A**qu**arium, **qu**itt sein.

Schreib ab und ergänze das qu:

Die . . . alität der Ware prüfen, ein A . . . arell malen, sich ein . . . artier suchen, das . . . adrat zeichnen, eine . . . elle entdecken, eines . . . alvollen Todes sterben, laut . . . ietschende Bremsen, wir sind . . . itt, den . . . arz wegwerfen, das A . . . ädukt bewundern, kreuz und . . . er. → **L 357**

Lass dir ansagen:

Der Molch

Schon im Februar oder März kehrt der Bergmolch aus seinem Winterversteck zum Wasser zurück. In diesen Wochen sieht man vor allem die Männchen in einem besonders prächtigen Farbenkleid. Es ist die Zeit der Paarung. Aus den Eiern entstehen Larven, ähnlich wie Kaul**qu**appen, denen nach und nach Beine wachsen. Aber im Gegensatz zu den Kaul**qu**appen verlieren sie den Schwanz nicht. Deshalb werden die Molche zur großen Gruppe der Schwanzlurche gezählt. Der Bergmolch ist in ganz Mitteleuropa zu Hause, vor allem in gebirgigen Gegenden, die stark bewaldet sind. In **Qu**ellbecken und Bächen, Gräben, Tümpeln und Teichen ist er zu finden. Das Männchen wird etwa acht Zentimeter lang, das Weibchen bis elf Zentimeter. Außerhalb des Wassers haben die Molche in feuchten Verstecken, in Erdlöchern, unter Steinen, im Moderlaub und unter Baumstümpfen ihr **Qu**artier. Hier jagen sie nach Würmern, Schnecken und kleinen Insekten. Im Wasser sind Flohkrebse, Insektenlarven, Würmer und Schnecken und der **qu**abbelige Froschlaich ihre Beute. In einem kleinen A**qu**arium Molche zu halten, ist wohl eine **Qu**älerei.

x, gs, cks, ks, chs ○

Die Buchstaben **x, gs, ks, cks, chs** werden gleich ausgesprochen. Du musst daher stets stammverwandte Wörter suchen und von diesen auf die Schreibung schließen.

Mit **x** schreibt man nur wenige Wörter:

Xaver, fei**x**en, fi**x**, mi**x**en, Fa**x**en, Lu**x**us, Se**x**ualität, A**x**t, Te**x**t, He**x**e, Ni**x**e, Feli**x**, Ale**x**ander, Ma**x**, Ju**x** (Spaß), bo**x**en, Pra**x**is, Ta**x**i, Le**x**ikon, e**x**tra, e**x**erzieren, e**x**plodieren.

Schreib diese Wörter ab und wende sie in Fügungen an! **359**

Beispiele: ein langer Te**x**t, die ärztliche Pra**x**is.

gs steht in der Sprachsilbenfuge oder am Wortende:

Kleidun**gs**stück, Ordnun**gs**liebe, Bewegun**gs**spiel, reibun**gs**los, schonun**gs**los, regun**gs**los; halbwe**gs**, rin**gs**, anfan**gs**, mitta**gs**, län**gs**.

Schreib die Beispiele ab und ordne sie nach dem Alphabet! **360**

Schreib die folgenden Zeitwörter in der 2. Person Einzahl auf: **361**

legen (du le**gs**t), liegen (du lie**gs**t), sagen, tragen, mögen, pflügen, lügen. → **L 361**

Setze die Reihen fort: **362**

blind**lings**	aller**dings**
rück . . .	neuer . . .
seit . . .	schlechter . . .
jäh . . .	

363 *Suche stammverwandte Wörter oder Zusammensetzungen zu:*

wa**chs**en, we**chs**eln, dre**chs**eln, A**chs**e, Gewä**chs**, Fu**chs**, O**chs**e, Sa**chs**en, wi**chs**en, se**chs** (aber sechzehn, sechzig!).
Beispiel: wa**chs**en – der Wu**chs**. → **L 363**

364 *Schreib die folgenden Wörter ab und ergänze stammverwandte Wörter:*

Hä**cks**el (hacken), Kni**cks** (knicken), zwe**cks**, augenbli**cks**, Kle**cks**, du hin**ks**t, du trin**ks**t, du len**ks**t. → **L 364**

365 *Wende in Sätzen an:*

Ke**ks**, Ko**ks**, lin**ks**, La**chs**, A**chs**e, Bü**chs**e, Da**chs**, Dei**chs**el, Fu**chs**, Gewä**chs**, O**chs**, Fla**chs**, abwe**chs**eln, urwü**chs**ig, wä**chs**ern, we**chs**eln, wa**chs**en, Wu**chs**.

366 *Setze x, gs, ks, cks oder chs ein:*

Einen Kni . . . machen, für Abwe . . . lung sorgen, einen Da . . . beobachten, sich nicht mu . . . en, anfan . . . sehr erstaunt gewesen sein, ihre Ordnun . . . liebe bewundern, mit Wa . . . bestreichen, blindlin . . . gehorchen, dieses Kleidun . . . stück wegwerfen, schonun . . . los die Wahrheit sagen, den Standort we . . . eln, die gebrochene A . . . e des Wagens, viel Ko . . . kaufen, lin . . . abbiegen. → **L 366**

367 *Lerne auswendig und schreib am folgenden Tag aus dem Gedächtnis nieder:*

Mittags
Zur Mitta**gs**zeit war rin**gs**um alles still. Die A**x**t des Holzfällers ruhte. Der Da**chs** blieb in seinem Bau, und auch der Fu**chs** zeigte sich nicht. Bewegun**gs**los sonnte sich die Eide**chs**e auf einem von der Sonne erwärmten Stein.

Links von ihr summten Bienen um glühende Gewä**chs**e. Da wurde die Ruhe jählin**gs** von dem Knarren eines Fuhrwer**ks** unterbrochen.
Mit schwankender Dei**chs**el und knarrenden A**chs**en rumpelte ein Wagen heran, von zwei starken O**chs**en gezogen. Obenauf saß ein alter Bauer. Doch bald herrschte wieder tiefe Stille, nur das Glu**cks**en eines Baches war vernehmbar.

Lass dir ansagen und vergleiche mit dem Text im Buch: **368**

Zirkus auf dem Exerzierplatz
Heute ist ein Zirkus mit dem E**x**presszug gekommen. Die Anschlagsäulen rin**gs**um sind mit bunten Bildern und Te**x**ten vollgeklebt. Selbst eine Tierschau zu E**x**trapreisen wird angekündigt. Da gibt es Löwen, Tiger, Elefanten, Pferde, Seehunde, Wölfe, Da**chs**e und Fü**chs**e. Im Programm sind sogar Bo**x**er angekündigt. Auch Clowns wollen ihre Fa**x**en machen.
Ich löse eine Karte. Die Musik mit ihren Sa**x**ofonen beginnt. Dann rollt das abwe**chs**lungsreiche Programm ab. Am besten allerdin**gs** gefällt mir die Kunstreiterin. Sie lächelt, macht einen Kni**cks** und springt schnurstra**cks** aufs Pferd. Das trabt anfan**gs** langsam, dann immer schneller im Kreis lin**ks**herum. Die bunte Satteldecke fliegt, die Sa**x**ofonmusik spielt einen Fo**x**trott, die Kunstreiterin steht auf dem Pferd, springt durch die Reifen, macht Kopfstände, kann einfach alles.
Nach der Vorstellung regnet es, und wir müssen uns unterwe**gs** ein Ta**x**i nehmen.

(Nach H. Scharrelmann)

369 *Setze Wörter mit x ein!*

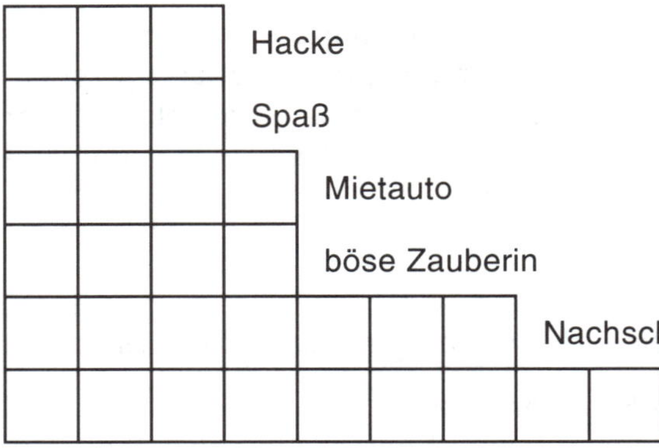

Hacke

Spaß

Mietauto

böse Zauberin

Nachschlagwerk

Vorname

→ **L 369**

z, zz, tz, ds, ts ○

Die Buchstaben bzw. Buchstabenfolgen **z, zz, tz, ds, ts** werden gleich ausgesprochen.

- **Ein einfaches z** steht immer **nach einem langen Selbstlaut, nach einem Zwielaut** oder **nach l, n, r, ch**:
  Strapaze, Miliz, Justiz, Kreuz, Weizen, Flöz, März, Salz, Schwanz, jauchzen.
- **Nach einem kurzen Selbstlaut** steht in deutschen Wörtern **tz**:
  Witz, Satz, Ritze.
- Nur **in Fremdwörtern** findet man nach einem kurzen Selbstlaut neben **tz** auch die Schreibung **zz**:
  Slibowitz, platzieren; Skizze, Razzia, Jazz.

Schreib ab und ergänze zwischen Klammern die Stammformen der Zeitwörter (Verben): **370**

rei**z**en (rei**z**e – rei**z**te – gerei**z**t), lech**z**en, kür**z**en, schnäu**z**en, hei**z**en, seuf**z**en, bei**z**en, spa**z**ieren, schluch**z**en, pur**z**eln, grun**z**en.

Ordne die folgenden Wörter in drei Gruppen: Wörter mit nz, Wörter mit rz, Wörter mit lz! **371**

die Schü**rz**e, der Le**nz**, das Schma**lz**, die Wa**lz**e, das He**rz**, der Kra**nz**, der A**rz**t, schme**rz**en, pu**rz**eln, glä**nz**en, ta**nz**en, ausme**rz**en, wü**rz**en, die Dista**nz**, der Bo**lz**en, der Pi**lz**.

Schreib ab und setze die Mehrzahl daneben: **372**

die Ar**z**nei, der Ar**z**t, die Wal**z**e, der Bol**z**en, der Pel**z**, der Kran**z**, die Gren**z**e, die Lan**z**e, die Mün**z**e, die Pflan**z**e, die Schür**z**e, der Pil**z**, der Schwan**z**, die Wur**z**el, die Ker**z**e, die Kan**z**el.
Beispiele: die Ar**z**nei – die Ar**z**neien, der Kran**z** – die Krän**z**e

→ **L 372**

Wie lautet von den folgenden Zeitwörtern (Verben) die 2. Person Einzahl? Ergänze sie! **373**

tan**z**en – du tan**z**t, fal**z**en, stan**z**en, schmel**z**en, blin**z**eln, seuf**z**en, jauch**z**en, stür**z**en, stol**z**ieren, wür**z**en.

Stelle je zwei der folgenden Wörter zu einem neuen Wort zusammen: **374**

Kreu**z**	Quar**z**	Band	Schwan**z**
Lampe	Schür**z**e	Ende	Hol**z**

→ **L 374**

375 *Wende in Sätzen an:*

die Stadt Gra**z**, die Schwei**z**, der Wei**z**en, Fran**z**, die Medi**z**in, die Noti**z**, die Kapu**z**e, die Ker**z**e, der Gei**z**; gei**z**ig, stol**z**.

376 *Bilde zusammengesetzte Hauptwörter (Nomen) und setze s ein!*

Freiheit	+	Krieg	=	Freihei**ts**krieg
Wirt	+	Haus	=	
Gesundheit	+	Regel	=	
Einheit	+	Preis	=	
Weihnacht(en)	+	Fest	=	

377 *Wende in kurzen Sätzen schriftlich an:*

der Lo**ts**e, rech**ts**, berei**ts**, ste**ts**, nich**ts**, jensei**ts**, diessei**ts**; aben**ds**, nirgen**ds**.

378 *Setze ds, ts, z ein:*

Man muss die Gesundhei . . . regeln beachten. Aben . . . und morgens vernahm der Lo . . . e immer den klagenden Laut, obwohl nich . . . zu sehen war. Von rech . . . hörte man das Bal . . . en des Hahnes. Die Wal . . . e war berei . . . abgenützt. Stol . . . zeigte der Fran . . . ose seinem Lan . . . mann den Inhalt des Ran . . . ens. Die höl . . . erne Stiege knarrte und drohte einzustür . . . en. Es war berei . . . spät, als sich Hans an seinen Gebur . . . tag erinnerte. Die Karten werden zu einem Einhei . . . preis verkauft. Der Fuchs nahm eilen . . . Reißaus. → **L 378**

379 *Ergänze z, ts oder ds!*

Das Buch ist nirgen . . . zu finden. Aben . . . mit Interesse dem Fernsehprogramm folgen. Das Weihnach . . . fest war schon vorüber. Vorwär . . . und rückwär . . . . Sein Zustand hat sich zusehen . . . verschlechtert. Vor Schmer . . . en nicht schlafen können. Nicht gei . . . ig sein. Oft in der frischen Luft spa . . . ierengehen. Nicht den ganz . . . en Tag hei . . . en. Den Ar . . . t holen. Gerei . . . t antworten. Einen Kran . . . kaufen. Oft mit ihm scher . . . en. → **L 379**

Unterstreiche in dem folgenden Text die schwierigen Wörter und lass dir den Text dann ansagen: **380**

Bergwelt
Uraltes Brauchtum hat sich im Gebirgsland erhalten. Oster- und Sonnwendfeuer brennen auf den Bergen. In abgelegenen Tälern findet man noch den Schwerttan**z**. Derbe Hol**z**knech**ts**spiele, ein reicher Scha**tz** an Volksliedern und zahlreiche Volkstän**ze** **z**eigen die urwüchsige Kraft des Gebirglers. Bunte Trachten werden hier getragen, oft von Tal zu Tal verschieden. Verwitterte Berghöfe liegen mächtig inmitten ihrer Felder. In Sal**z**burg und Tirol tragen sie das Flachdach aus Hol**z**schindeln, das gegen den Sturm oft mit Steinen beschwert ist. In Steiermark und Kärnten aber sind es spi**tze** Steilgiebel, von denen die Schneemassen leichter abgleiten können. Bergbauernhöfe finden sich noch in mehr als 1300 m Höhe. In etwa 1800 m ist die Waldgren**ze**. Darüber dehnt sich der Almengürtel. Bei 2800 m liegt die Schneegren**ze**. Hier vermag auch im Juli und August die Sonne den Schnee nicht mehr wegzuschmel**z**en. Große Gletscher füllen die Mulden und Täler des Hochgebirges.

Großschreibung von Satzanfängen ☐

- Alle **Satzanfänge** werden mit einem **großen Anfangsbuchstaben** geschrieben, ebenso **das erste Wort nach einem Schlusspunkt, einem Rufzeichen, einem Fragezeichen**, wenn diese einen Satz abschließen.
- **Mit einem Kleinbuchstaben** wird jedoch ein Satzanfang geschrieben, wenn der erste Buchstabe ausgelassen wurde: 's ist üblich so. 's Ende vom Lied wird sein, dass . . . 'reinkommen sollst du! 'runter vom Berg ging's leichter.
- **In Gedichten** wird das erste Wort einer Verszeile nur dann mit einem **Großbuchstaben** begonnen, wenn es sich um einen Satzanfang oder um ein Hauptwort (Nomen) handelt.

Beispiel:

Herr, schicke, was du willt,
ein Liebes oder Leides;
ich bin vergnügt, dass beides
aus deinen Händen quillt.

(Eduard Mörike)

381 *Schreib den folgenden Text ab und entscheide, ob groß oder klein geschrieben werden muss:*

Die Katze und die Mäuse

(i)n einem Haus waren viele Mäuse. (d)a kam eine Katze, (f)ing sich eine nach der andern ein und fraß sie auf. (a)ls die Mäuse sahen, dass es ihnen Tag für Tag ans Leben ging, (s)prachen sie untereinander:
„(w)ir wollen unser gutes Versteck nicht mehr verlassen, (s)onst werden wir noch ganz ausgerottet. (a)ber hier herein

zu uns kann die hungrige Katze nicht kommen, (d)a sind wir sicher."
(w)eil sich nun gar keine Maus mehr blicken ließ, (g)edachte die Katze, (s)ie mit List aus dem Versteck zu locken. (s)ie kletterte also auf einen Holzpflock und ließ sich da herunterhängen, (a)ls wäre sie tot. (e)ine von den Mäusen steckte den Kopf hervor, (s)ah die Katze und sagte:
„(s)elbst wenn du ein Mehlsack wärest, möchte ich dir auf keinen Fall zu nahe kommen!" → **L 381**

Auch das **erste Wort** eines selbständigen Teiles der **Rede** wird mit einem großen Anfangsbuchstaben geschrieben.

Beispiele:

Herrlich! **D**as war die richtige Antwort. – **W**ohin? **I**ch werde es mir noch überlegen. – **J**a! **G**lücklich und frei sind die Toten. – **M**it Gott fang an, mit Gott hör auf! **D**as ist der schönste Lebenslauf. – **Z**urück! **D**u rettest den Freund nicht mehr. – **F**ein! **N**un können wir baden gehen. – **K**arl! **E**rich! **K**ommt schnell her! – **U**nd sieh! **U**nd sieh! **A**n weißer Wand, da kam's hervor wie Menschenhand. – **W**ie? **D**u bist noch auf? – **A**lles einsteigen! **A**bfahrt!

Nach einem Ruf- oder Fragezeichen wird jedoch **klein** weitergeschrieben, wenn die direkte Rede Teil eines Ganzsatzes ist.

Beispiele:

„Komm schnell!", **r**ief mein Freund und packte mich am Arm. – „Hast du noch immer Hunger?", **f**ragte die Mutter.

„Eile mit Weile!“ **i**st ein altes Sprichwort. – „So pass doch auf!“, **t**önte es ihm entgegen. – Auf die Frage „Wem?“ **f**olgt der dritte, auf die Frage „Wen?“ **d**er vierte Fall. – Die Frage: **H**ätte ich nicht doch helfen sollen? **b**edrückte ihn ununterbrochen. – Das Mütterchen schluchzt vor Lust: „**M**ein Sohn!“, **u**nd sinkt an des Burschen Brust. – Puff! **k**nallte der Schuss. – Hu!, **h**eulte der Wind.

382 *Lass dir den folgenden Text ansagen und beachte besonders die Großschreibung der Satzanfänge!*

Nudelsuppe

Viele Leute mit bekanntem Namen sind im Laufe der Jahre in der Krieglacher „Roseggervilla“, wie sie im Volksmund damals hieß, ein und aus gegangen. Besonders gern kam der zu seinen Lebzeiten populäre Wiener Sittenschilderer Friedrich Schlögl in die „Residenz des Almpeterl“, wie er Krieglach nannte. Als Rosegger ihn hier zum ersten Mal im neu erbauten eigenen Heim empfing und seine Frau den dampfenden Suppentopf auftrug, starrte Schlögl entgeistert darauf und murmelte in tragisch dumpfem Ton: „Das ist der Fluch meines Weibes: Nudelsuppe! In einer schlimmen Stunde hat sie ihn gegen mich ausgestoßen: ‚Weil man dir zu Haus nichts recht machen kann, so sollst du überall, wo du auch bist, Nudelsuppe bekommen!‘ Und richtig: Vorgestern auf dem Bahnhof in Franzensfeste – Nudelsuppe, gestern im Hotel Florian in Graz – Nudelsuppe! Und heute hier wieder . . .“

Schlögl verzehrte sie aber dennoch mit Appetit. Abends dann war man im Gasthof „Zur Krone“, wo sich zu Ehren des berühmten Gastes eine größere Gesellschaft zusammengefunden hatte. Als ihn die Kellnerin fragte, was er zu speisen wünsche, antwortete er, um Rosegger und seine Frau aufzuziehen, überlaut, sodass* man es an allen Tischen hören konnte:

„Bringen Sie, was Sie wollen, nur gut und viel! Ich hab’ heut Mittag bei diesen Leuten da gespeist und bin halb verhungert. Vor allem bringen Sie eine anständige Suppe!" – „'s ist gut", lachte die Kellnerin, verschwand und kam wieder – mit einem Teller Nudelsuppe!

* In Deutschland immer getrennt: so dass

Mit **großem Anfangsbuchstaben** schreibt man auch das erste Wort einer Überschrift, eines Titels von Büchern, Gedichten, Dramen und des Namens von Gebäuden.

Beispiele:

Die Fabel „**D**er Fuchs und der Rabe" habe ich kürzlich gelesen. – Das Buch „**U**nser Europa" hat mir schon sehr gefallen. – Über das Werk „**M**ein erstes Rechenbuch" ist mir nichts bekannt. – Die Aufführung von Schillers Drama „**W**ilhelm Tell" war ein großes Erlebnis für mich. – Wir stiegen im Hotel „**Z**ur goldenen Gans" ab.

Nach einem Doppelpunkt schreibt man in folgenden Fällen das erste Wort **groß**:

a) wenn die wörtliche (direkte) Rede oder ein Zitat folgt,

b) wenn ein vollständiger Satz folgt.

Bei bloßen Aufzählungen wird **klein** weitergeschrieben.

Beispiele:

Friedrich der Große sagte: „**I**ch bin der Diener meines Staates." – Das Sprichwort lautet: „**D**er Apfel fällt nicht weit vom Stamm." – Ich dachte mir im Stillen: „**E**s kann der Frömmste nicht in Frieden leben, wenn es dem bösen Nachbarn nicht gefällt." – Aus den Versuchen ergab sich: **D**er Schall entsteht durch Schwingungen eines Körpers. – Es heißt nicht umsonst: **W**er gut schmiert, fährt gut. – Die Versammlung kam zu den Entschluss: **J**a, die Brücke müsse gebaut werden. – Gebrauchsanweisung: **M**an nehme alle drei Stunden eine Tablette.

Mit einem **kleinen Anfangsbuchstaben** schreibt man jedoch das erste Wort herausgegriffener Satzteile, die **keine** Zitate sind.

Beispiele:

In der Wendung „**e**s tut Not" wird das Wort „**N**ot" mit einem großen Anfangsbuchstaben geschrieben.
Der Ausdruck „**e**in fescher Kerl" gehört der Umgangssprache an.

383 *Schreib den folgenden Text ab und entscheide, wie die eingeklammerten Buchstaben geschrieben gehören!*

Sei höflich im Straßenverkehr!

(d)er Verkehr auf den Straßen wird durch Gesetze und Vorschriften geregelt. (d)iese Verkehrsvorschriften müssen alle beachtet werden. (a)ußer den geschriebenen Gesetzen des Straßenverkehrs gibt es aber auch noch andere, die nicht in einem Gesetzbuch stehen. (d)iese ungeschriebenen Gesetze gelten überall dort, wo viele Menschen zusammen sind und einer auf den anderen Rücksicht nehmen muss. (s)ie heißen Höflichkeit und Hilfsbereitschaft. (u)nzählige Male hat jeder von uns jeden Tag Gelegenheit, die Gesetze der Höflichkeit zu beachten. (d)a steht ein Kind oder eine alte Frau an der Straßenkreuzung und ist ganz verwirrt von den vielen Autos, dem Lärm und dem Getriebe. (h)ier heißt es hilfreich einspringen und den Betreffenden sicher auf die andere Seite geleiten. (e)s ist falsch, zu sagen: „(w)as kümmert mich der andere!“ (w)er die Augen aufmacht, findet viele Gelegenheiten zu helfen. → **L 383**

Lass dir den folgenden Text ansagen und vergleiche anschließend mit dem Text im Buch: **384**

Die drei Roggenkörner

Drei pralle Roggenkörner hatten sich in einer Ecke der Sämaschine versteckt gehalten, **w**eil sie mit ihresgleichen nicht auf den Acker wollten. **E**rst als der Weizen ausgesät wurde, **s**prangen sie in die Aussaatröhren. **N**un fühlten sie sich in bester Gesellschaft.

Ihr Stolz wuchs ins Maßlose, **a**ls sie mit anhörten, wie der Bauer seinem Jungen erklärte: „**W**eizenmehl ist für das feinere Gebäck bestimmt.“

Als der Blütenwind des Brachmonds* über den Weizenacker trieb, **r**agten drei Roggenhalme mit ausgehängten Staubgefäßen zwar ellenhoch über den niedrigeren Weizen, **a**ber ihr Hochmut wurde bestraft, **d**enn taub schwankten ihre Ähren; **i**hr Blütenstaub verflog nutzlos in den Wind. **Z**ur Bestäubung hatten sie keine Nachbarschaft.

„**S**iehst du“, **s**agte der Bauer beim Flurbegang zu seinem Sohne, „**w**er nicht bei seinesgleichen bleiben will, geht verloren.“

(Theodor Wittgen)

* Juni

Großschreibung von Hauptwörtern (Nomen) ☐

Alle wirklichen **Hauptwörter** (Substantive, Nomen) werden mit einem **großen Anfangsbuchstaben** geschrieben. Das sind **Namen für Gegenstände**, Menschen, Tiere, Pflanzen, Orte, Länder, Flüsse, Meere (= Konkreta) und **Namen für Begriffe** (= Abstrakta).

Gegenstandsnamen
(Konkreta)

Robert, **W**ien, **A**frika, **M**ilch, **M**ehl, **L**uft, **S**chüler, **F**luss, **B**uch

Begriffsnamen
(Abstrakta)

Güte, **W**ahrheit, **S**chlaf, **T**anz, **D**urst, **F**reude, **F**reundschaft

Man erkennt Hauptwörter (Nomen) auch daran, dass **vor einem Hauptwort** als „Begleiter" ein bestimmter oder unbestimmter **Artikel** (ein Geschlechtswort) stehen kann (der, die, das, des dem den, ein, eine, eines, einem, einen).

der, ein Wald
(die Größe) **des, eines W**aldes
(in) **dem, einem W**ald
(in) **den, einen W**ald (gehen)

die Wälder
(die Größe) **der W**älder
(in) **den W**äldern
(in) **die W**älder (gehen)

die, eine Mutter
(das Alter) **der, einer M**utter
(mit) **der, einer M**utter
(er sieht) **die, eine M**utter
das, ein Haus
(die Größe) **des H**auses
(in) **dem H**aus
(er betritt) **das, ein H**aus

die Mütter
(das Alter) **der M**ütter
(mit) **den M**üttern
(er sieht) **die M**ütter
die Häuser
(die Größe) **der H**äuser
(in) **den H**äusern
(er betritt) **die H**äuser

Schreib aus dem folgenden Text alle wirklichen Hauptwörter (Nomen) in der Einzahl heraus und setze den bestimmten Artikel davor: **385**

Was denkt sich ein Computer?
Computer – so heißen die Wundermaschinen unserer Zeit. Manche nennen sie auch Elektronengehirne, weil das so schön klingt. Die Fachleute reden von „elektronischer Datenverarbeitung", abgekürzt EDV:
„Geschwindigkeit ist keine Hexerei", so sagen die Zaubermeister und genau das könnten die Computerfachleute sagen. Denn die Computer können nicht nur besser, zuverlässiger und unermüdlicher rechnen als ein Menschengehirn. Sie können es vor allem schneller, blitzschnell im wahrsten Sinne des Wortes.
Denk dir ein Rechenpäckchen von 100 Zahlen mit je 10 Ziffern, die du zusammenzählen sollst. Der Computer schafft das in Bruchteilen von Sekunden!
Und weil es so schnell geht, deshalb werden Computer überall da eingesetzt, wo lange Berechnungen immer wieder neu angestellt werden müssen: in Büros und in Fabriken. → **L 385**

Manchmal schiebt sich zwischen den Artikel und das Hauptwort (Nomen) ein Eigenschaftswort (Adjektiv). Der Artikel bezieht sich aber auf das Hauptwort und nicht auf das eingeschobene Eigenschaftswort, die Beifügung:

das alte Haus

Entscheide, welche Wörter mit großem, welche mit kleinem Anfangsbuchstaben geschrieben werden! Schreib sie auf! Zu welchem Wort gehört der Artikel? Zeichne einen Pfeil ein! **386** das (a)lte (h)aus, der (n)eue (a)nzug, eine (g)ute (i)dee, ein (s)chnelles (a)uto, das (v)erdorbene (f)leisch, eine (u)ndurchführbare (a)ufgabe, die (r)asche (e)rledigung.

→ **L 386**

Wörter mit den Nachsilben **–heit, -keit, -nis, -schaft, -tum, -ung, -ling, -sal** sind **Hauptwörter** (Nomen). Man schreibt sie daher mit einem großen Anfangsbuchstaben.

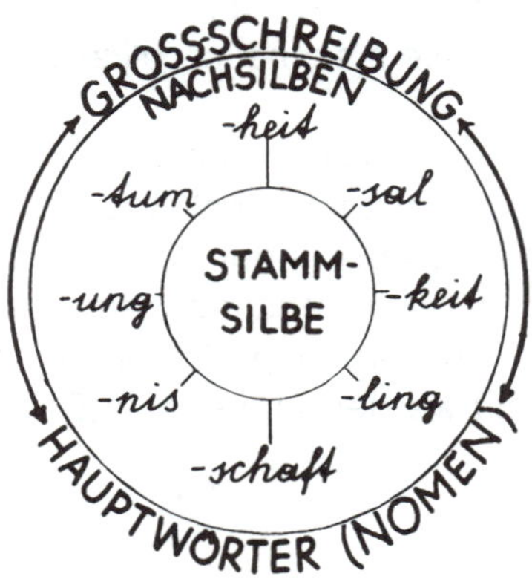

387 *Schreib ab und bilde Hauptwörter (Nomen) durch Anfügen der Nachsilbe -heit:*

blind (die **B**lindheit), feig (die **F**eigheit), frech, grob, derb, klug, gewohnt, krank, neu, weise. → **L 387**

Beachte: r**oh** (die **Rohh**eit); aber, da r**au** (die **R**au**h**eit).

388 *Bilde Hauptwörter durch Anfügen der Nachsilbe -keit:*

artig (**A**rtigkeit), fähig, fromm, sesshaft, einsam, ewig, selig, achtsam, bitter. → **L 388**

Schreib ab und ergänze -schaft: **389**

Bürger- (die Bürgerschaft), Diener-, Gemein-, Meister-, Ritter-, Wirt-, Freund-, Herr-, Knecht-, Graf-, Feind-, Wissen-, Sipp(e)-.

Bilde Hauptwörter mit -nis: **390**

kennen (die **K**enntnis), verhalten, hemmen, erleben, geheim. → **L 390**

Schreib ab und bilde Hauptwörter mit -tum; setze den Artikel davor: **391**

reich (der **R**eichtum), heilig, alt, eigen, irren, Ritter, Held, Mensch. → **L 391**

Ergänze schriftlich die Nachsilbe -ling und setze den bestimmten Artikel davor: **392**

Jüng- (der Jüngling), Schmetter-, Fremd-, Lehr-, Pfleg-, Wüst-, Fäust-, Früh-, Säug-, Spröss-, Steck-, Zög-.

Wie lauten die aus den folgenden Zeitwörtern (Verben) abgeleiteten Hauptwörter mit der Nachsilbe -ung? Schreib sie auf! **393**

fordern (die **F**orderung), abfertigen, anbeten, anschauen, biegen, üben, ergänzen, heilen, laben, packen, reinigen, sammeln, siedeln, steigern, trüben, vereinigen, verstellen, wandeln, wandern, wiederholen, wohnen, züchtigen.

→ **L 393**

Auch die Wörter mit den Nachsilben **–chen, -lein, -el** sind **Hauptwörter** (Nomen) und müssen mit einem großen Anfangsbuchstaben geschrieben werden.

394 *Setze die Reihen fort:*

Bett**chen**	**B**äch**lein**	**S**tach**el**
Gläs-	**K**irch-	**K**nöch-
Stüb-	**B**ürsch-	**Ä**rm-
Häus-	**S**träuß-	**B**ünd-
Mütter-	**M**ägd-	**B**üg-
Händ-	**Ä**ug-	**D**eck-

Manche **Hauptwörter** (Nomen) treten **in Verbindung mit bestimmten Zeitwörtern** (Verben) auf. Auch in diesen Fällen werden sie mit einem großen Anfangsbuchstaben geschrieben.

Beispiele:

Abstand nehmen
Angst haben
Auto fahren
Bedacht nehmen
Bezug nehmen
Dank schulden
Flöte blasen
Folge leisten
Gefahr laufen
Genüge tun
Halt gebieten
Hand anlegen
Kahn fahren
Klavier spielen
Lügen strafen
Modell stehen
Not leiden
Nutzen bringen
Obacht geben
Platz greifen
Platz nehmen
Rad fahren
Radio hören
Rechnung tragen
Recht sprechen
Rede und Antwort stehen
Reißaus nehmen
Rodel fahren
Schaden nehmen
Schicksal spielen
Schritt halten
Schuld tragen
Sorge tragen
Sturm laufen
Tau ziehen
Trotz bieten
Trübsal blasen
Verstecken spielen
Verzicht leisten
Wache halten
Wort halten
Zigaretten rauchen

Aber auch die Kleinschreibung ist in manchen Fällen möglich:

> zu Handen (zuhanden), auf Grund (aufgrund), zu Grunde gehen (zugrunde gehen), zur Not (vonnöten), auf Seiten (aufseiten), mit Hilfe (mithilfe), zu **R**ande (zurande) kommen.

Schreib die Beispiele ab und wende einige von ihnen in Sätzen an! **395**

Auch in den folgenden **Redewendungen** schreibt man die Hauptwörter (Nomen) mit einem großen Anfangsbuchstaben.

im **B**egriff stehen
von **B**elang sein
in **B**etracht ziehen (kommen)
zu **B**ett gehen
zu **E**nde führen
zu **F**all kommen
zu **F**elde ziehen
im **G**ange sein
in **G**ang setzen
zu **G**ebote stehen
zu **G**emüte führen
nach **H**ause (auch: nachhause) gehen
zu **H**ause (auch: zuhause) bleiben
zu **H**erzen nehmen
zu **H**ilfe kommen
nach **H**ilfe rufen
erste **H**ilfe leisten
in **K**raft treten
zu **K**reuze kriechen
außer **L**andes gehen
auf dem **L**aufenden bleiben
zur **N**eige gehen
in **N**ot (Nöten) sein
sich in **O**bacht nehmen
zu **R**ate ziehen
zu **R**echt bestehen
(aber: zurechtkommen)
zur **R**ede stellen
zu **S**chaden kommen
zur **S**eite stehen
in **S**icht kommen
im **S**tande halten
(aber: imstande sein)
an **S**telle von (auch: anstelle)
zur **S**telle sein
im **S**tich lassen
zu **T**ode hetzen
in **V**erruf geraten
ins **W**erk setzen
zu **W**erke gehen
zu **W**ort kommen
zu **W**illen sein
zur **Z**eit
zum **Z**weck

396 *Schreib diese Redewendungen ab!*

397 *Wende die folgenden festen Verbindungen in einfachen Sätzen an:*

in **A**nbetracht (bei, wegen) seiner Jugend, zu **A**nfang, aus **A**nlass, im **A**uftrag, in **B**älde (bald!), im **B**egriff stehen, nicht von **B**elang, aus **D**ank, zu **E**hren, zu **G**ebote stehen, bei **Ge**legenheit, auf **G**rund (aber auch schon: aufgrund), an **H**and (aber auch schon: anhand), zu **H**erzen nehmen, mit **H**ilfe, in **K**ürze, in **K**raft treten, nach **M**aßgabe, im **N**amen (**n**amens), mit **R**ücksicht auf, zur **S**eite treten, an **Z**ahlungs **S**tatt, zum **T**eil, zum **T**rotz, wider **W**illen, zum **Z**wecke, zu **S**tande bringen, im **N**achhinein, **A**lt und **J**ung, **S**chuld tragen, **F**olge leisten.

398 *Klein oder groß? Schreib ab und entscheide, wie die eingeklammerten Buchstaben zu schreiben sind!*

Von der Kleidung

Seit (u)rzeiten sind es drei (d)inge, die der (m)ensch unbedingt braucht. (n)ahrung und (w)ohnung sind die (e)rsten (b)eiden, von ihnen war schon die (r)ede. (a)n dritter (s)telle folgt die (k)leidung. (w)enn im (w)inter die (t)emperatur tief unter den (g)efrierpunkt sinkt und (a)lles (l)eben in der (n)atur in (s)chnee und (e)is erstarrt, würde der (m)ensch ohne warme (k)leidung jämmerlich frieren. (d)eshalb haben sich schon die (h)öhlenmenschen mit den (f)ellen erbeuteter (t)iere bekleidet. (a)aber auch in den (h)eißen (z)onen, wo man keinen (w)inter zu fürchten braucht, trägt man wenigstens ein (k)leidungsstück, wenn dies auch oft bloß ein (e)infacher (l)endenschurz ist. (d)ie menschliche (k)leidung hat eben einen (d)oppelten (z)weck: (s)ie ist (s)chutz und (s)chmuck (z)ugleich. (s)ie schützt vor (s)onne und (r)egen und (v)erleiht ihrem (b)esitzer überdies (a)nsehen und (w)ürde. (d)as gilt für alle (v)ölker, (f)ür den (n)eger im (f)esttagsschmuck ebenso wie für einen (k)önig im (p)urpurmantel. → **L 398**

Unterstreiche in dem folgenden Text alle Hauptwörter (Nomen) und lass dir den Text dann ansagen: **399**

Ein gefährliches Spiel

Eines Tages rief mich mein Bruder Martin auf den Hof. Dort standen ein paar erwachsene Jungen aus der Nachbarschaft um eine Bütte Wasser. Martin zeigte auf ein Geldstück im Wasser und sagte zu mir, wenn ich es mir mit der Hand fischte, könnte ich es behalten. Ich schaute zwar einmal misstrauisch im Kreise herum, denn es waren fünfzig Pfennig, die da durch das Wasser silbrig heraufleuchteten – und dafür bekam man die beste Tafel Schokolade. Und schon vergaß ich mein Misstrauen und griff in das Wasser, fuhr aber im selben Augenblick mit einem Schrei zurück. Es war, als ob mich tausend Mäuse gebissen hätten. Durch meinen ganzen Leib war ein Kribbeln und eine jähe Hitze gefahren, dass ich ganz verwirrt war und nichts sagen konnte, sondern nur entsetzt in das Wasser und dann auf meine Hand blickte. Ich glaubte, sie müsse bluten. Aber ich entdeckte nichts. Die andern lachten mich aus(,) und ich lief zur Mutter(,) um zu erzählen, was mir die Burschen angetan hatten. Vater, der am Abendtisch von der Sache hörte, war sehr aufgebracht und sagte zu Martin, dass er es nicht wagen solle, solchen Unfug noch einmal anzustellen. Das sei doch lebensgefährlich! Jetzt erst erfuhr ich, dass das Wasser mit einem Draht elektrisch gemacht worden war.

(Stefan Andres)

Großschreibung hauptwörtlich gebrauchter Zeitwörter (Verben) ○

Wenn ein **Zeitwort** (Verb) **als Hauptwort** (Nomen) **gebraucht wird**, schreibt man es **mit einem großen Anfangsbuchstaben.** Gewöhnlich steht ein Artikel davor oder es kann ein Artikel ergänzt werden.

Beispiele:

Das **B**erühren der Nahrungsmittel ist verboten. Ein **V**ersehen führte zu dem Unfall. Vom vielen **R**auchen hustet er. Milch kann man durch **A**bkochen haltbar machen. Sein **S**töhnen weckte mich aus dem Schlaf. Mit **H**arren und **H**offen hat's mancher getroffen.

400 **Was man in der Stille hört**
Der Radfahrer klingelt, ein Auto hupt, das Motorrad rattert, der Zug pfeift, eine Eisenbahn rollt, der Hund bellt, die Pendeluhr tickt, ein alter Mann hustet, ein Mädchen singt, die Blätter rascheln, die Bremsen quietschen, die Kinder schreien.

Schreib so: Man hört das **K**lingeln der Radfahrer, das **H**upen eines Autos, das . . . → **L 400**

401 Paul hat unschöne Eigenschaften:
Er prahlt, heuchelt, neckt die Mitschüler, foppt die Mädchen, streitet mit den Kameraden, nörgelt, klatscht, übertreibt, lügt, flunkert, betrügt.
Wir raten ihm: Lass das **P**rahlen, lass das **H**eucheln, lass das . . .
Setze schriftlich fort! → **L 401**

Paul streitet, zankt, prügelt Schwächere, stößt, wirft Steine, verleumdet, schwindelt während der Schularbeit, stichelt und hänselt die anderen. **402**

Schreib: Paul kann das **S**treiten, das **Z**anken, das . . . nicht lassen. → **L 402**

Ernst ahmt nach, wie der Hund bellt, wie die Katze miaut, das Schaf blökt, wie die Kuh brüllt, wie der Hahn kräht, wie die Gänse schnattern, wie die Hühner gackern, wie der Köter knurrt. **403**

Schreib folgendermaßen: Ernst ahmt das **B**ellen des Hundes nach, das **M**iauen der Katze, das . . . usw. → **L 403**

Auf dem Tummelplatz geht es hoch her: Alles schreit, johlt, jauchzt, lacht, lärmt, musiziert, tanzt, rauft. **404**

Schreib so: Welch ein **S**chreien! Welch ein **J**ohlen! Welch ein . . . usw. → **L 404**

Allerlei Verbote **405**

Es ist verboten, die Straße bei Rot zu überqueren, den Rasen zu betreten, Fahrräder auf dem Gehsteig zu schieben, sich zwischen den anhaltenden Autos als Radfahrer durchzuschlängeln, bei gelbem Licht die Kreuzung zu betreten, auf der Fahrbahn Ball zu spielen, Obstreste wegzuwerfen, auf Gehsteigen mit dem Rad zu fahren.

Schreib auf, was alles verboten ist: das **Ü**berqueren der Straße bei Rot, das . . . → **L 405**

Lebensmittel erhält man frisch, wenn man sie kühlt, einfriert, dörrt, säuert, trocknet, einkocht, einsalzt, räuchert. **406**
Schreib auf, wie man Lebensmittel frisch erhält:

Die Butter durch **K**ühlen, das Fleisch durch . . ., die Birnen durch . . . , das Kraut durch . . . , die Pilze durch . . . , die Pfirsiche durch . . . , die Heringe durch . . . , den Schinken durch . . . . → **L 406**

407 *Ergänze den großen oder kleinen Anfangsbuchstaben:*

Das (a)nfangen ist leicht, das (b)eharren schwer. Vieles (n)aschen macht leere Taschen. Die Katze lässt das (m)ausen nicht. Dem Storch gefällt sein (k)lappern wohl. Am vielen (l)achen erkennt man den Narren. Das (w)etzen hält den Mäher nicht auf. Das (a)bladen von Schutt ist hier (v)erboten. Dein (e)wiges (j)ammern ist mir zuwider. Langes (s)chreiben ermüdet. → **L 407**

Nach **vom, beim, am, im, zum, ins, ans, ums** werden Zeitwörter (Verben) großgeschrieben, da sie hauptwörtlich gebraucht werden.

vom	=	von	(Verhältniswort)	dem	(Artikel)
beim	=	bei	(Verhältniswort)	dem	(Artikel)
am	=	an	(Verhältniswort)	dem	(Artikel)
im	=	in	(Verhältniswort)	dem	(Artikel)
zum	=	zu	(Verhältniswort)	dem	(Artikel)
ins	=	in	(Verhältniswort)	das	(Artikel)
ans	=	an	(Verhältniswort)	das	(Artikel)
ums	=	um	(Verhältniswort)	das	(Artikel)

408 *Schreib auf:*

Er verunglückte beim . . .
schwimmen, turnen, spielen, Eis laufen, Schi fahren, Auto fahren, klettern, bergsteigen.

Beachte die Zusammenschreibung:
Eis laufen – beim **E**islaufen
Schi fahren – beim **S**chifahren
Auto fahren – beim **A**utofahren

Beispiele: Er verunglückte beim **S**chwimmen. Er verunglückte beim **E**islaufen. → **L 408**

Schreib auf: **409**

Das kommt vom in der Sonne liegen, lange baden, schnell laufen, schwer arbeiten, kalt baden, schwindeln, prahlen, laufen, hasten, hetzen, jagen, raufen, boxen, Auto fahren, Schi laufen. → **L 409**

Beispiele: Das kommt vom **L**iegen in der Sonne. Das kommt vom langen **B**aden.

Ergänze die großen Anfangsbuchstaben! **410**

Wozu man die Werkzeuge benötigt::
Zum **S**chreiben braucht man eine Füllfeder, zum (r)asieren einen Rasierapparat, zum (r)adieren einen Radiergummi, zum (z)eichnen einen weichen Bleistift, zum (n)ähen eine Nähnadel, zum (k)ämmen einen Kamm, zum (s)chneiden ein Messer. → **L 410**

Erkläre und schreib auf: **411**

Ein Hörgerät ist ein Gerät zum **H**ören, eine Nähmaschine ist eine Maschine zum . . . , ein Vorhängschloss . . . , ein Parkplatz . . . , ein Waschbecken . . . , eine Zündschnur . . . , eine Schreibmaschine . . . , ein Zeigestock . . . , eine Badewanne . . . → **L 411**

Bilde Beispiele für die Großschreibung von Zeitwörtern nach am, im, ins, ans! **412**

Etwa: Der Wagen geriet **ins S**chleudern. Die Schwester hinderte ihn **am L**ernen. **Im S**ingen ist der Vogel Meister.

Zeitwörter (Verben) werden auch dann **groß**geschrieben, wenn der Artikel fehlt, aber das Zeitwort als Subjekt oder als Fallergänzung steht. Der fehlende Artikel könnte in diesen Fällen ergänzt werden.

Beispiele:

Reden ist Silber, **S**chweigen ist Gold. – Durch lautes **R**ufen wurde er wach. – Meines **W**issens verhält sich die Sache anders.

413 *Schreib ohne Artikel ab:*

(das) **V**erzeihen ist göttlich; (das) **P**robieren geht über (das) **S**tudieren; mit (dem) **Z**ittern und (dem) **Z**agen; wider (das) **E**rwarten; (das) **I**rren ist menschlich; (das) **A**nfangen ist leicht, (das) **B**eharren ist schwer; (das) **G**eben ist seliger denn (das) **N**ehmen.

414 *In den folgenden Sätzen sind die einzelnen Glieder durcheinander geraten. Ordne die Teile einander so zu, dass die Aussprüche oder Sprichwörter einen Sinn ergeben! Manche von ihnen reimen sich.*

Schweigen und **D**enken	macht manchen zum Narren.
Essen und **T**rinken	füllen noch keinen Magen.
Reisen kostet Geld,	hält Leib und Seele zusammen.
Jammern und **K**lagen	kann niemanden kränken.
Hoffen und **H**arren	ziemt Jungen und Alten.
Versprechen und **H**alten	schafft nur Ärger dir.
Lauschen an der Tür	doch sieht man die ganze Welt.

→ **L 414**

Erkläre die Großschreibung und bilde fünf ähnliche Beispiele: **415**

da**s** lange **K**auen – lange**s** **K**auen
da**s** anstrengende **L**aufen – anstrengende**s** **L**aufen
da**s** laute **W**einen – laute**s** **W**einen
da**s** viele **E**ssen – viele**s** **E**ssen
da**s** beharrliche **S**chweigen – beharrliche**s** **S**chweigen
da**s** unermüdliche **Ü**ben – unermüdliche**s** **Ü**ben

Schreib ab und entscheide, ob klein oder groß geschrieben werden muss: **416**

Hochofenbetrieb
Damit die (e)isenerze im Hochofen schneller schmelzen, bedürfen sie vorher einer besonderen Aufbereitung. Durch (s)ortieren wird von vornherein viel (t)aubes Gestein ausgeschieden; durch (p)ochen in den Pochwerken, (q)uetschen und (b)rechen werden die Erzstücke zerkleinert; durch (w)aschen (Erzwäsche) werden sie von (s)and, (t)on und (k)alk gereinigt; durch (r)östen im Röstofen werden sie aufgelockert, porös gemacht und von (w)asser, (s)chwefel, (p)hosphor sowie anderen fremden (b)estandteilen befreit; auch durch (v)erwittern, (a)uslaugen und (a)usfrieren der Erze wird das Schmelzverfahren beschleunigt, vor allem aber durch das (b)eimengen (Möllern) von (z)uschlag wie Kalkstein und anderem. Erst dann beginnt das (b)eschicken (Füllen) der Öfen und das (e)igentliche (s)chmelzen des (e)isenerzes. → **L 416**

Lass dir ansagen und vergleiche mit dem Text im Buch: **417**

In einer fremden Stadt
Das **L**eben und **T**reiben in dieser Stadt ist ganz anders als bei uns daheim. Während bei uns die Verkaufszeiten amtlich festgelegt sind, ist der Kunde hier oft spät am Abend mit dem **E**inkaufen beschäftigt. Noch auffallender ist, dass das **A**rbeiten der Handwerker im Freien geschieht und das **H**andeln

und **F**eilschen sich auf offener Straße abspielt. Das **R**ufen und **S**chreien der Händler, das **A**npreisen der Waren übertönt den Lärm des Verkehrs. Man will dem Fremden das Kaufen erleichtern. Das **A**uswählen fällt ihm aber schwer, weil der Redeschwall der Händler das **Ü**berlegen verhindert. Auch mit dem **B**esichtigen der Sehenswürdigkeiten wird viel Geschäft gemacht. In den überfüllten Omnibussen ist das **F**ahren kein Vergnügen.

(Nach Martin Ibler)

Zeitwörter (Verben) werden auch in Form von **Mittelwörtern** (Partizipien) mit einem großen Anfangsbuchstaben geschrieben, wenn sie als Hauptwort gebraucht werden: der **B**etrunkene, ein **V**erunglückter, sein **V**orgesetzter, das **A**usschlaggebende, das **E**ntscheidende, nichts **E**ntsprechendes, das **E**rwartete, das **F**olgende, **F**olgendes.

418 *Forme schriftlich um und beachte die Großschreibung der hauptwörtlich gebrauchten Mittelwörter:*

die **v**erunglückten **B**ergleute – die **V**erunglückten, die **v**erletzten Männer – die **V**erletzten, die **v**erurteilten Verbrecher, die **v**orgesetzten Beamten, die **a**ngeklagten Frauen, die **r**eisenden Kaufleute, die **b**etrogenen Kunden, die **w**artenden Gäste, die **v**erirrten Wanderer, die **a**nwesenden Mädchen, die **n**eugeborenen Knaben, die **s**treikenden Arbeiter, der **f**olgende Text.

419 *Forme den folgenden Text so um, dass die Mittelwörter hauptwörtlich gebraucht werden:*

Der vortragende Professor hatte sich vorgenommen, die Missstände der Zeit aufzudecken und anzuprangern. In hervorragender Weise verstand es **der redegewaltige** Mann, die verheerenden Folgen der Umweltverschmutzung darzustellen. In Wort und Bild zeigte er im zweiten Teil seines Vortrages das Elend **der Not leidenden** Volksschichten in den unterentwickelten Ländern. Er richtete einen Appell an die **im Überfluss lebenden** Menschen in den Industriestaaten, hier zu helfen. Aber trotz des stürmischen Beifalls des Publikums blieb der Gastredner **ein rufender** Prophet in der Wüste.

Schreib so: Der **V**ortragende hatte sich vorgenommen, . . .

→ **L 419**

Unterstreiche in dem folgenden Text die hauptwörtlich gebrauchten Mittelwörter und lass dir dann den Text ansagen: **420**

Auf eine Insel verschlagen

Jack Hupkins hatte sich auf eine Schiffsplanke gerettet. Mit letzter Kraft ruderte der dem Ertrinken Entkommene einem Eiland zu. Das Erlebte stand mit allen seinen Schrecken noch immer vor seinen Augen. Das Schiff, das ihn nach Südamerika bringen sollte, war gesunken. Jetzt stieß der Erschöpfte mit dem als Fahrzeug benützten Schiffsbalken an Land. Ermattet sank er in den Sand und fiel sofort in einen bleiernen Schlaf. Es war dämmernder Morgen, als der allmählich Erwachende sich seiner verzweifelten Lage bewusst wurde. Jetzt war er ein auf eine einsame Insel Verschlagener ohne Aussicht auf Rückkehr in die Welt der Arbeitenden. Er kam sich wie ein Verbannter vor. Um seinen Hunger zu stillen, riss er einige Bananen von der nächsten Staude und aß sie gierig. Auf einmal sah er am Boden etwas Blitzendes liegen. Er hob es auf und starrte auf ein Messer mit blanker Klinge. Der fast Verzweifelte schöpfte neue Hoffnung. Das Gefundene war doch ein Beweis dafür, dass hier Menschen leben mussten. → **L 420**

(Daniel Defoe)

Ordne jedem Teilsatz von a) den inhaltlich dazugehörigen Teilsatz von b) zu! Unterstreiche anschließend das als Hauptwort verwendete Mittelwort! **421**

a) Wer den Inhalt der Geschichte erzählen will, . . .
Wenn der Lernende einen festen Willen hat, . . .

Wenn der Reisende nicht pünktlich eintrifft, . . .
Weil der Schüler eine Woche den Unterricht nicht besucht hat, . . .
Wenn dem Verletzten nicht sofort geholfen wird, . . .
Weil der an Grippe Erkrankte zu früh aufstand, . . .
Wer dem Freund sein Wort gegeben hat, . . .
Um bei einem Gedichtvortrag sicher zu sein, . . .

b) . . . sollte das Versprochene auch einhalten.
. . . .. sollte das Gelesene überdenken.
. . . .. sollte man das Gelernte öfter wiederholen.
. . . .. muss er verbluten.
. . . .. bekam er einen Rückfall.
. . . .. wird er den Zug versäumen.
. . . .. muss er das Versäumte nachholen.
. . . .. wird er sein Ziel erreichen. → **L 421**

422 *Lerne auswendig und schreib am folgenden Tag aus dem Gedächtnis nieder:*

Land an der Ruhr

Wo die Tage laut sind vom Klang der Hämmer, vom singenden Lauf der Maschinen und vom **Ä**chzen der Pressen und Stanzen, da ist das Ruhrland. Wo die Nächte hell sind vom **A**uflodern der Feuer aus Eisenhütten und Walzwerken, da ist Ruhrland. Wo hunderttausend Männer tief in der Erde nach Kohlen graben, bohren und sprengen, da ist Ruhrland. Dies vielfältige **K**lingen und **S**ingen, **H**ämmern und **B**rechen, **S**urren und **S**tampfen ist die Melodie des Landes, ist das Hohelied der Arbeit.

(Nach Beielstein)

423 *Lass dir den folgenden Text ansagen und vergleiche deine Niederschrift anschließend mit dem Buch:*

Moderne Landmaschinen

Auf dem Bauernhof gibt es mancherlei Landmaschinen zu sehen. Da sind zunächst die Maschinen zum **B**earbeiten des Bodens. Pflug, Walze und Egge bereiten den Boden vor. Sie

dienen zum **G**raben, **U**mwenden und **Z**erkleinern des Ackerlandes. Düngerstreuer und Jaucheverteiler besorgen das **D**üngen des Bodens. Durch Sämaschinen erfolgt das **S**äen in engen Reihen. Auch die heranwachsenden Pflänzchen brauchen Pflege. Für das **V**erziehen und **V**ereinzeln der Pflanzen und für das **B**eseitigen von Unkraut ist viel Zeit nötig. Besondere Geräte erleichtern auch das **B**ekämpfen der Schädlinge. Zum **V**orwärtsbewegen aller dieser Maschinen dienen dem Landwirt Traktor, Sattelschlepper oder Zugmaschine.
Ist das Gras üppig entwickelt oder sind die Feldfrüchte reif, muss der Landwirt ernten. Auch das **E**rnten wird erst durch viele Maschinen ermöglicht. Grasmäher werden vom Heuwender abgelöst. Wir brauchen sie für das **S**chneiden und **W**enden des Grases. Für das **E**rnten des Getreides werden Bindemäher oder Mähdrescher eingesetzt. Das **E**inbringen der Hackfrüchte geschieht häufig durch besondere Maschinen. Mit dem Kartoffelroder erfolgt das **R**oden, **S**ortieren und **A**blegen der Kartoffeln.

(Nach R. Alschner)

Großschreibung hauptwörtlich gebrauchter Eigenschaftswörter (Adjektive) ○

Unterstreiche in dem folgenden Text alle hauptwörtlich gebrauchten Eigenschaftswörter (Adjektive)! Sie geben in diesem Fall wie Hauptwörter Antwort auf die Frage WAS? **424**

Es gibt noch viel Gutes zu tun
Nur Neues unter der Sonne! Voll Staunen hören, sehen und lesen wir täglich von der erregenden Entwicklung auf der ganzen Erde, aber wir dürfen dabei nicht in Überheblichkeit verfallen und vor bloßer Neugier übersehen, unter welchen Bedingungen diese oft so großartigen Leistungen entste-

hen. Nur wer die Natur der einzelnen Erdteile und die geschichtliche Entwicklung ihrer Völker kennt, wird die Gegenwart und die Zukunft richtig beurteilen. Noch immer fallen das Gute und Schöne, das Brauchbare und das Notwendige dem Menschen nicht einfach in den Schoß, noch immer muss er unermüdlich gegen Naturgewalten und tückische Krankheiten kämpfen. Beim Bau des Panamakanals gab es Tausende Kranke, 20.000 starben am gelben Fieber. In Wüstengebieten legen Arbeiter und Ingenieure Ölleitungen in glühender Sonne und heißem Sand bei Temperaturen bis zu 70 Grad. Noch immer können Erdbeben, Wirbelstürme und Überschwemmungskatastrophen die großartigsten Menschenwerke in Sekundenschnelle vernichten.
Noch ist viel zu tun, noch leben von 900 Millionen Kindern auf unserer Erde 600 Millionen in Armut.
Noch immer sterben jährlich mehr als 30 Millionen Menschen an Hunger.
Nur Neues unter der Sonne – großartig ist das Erreichte, aber es gibt noch viel Gutes zu tun! → **L 424**

Auch **Eigenschaftswörter** (Adjektive) werden mit einem **großen Anfangsbuchstaben** geschrieben, wenn sie **als Hauptwort** (Nomen) **gebraucht** werden:
gut – das **G**ute, schön – das **S**chöne.
Man muss sie auch dann **groß**schreiben, wenn **kein Artikel** vor dem hauptwörtlich gebrauchten Eigenschaftswort steht, aber ergänzt werden kann:
Ich habe dir **E**rfreuliches zu berichten

425 *Forme die Eigenschaftswörter der linken Spalte nach den Mustern um:*

erfreulich – etwas **E**rfreuliches
lustig – das **L**ustige

schön	__________	alles	__________
angenehm	__________	nichts	__________
neu	__________	manches	__________
alt	__________	wenig	__________
schlecht	__________	nur	__________

WIE? daher Kleinschreibung	**WAS?** daher Großschreibung

Verwandle in einen Hauptsatz: **426**

Wer faul ist, sieht immer nach der Uhr. (Der **F**aule sieht immer nach der Uhr.) Wer jung ist, kann sterben; wer alt ist, muss sterben. Wer geschickt ist, den hält man wert; wer ungeschickt ist, den niemand begehrt. Wer jung ist, soll belehrt werden; wer alt ist, soll geehrt werden. → **L 426**

Bilde ähnliche Sätze: **427**

gesund (Wer gesund ist, ist ein **G**esunder.), blind, krank, taubstumm, geizig, dankbar, fröhlich, neugierig, gerecht, verrückt, weise, edel, rein, traurig, furchtsam.

Stelle die Schreibung der Eigenschaftswörter in zwei Spalten gegenüber und wende die zum Hauptwort (Nomen) gewordenen Eigenschaftswörter in Sätzen an! **428**

der undankbare **S**ohn	**der U**ndankbare
der fleißige **L**ehrling	**der F**leißige
der fremde **M**ann	__________

die einheimische **B**evölkerung	______________
das schlanke **M**ädchen	**die** ______________
die österreichische **W**are	**das** ______________
der jugendliche **T**äter	______________

429 *Ergänze die hauptwörtlich gebrauchten Eigenschaftswörter:*

dumm:	Der . . . hat manchmal Glück.
blau:	Dieses . . . gefällt mir.
rot:	Nicht bei . . . über die Kreuzung gehen.
klein, groß:	Wer das . . . nicht ehrt, ist das . . . nicht wert.
beste:	Das . . . schafft Verdruss, wenn man's lange tun muss.
fromm:	Es kann der . . . nicht in Frieden leben, wenn es dem bösen Nachbarn nicht gefällt.
wichtigst:	Das . . . über die Großschreibung.
besser, gut:	Das . . . ist des . . . Feind.
besser:	Jemanden eines . . . belehren.
gut:	Etwas . . . tun.
gleich:	. . . es mit . . . em vergelten.
weiß:	Eine Frau in . . .
lächerlich:	Etwas ins . . . ziehen.
schwarz:	Der Schütze traf ins . . .

→ **L 429**

430 *Schreib fünf ähnliche Sätze auf, in denen hauptwörtlich gebrauchte Eigenschaftswörter vorkommen!*

431 *Forme die Sätze so um, dass die Eigenschaftswörter als Nomen (Hauptwort) verwendet werden!*

Gerhard berichtet über Dinge, die erfreulich sind. Sie erzählt alles, was wissenswert ist. Was schön ist, werde ich euch zeigen. Der Vater berichtet auch von dem, was unangenehm war. Du hast sicher schon etwas erlebt, was ähn-

lich war. Sie hat etwas mitgebracht, was sehr hübsch ist. Ich will nur wissen, was neu an der Sache ist.
Schreib so: Gerhard berichtet über **E**rfreuliches. → **L 431**

Wende die folgenden Fügungen in Sätzen an: **432**

alles **G**ute wünschen, nichts **B**esonderes, etwas **N**eues, wenig **B**rauchbares, mehr **T**rauriges als **L**ustiges, viel **I**nteressantes, manches **U**nangenehme.

Nach den Wörtern etwas, viel, wenig, nichts, genug, alles, allerlei, manches, mancherlei, kein, mehr, nur sowie nach **aufs, ins, fürs, im, beim, vom** werden Eigenschaftswörter, Mittelwörter und einige Zahladjektive mit einem **großen Anfangsbuchstaben** geschrieben, denn es liegt ein hauptwörtlicher Gebrauch vor.

Beispiele:

jeder **B**eliebige, aufs **B**este, alles **G**ute, nichts **B**esonderes, kein **G**eringerer, nur **E**rfreuliches, wenig **B**rauchbares, etwas **N**eues, genug **S**chlechtes, mehr **L**ustiges als **T**rauriges, mancherlei **I**nteressantes, allerlei **S**chönes, viel **H**ässliches, manches **B**öse, aufs **G**enaueste, aufs **N**eue, bis ins **K**leinste, fürs **E**rste, im **E**inzelnen, im **G**uten, sein **M**öglichstes (tun), im **S**tillen, aus dem **V**ollen (schöpfen), beim **A**lten bleiben, vom **F**einsten, vom **H**undertsten ins **T**ausendste, alles **M**ögliche.

433 *Berichte, was man auf Reisen alles erleben kann! Verwende dazu Ausdrücke aus den zwei Kreisen! Schreib die Sätze dann nieder und begründe die Großschreibung!*

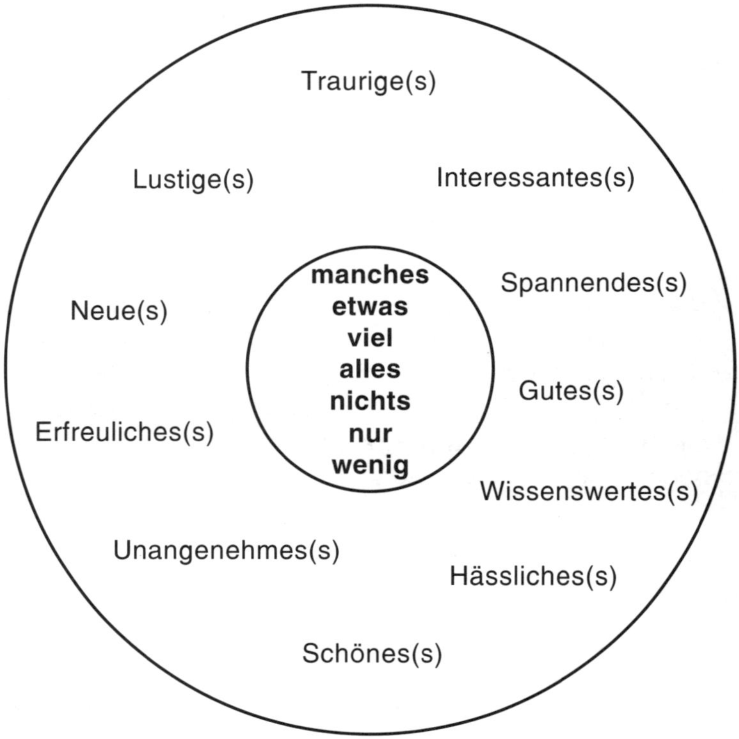

Beispiel:

Ich kann dir aus Italien viel **I**nteressantes berichten.

Forme die folgenden Sätze so um, dass die Eigenschaftswörter (Adjektive) hauptwörtlich gebraucht werden:

434 Etwas (ähnlich) habe ich noch nie erlebt. Daran ist etwas (wahr). Du bringst viel (gut). Karl konnte nur (unangenehm) berichten. Es gibt nichts (neu) unter der Sonne. Ich habe dir wenig (erfreulich) mitzuteilen. Der Mann hatte viel (wichtig) verschwiegen. Auf dem Markt sah man allerlei (lustig). *Beispiel:* Du bringst viel **G**utes. → **L 434**

Auch **als Teile von Eigennamen** werden Eigenschaftswörter, Mittelwörter und Zahladjektive **groß**geschrieben:
die **H**eilige Schrift, das **R**ote Kreuz, die **V**ereinten Nationen, das **S**chwarze Meer, die **Ö**sterreichischen Bundesbahnen, der **G**roße **Ö**sterreichische Staatspreis.

Wende die folgenden Eigennamen in Sätzen an: **435**

der **N**ahe Osten, der **Z**weite Weltkrieg, Josef der **Z**weite, Karl der **G**roße, Friedrich der **S**treitbare, Ludwig der **D**eutsche, die **D**eutsche Bundespost, die **Ö**sterreichischen Bundesbahnen, das **S**chwarze Meer. die **H**eilige Schrift, der **D**reißigjährige Krieg, das **R**ote Kreuz, die **V**ereinten Nationen, der **E**rste Staatsanwalt (Titel), die **P**ädagogische Akademie, die **B**ayerischen Alpen, der **St**ille Ozean, das **S**üdliche Eismeer, die **V**ereinigten Staaten, das **D**eutsche Reich, die Kirche **U**nserer **L**ieben Frau, das **W**eiße Haus, das **B**ürgerliche Gesetzbuch, der **H**eilige Abend, der **G**roße Wagen (Sternbild), die **J**üngere Steinzeit, das **E**rste **D**eutsche Fernsehen.

Mit einem großen Anfangsbuchstaben schreibt man auch **Orts- und Landschaftsnamen**, die von Eigennamen abgeleitet wurden. Solche Ableitungen enden zumeist auf **–er**.

Beispiele:

Tirol**er** Loden, **S**alzburg**er** Festspiele, **B**regenz**er** Wald

Klein schreibt man dagegen von Orts-, Länder- oder Landschaftsnamen abgeleitete Eigenschaftswörter auf **-isch**, sofern es sich nicht um Eigennamen handelt. Auch feste Verbindungen, die keine Eigennamen sind, werden **klein** geschrieben.

Beispiele:

italien**isch**e Zitronen, die **b**öhm**isch**e Landschaft, die **stei**r**isch**en Wälder, das **b**ayr**isch**e Bier (beachte aber den Eigennamen **B**ayer**isch**e Alpen), die **b**air**isch**e Mundart, der **h**olländ**isch**e Käse, das **n**eue Jahr, der **w**eiße Tod, das **s**chwarze Brett, die **g**oldene Hochzeit, die **e**rste Hilfe.

436 *Lies dir den folgenden Text zuerst aufmerksam durch und schreibe jene Wörter, die dir schwierig erscheinen, ab! Dann lass dir den Text ansagen!*

Die Schweiz

Trotz ihrer Sprachen- und Stammesverschiedenheit leben die Schweizer in einem Staat zusammen. Sie haben sich in den vergangenen Jahrhunderten aus den kriegerischen Auseinandersetzungen herausgehalten und sind bekannt für ihre Freiheitsliebe. Deshalb haben verschiedene internationale Organisationen dort ihren Sitz. Die bekannteste ist das Internationale Rote Kreuz. Ein Schweizer gründete es, um in Kriegs- und Notzeiten Verwundeten, Notleidenden und Kranken zu helfen. Sein Zeichen ähnelt der Schweizer Bundesflagge: rotes Kreuz auf weißem Feld. Genf war der Sitz des Völkerbundes, dessen Aufgaben heute von den Vereinten Nationen wahrgenommen werden. In Bern befindet sich das Internationale Büro des Weltpostvereins und das Internationale Arbeitsamt. Viele Ausländer kommen zu Tagungen nach Genf.

Vergleiche:

Der Fremde spricht **D**eutsch.	Der Fremde spricht **d**eutsch.
Er kann kein Wort **D**eutsch.	Er unterhält sich **f**ranzösisch.
Er unterhält sich in **F**ranzösisch.	Ich werde es auf **d**eutsch sagen.

WAS? die deutsche Sprache daher **Großschreibung!**	**WIE?** in deutscher Sprache, daher **Kleinschreibung!**

Bilde ähnliche Beispiele mit Italienisch, Spanisch, Russisch, Tschechisch! **437**

Versuche, die Schreibweise zu begründen: **438**

Das ist das **S**chönste, was ich je gesehen habe.	Am **s**chönsten (schön) wäre es, wenn du bleiben könntest.
Es ist das **B**este, was ich zu bieten habe.	Am **b**esten (gut) ist es, das Auto zu verkaufen.
Sie muss auf das **S**chlimmste gefasst sein.	Am **s**chlimmsten (schlimm) ist seine Mutlosigkeit.
Das ist das **K**lügste, was du tun konntest.	Am **k**lügsten (klug) wäre es, wenn du dich entschuldigst.
Er musste das **Ä**ußerste befürchten.	Er war aufs **ä**ußerste (sehr) erschrocken.
Das war das **G**eringste, was er tun konnte.	Sie war nicht im **g**eringsten (überhaupt nicht) überrascht.
↓	↓
WAS? **Großschreibung**	**WIE?** **Kleinschreibung**

- Eigenschaftswörter (Adjektive) auf der Höchststufe (im Superlativ) werden dann **groß**geschrieben, wenn ein hauptwörtlicher Gebrauch vorliegt. Man erkennt dies am Artikel. Dann antworten sie auf die **Frage „Was?“** bzw. **„Wer?“**.
- Eigenschaftswörter werden jedoch auch auf der Höchststufe **klein**geschrieben, wenn sie auf die **Frage „Wie?“** antworten und gegen eine andere Form des Eigenschaftswortes oder ein Umstandswort ausgetauscht werden können.

439 *Schreib ab und begründe die Schreibweise der folgenden Sätze und Redewendungen, indem du mit „Wie?“ oder „Was?“ bzw. „Wer?“ fragst:*

Eine Dame in **S**chwarz. – Meine liebste Farbe ist ein helles **B**lau. – Das **U**nterste zu **o**berst kehren. – Der **S**tarke soll nie den **S**chwachen verachten. – Der **K**lügere gibt nach. – Auf das **Ä**ußerste gefasst sein. – Sich **ä**ußerst anstrengen. – Ein **We**iteres findet sich bald. Der Stift schreibt am **f**einsten. Kleider braucht sie am **n**ötigsten. Es fehlt am **N**ötigsten.

440 *Groß oder klein? Schreib ab und unterscheide:*

Eine Fahrt ins (b)laue unternehmen. Der Feinschmecker isst gerne (w)estfälischen Schinken, (w)iener Schnitzel, (s)alzburger Nockerln und (k)ieler Sprotten. Jedesmal, wenn ein Auto vorbeikam, wurde ich von der (h)elle geblendet. Selbst das (g)ewohnte und (b)ekannte kam mir seltsam vor. Wir waren auf das (s)chlimmste gefasst. Da kam er gewiss an den (r)ichtigen. Der (e)rste Staatsanwalt teilte ihm alles (w)esentliche mit. Josef der (z)weite war der Sohn Maria Theresias. Mann soll nicht alles ins (l)ächerliche ziehen. Die (b)elgischen Kohlengruben beschäftigen viele (f)leißige Arbeiter. Ich habe nichts (b)esonderes vor. Viel (e)rfreuliches war zu hören. → **L 440**

441 *Schreib die folgenden Sätze ab und entscheide, ob ein großer oder ein kleiner Anfangsbuchstabe stehen muss!*

Bei der Tat war er auf das (h)öchste erregt. Sie hat auf das (t)euerste verzeichtet. Das alles geschieht zum (b)esten der Armen. Es ist das (b)este, wenn er jetzt geht. Wir müssen auf das (ä)ußerste gefasst sein. Es war das (k)lügste, was er in dieser Lage tun konnte. Das ist das (d)ümmste, was passieren konnte. Es ist das (b)este, den Unfall gleich zu melden. Es kann der (f)römmste nicht in Frieden leben, wenn es dem bösen Nachbarn nicht gefällt. Es wäre das (k)lügste, wenn du dich entschuldigst. Das (s)chlimmste hat er überstanden. → **L 441**

Unterstreiche in dem folgenden Text die hauptwörtlich gebrauchten Eigenschaftswörter; dann lass dir den Text ansagen! **442**

Mein Freund war ein Jäger und wusste seinen Zuhörern immer das **U**nwahrscheinlichste aufzutischen. Einmal führte er uns im Geiste auf die Wildschweinjagd. Er erzählte: „Es war das **S**checklichste, was ich je erlebt hatte. Ich wollte gerade mein Netz aus der Tasche ziehen, um einen der sich im Schlamm suhlenden Frischlinge zu fangen. Plötzlich stürmte der Eber heran. Das **D**ümmste, was passieren konnte, trat ein: Das heranbrausende Tier streifte mein an einen Baum gelehntes Gewehr, sodass* es in den Morast fiel. Jetzt glaubte ich mich verloren. Ich rannte wie noch nie in meinem Leben, das Untier hinter mir her. Ein herabhängender Ast einer Eiche kam mir zu Hilfe. Schnell ergriff ich ihn, schwang mich hoch und erkletterte den Baum. Das war das **K**lügste, was ich in meiner Lage hatte tun können. Nun fiel mir das Netz mit der Fangleine in meiner Tasche ein. Sofort ließ ich es herab, und siehe da, der Eber verwickelte sich in die Maschen und konnte sich nicht mehr befreien. Das **S**chlimmste war überstanden. Ich stieg vom Baum herab, tötete den Eber und brachte ihn als Jagdbeute nach Hause.

(Nach Martin Ibler)

* In Deutschland immer getrennt: so dass

Wenn das Eigenschaftswort (Adjektiv) als Beifügung (Attribut) vor einem Hauptwort (Nomen) steht oder wenn das Hauptwort ergänzt werden kann, schreibt man es **klein**. Der Artikel bezieht sich auf das Hauptwort.

Sie war die **b**este meiner Schülerinnen. Die Männer betraten den Raum; der **e**rste (Mann) trug einen Anzug, der **z**weite (Mann) Jeans. Alte Schuhe sind meist bequemer als **n**eue (Schuhe). Vor dem Haus spielten viele Kinder, die **g**rößeren am Klettergerüst, die **k**leineren im Sandkasten.

Großschreibung von hauptwörtlich gebrauchten Fürwörtern (Pronomen) ○

In Briefen, Aufrufen und auf Fragebögen müssen die **Fürwörter der Anrede und die entsprechenden besitzanzeigenden Fürwörter**, soweit sie die dritte Person betreffen, mit einem **großen Anfangsbuchstaben** geschrieben werden:

Sie, Ihnen, Ihr, Ihrer, Ihren, Ihrem, Ihrerseits, Ihretwegen.

*Die Fürwörter **du, dir, dich, ihr, dein, euer, euch, eure** werden auch in Briefen jedoch **klein**geschrieben.*

443 *Schreib die folgenden Sätze aus Briefen ab und entscheide, welche Wörter groß geschrieben werden müssen:*

(i)hrem Wunsch entsprechend teile (i)ch (i)hnen mit, dass (w)ir (i)hr Ansuchen bereits weitergeleitet haben. Ich hoffe, dass (s)ie in der Lage sein werden (m)einer Bitte nachzukommen. Ich beziehe (m)ich auf (i)hr Schreiben vom 17. März und teile (i)hnen mit, dass (i)ch gern bereit bin, (i)hren Vorschlägen zu folgen.
Wie geht es (d)ir? Es grüßt (d)ich (d)ein Freund Fritz.
Wie (s)ie aus dem beiliegenden Gutachten ersehen, sind die Dachträger keineswegs zu schwach.
Wenn (i)hr (e)uch nur entschließen könntet, zu (u)ns zu kommen!
Ich werde (m)ich bemühen, (i)hre Zufriedenheit zu erwerben.
Ich beziehe mich auf (i)hre Anzeige in der Tageszeitung. Sollten (s)ie sich entschließen, (m)ich als Lehrling einzustellen, werde (i)ch es (i)hnen durch Fleiß, Gehorsam und Gewissenhaftigkeit zu danken wissen. → **L 443**

Lies den nachstehenden Brief des österreichischen Dichters Anton Wildgans an seinen Sohn aufmerksam durch und unterstreiche die Fürwörter der Anrede: **444**

Mönichkirchen, 20. Oktober 1925

Mein liebes Bürschchen!

Ich danke dir für deinen schönen und klaren Brief, der mir viel Freude gemacht und Aufschluss gegeben hat. Du siehst also wieder einmal ein, dass du dich ohne Grund vor Französisch und Physik gefürchtet hast. Die Umrechnerei von Celsius in Reaumur usw. ist kein Hexenstück, sondern eine rein mechanische Sache. Auch das Klavierspiel, das dir so viel Entsetzen eingejagt hat, macht dir nun Freude, und das ist auch gut und notwendig so, da ein jeder guter Musiker die Beherrschung des Klaviers benötigt, ob er nun Komponist wird oder Orgelspieler oder Kapellmeister oder auch nur ein tüchtiger Dilettant[1]. Musik ist die reinste und schönste Freude, die der Mensch im Leben hat. Die gute Beherrschung von Instrumenten ist eine große Anempfehlung für einen jungen Menschen im späteren Daseinskampf und in der menschlichen Gesellschaft, ohne die wir ja nicht leben und nichts erreichen können. Besonders aber ist die Musik, wie gesagt, eine Freude und eine Freundin, die einem immer treu bleibt, während alle anderen Freuden mehr oder weniger vergänglich sind und einen im Alter verlassen. Wieviel Freude und Bildung hast du jetzt schon dadurch, dass du im Quartett[2] mitspielst, ja sogar in einem Quartett die erste Geige spielst! Also sei schön fleißig bei Professor Feist und Direktor Gruber, solange es uns allen noch so gut geht, dass dieser Unterricht bezahlt werden kann. Wir stehen alle in Gottes Hand und können uns für die Zukunft nicht verbürgen.

Da du nach meiner Arbeit fragst, so sage ich dir, dass ich sehr fleißig dabei bin und hoffe, mit einem guten Stück geleisteter Arbeit nach Mödling zurückzukommen. Freilich werde ich in diesem Winter sehr dabeibleiben müssen, um das neue Buch vor dem Sommer fertigzustellen und in den Druck geben zu können, damit es im nächsten Herbst er-

scheine. Ich wünsche nur, dass wir alle gesund bleiben, damit ich durch nichts gestört werde. Gib daher auch du auf deine Gesundheit acht!
Ich freue mich schon sehr, euch alle bald wiederzusehen. Das wird spätestens am 6. November sein. Am 7. Nachmittag wird an dem Hause, wo Tante Marianne Schmedes wohnt, über meinen Antrag eine Grillparzer-Gedenktafel feierlich enthüllt werden, deren Inschrift ich verfasst habe. Am 8. Vormittag ist eine festliche Aufführung der neunten Symphonie, wo Dr. Riemerschmied einen gleichfalls von mir verfassten Prolog[3] sprechen wird. Zu dieser Aufführung werden wir, die Mutter, du und ich, gehen. Die Mutter soll schon heute Vorkehrungen treffen, dass sie an diesem Vormittag frei ist. Das lasse ich ihr mit vielen Grüßen sagen.
Dich küsse ich und umarme dich als dein

Vater

[1] Kunstliebhaber, Laie
[2] Musikstück für vier Instrumente, vier zusammenspielende Musiker
[3] Vorrede

Wenn die **direkte Rede** schriftlich wiedergegeben wird, muss nur das Anredefürwort **„Sie“** mit den dazugehörigen Beugungsformen und den entsprechenden besitzanzeigenden Fürwörtern **mit einem großen Anfangsbuchstaben** geschrieben werden.

Die Fürwörter **d**u, **d**ir, **d**ich, **e**uch usw. werden in der direkten Rede ebenfalls **klein**geschrieben.

Beispiele:

„Welche Zigarettensorte rauchen **S**ie?“, fragte der Verkäufer. – „Ich werden **I**hnen einige Muster vorlegen.“ – „Hier ist **I**hr Schirm.“ – „Ich habe **I**hretwegen den Zug versäumt“, bemerkte Frau Gruber.

Aber: **445**

„Willst **d**u **d**ich nicht setzen?“, fragte Grete. – „Sind das **d**eine Schwestern?“ – „Habt **i**hr **e**ure Aufgaben gemacht?“, erkundigte sich der Lehrer.

Lass dir den folgenden Gratulationsbrief ansagen und beachte die Großschreibung der Fürwörter (Pronomen) der Anrede!

Sehr geehrte Frau Beck!
Sehr geehrter Herr Beck!

Zu **I**hrer Vermählung möchten wir **I**hnen ganz herzlich gratulieren.
Wir wünschen **I**hnen alles Gute für **I**hren Lebensweg und sind überzeugt, dass **S**ie in der Ehe das erwartete Glück finden werden.
Möge gegenseitiges Vertrauen, Achtung und Liebe **S**ie immer begleiten, in guten wie in schlechten Tagen!

Erika Sommer
Hans Sommer

Auch andere Fürwörter werden großgeschrieben, wenn sie hauptwörtlich gebraucht werden.

Beispiele:

Jedem das **S**eine! – Dieser **N**iemand! – Ich muss erst die **M**einen verständigen. – Er denkt nur an das liebe **I**ch. – Wo sind die **U**nsern? (die Angehörigen) – Zwischen dem **M**ein und dem **D**ein musst du fein unterscheiden!

446 *Lass dir den folgenden Schüleraufsatz ansagen und vergleiche anschließend mit dem Text im Buch:*

Ein Theaterbesuch

Eines Tages kam meine Mutter nach Hause und fragte: „Möchtest du mit mir ins Theater gehen? Ich habe Theaterkarten.“ Ich war selbstverständlich einverstanden. Es wurde das Stück „Der Lügner“ im Neuen Schauspielhaus gespielt. Wie freute ich mich! Es war das erste Schauspiel, das ich sehen sollte. Früher durfte ich mir immer nur Märchen ansehen. Ich konnte den Tag der Vorstellung gar nicht erwarten, doch endlich war er da. Die Vorstellung sollte um drei Uhr anfangen, aber ich wollte schon um ein Uhr mit dem Anziehen beginnen.

Nun waren wir endlich so weit und traten den Weg an. Ich drängte meine Mutter, sie solle ein bisschen schneller gehen. Doch sie sagte: „Es nützt dir ja nichts, die Schauspieler fangen deinetwegen nicht früher an.“ Nun hatten wir das Neue Schauspielhaus erreicht. Der Billeteur* fragte: „Darf ich Ihre Karte sehen?“ Dann wies er uns die Plätze an: Balkon, 1. Reihe, Mitte. Da sahen wir wirklich sehr gut. Meine Mutter und ich schauten hinunter. Die Musiker stimmten die Instrumente, die großen Luster brannten, es war sehr feierlich.

Da trat ein Schauspieler vor den Vorhang und sagte: „Bitte gedulden Sie sich noch ein wenig. Der Hauptdarsteller ist erkrankt und sein Ersatzmann ist noch nicht eingetroffen.“ Endlich fing das Spiel doch an. Es war eine wunderbare Ausstattung. Alles schimmerte und glitzerte. An den Inhalt des Theaterstückes kann ich mich aber nicht mehr genau erinnern, denn ich verstand es mit meinen neun Jahren noch nicht richtig. Doch diesen ersten Theaterbesuch werde ich nie vergessen, er war für mich eine große Geduldprobe.

(Hermine, 12 Jahre)

* Platzanweiser

Großschreibung von Zahladjektiven und anderen Wortarten bei hauptwörtlichem Gebrauch ⊗

Auch **Zahladjektive, Umstandswörter, Bindewörter, Vorwörter** und **Empfindungswörter** werden mit einem **großen Anfangsbuchstaben** geschrieben, wenn sie **hauptwörtlich** gebraucht werden.

Schreib die folgenden Zahladjektive ab und wende sie in sinnvollen Sätzen an! **447**

Tausende[1] waren anwesend, **T**ausende und **A**bertausende[1], der Verlust geht in die **T**ausende, **H**underte[1] von Menschen, zu **H**underten[1] kommen, der **E**rste (= Beste) der Klasse, der **E**rste (**L**etzte) des Monats, das zweite **D**utzend, vier vom **H**undert, vom **H**undertsten ins **T**ausendste kommen, das **D**reifache der Zahl, die (Zahl, Ziffer) **A**cht (der **A**chter), einen **H**underter wechseln lassen, der **D**ritte im Bunde, Friedrich der **Z**weite (Friedrich II.), der **L**etzte Wille (= Testament), der **L**etzte seines Stammes, ein **V**ielfaches, ein **D**rittel, ein Mann in den **V**ierzigerjahren (über 40 Jahre alt); fürs **E**rste, das **E**inzige, die **D**rittletzte.

Schreib ab und entscheide, ob die eingeklammerten Buchstaben klein oder groß geschrieben werden müssen: **448**

Josef der (z)weite war der Sohn der Kaiserin Maria Theresia. Aller guten Dinge sind (d)rei. Er ist eine reine (n)ull. Alles ist (n)ull und (n)ichtig. Die (e)rsten werden die (l)etzten sein. Das bedenkt der (h)undertste nicht. Wer das (w)enig nicht achtet, kommt nie zum (v)iel. Nur ein (v)iertel der Summe wurde tatsächlich bezahlt. Lass den (t)ausender wechseln! Beim Zahnarzt kam er als (d)ritter an die Reihe. Der (a)chtfache Betrag konnte eingenommen werden. Er hat in Latein einen (v)ierer (in Deutschland: eine [v]ier). → **L 448**

[1] Die Zahlwörter Tausende, Abertausende, Hunderte dürfen auch kleingeschrieben werden.

449 *Wende die folgenden Wörter in sinnvollen Sätzen schriftlich an:*

im **E**inzelnen, im **B**esonderen, etwas **A**nderes, das **G**leiche, der **N**ämliche, im **A**llgemeinen, im **V**oraus, im **W**esentlichen, im **N**achhinein, des **W**eiteren, jeder **B**eliebige, **V**erschiedenes, des **Ö**fteren, gestern **A**bend, sich in **A**cht nehmen, **A**cht geben, das **F**ür und **W**ieder, ein immerwährendes **H**in und **H**er, das **U**m und **A**uf, im **N**u verschwinden, mit einem **J**a antworten, auf das **W**ie kommt es an, kein **W**enn und **A**ber, mit **A**ch und **K**rach, ein leises **P**st, ein freudiges **O**h.

450 *Wie müssen die eingeklammerten Buchstaben geschrieben werden – groß oder klein? Löse die Aufgabe schriftlich!*

Mit allem (d)rum und (d)ran hat mich die Wohnung einige (h)underttausend Schilling gekostet. Man fragte ihn gleich nach dem (w)oher und (w)ohin. Das Leben ist ein ewiges (a)uf und (a)b. Du musst mit einem deutlichen (n)ein antworten und darfst auf keinen Fall (j)a sagen! Nach dem Krieg standen alle vor dem (n)ichts. Sie war eine Frau in den (v)ierzigern. Ich will mir nur ein (p)aar Schuhe kaufen. Ein anderes (m)al bist du an der Reihe. Um (p)unkt vier klopfte es an die Tür. → **L 450**

451 *Lass dir die folgenden Sätze ansagen und vergleiche mit dem Text im Buch:*

Er denkt nur an das eigene **I**ch. Auch die **N**ull hat im Stellenwert eine Bedeutung. Man muss das **F**ür und **W**ider überlegen. Du findest immer ein **W**enn und **A**ber. Der Gastgeber bietet seinem Gast das „**D**u“ an. Jedem das **S**eine. Der **S**iebener (die Sieben) ist meine Glückszahl. Am **E**rsten bekommt er wieder Geld. Es waren **T**ausende und **A**bertausende von Menschen anwesend. Du bist der **D**ritte im Bunde. Auf das **W**ie kommt es an. Das Reh war im **N**u verschwunden. Du musst immer nach dem **W**arum fragen. Ein **D**rittel der Schüler war erkrankt. Das ganze **U**m und **A**uf ist mir zuwider. Auf die Schularbeit hat sie einen **V**ierer (eine **V**ier) bekommen.

- Einzelne **Buchstaben** werden im Allgemeinen **groß**geschrieben; meint man aber den Kleinbuchstaben, wie er im Schriftbild (Wort) vorkommt, dann schreibt man **klein**.
- Der einzelne **Laut** wird zumeist **klein**geschrieben (der Laut a), in Zusammensetzungen und Verbindungen mit Beifügung jedoch groß (das Zungen-R).

Beispiele:

Großschreibung		**Kleinschreibung**
die **O**–Beine		
das **T**–Eisen		
das **V**–Tal		
die 3. **A**–Klasse	oder	die 3. **a**–Klasse
das **B** im Wort **B**erg		das **r** im Wort Be**r**g
das Zungen-**R**		das stumme **h**
das **A** und das **O**		
von **A** bis **Z**		
das **A-Dur**–Konzert		die **a-Moll**–Sinfonie (Symphonie)
eine Arie in **G**–Dur		eine Arie in **g**–Moll
kein **X** für ein **U** vormachen		
das **A**		der Laut **a**

Wie spät ist es? Merke dir die Schreibweise der Uhrzeit und bilde ähnliche Sätze! **452**

Es ist **e**ins (**e**in Uhr). Um **f**ünf (Uhr) aufstehen. Es ist sechs Minuten vor **d**rei **V**iertel **s**ieben. Es ist **v**iertel **n**eun, ein **V**iertel nach acht. Der Zug fährt um **h**alb **a**cht ab. Ich komme um zwanzig Uhr auf dem Flughafen Wien-Schwechat an. Das Rennen wird in Linz um 14.15 Uhr (gesprochen: vierzehn Uhr fünfzehn) gestartet. Sie wird eine dreiviertel Stunde fahren. Um Punkt zwölf wird gegessen. In einer **V**iertelstunde hat er es geschafft. Es ist **h**alb **d**rei. Es ist Schlag sechs Uhr.

453 *Schreib ab und ergänze den richtigen Anfangsbuchstaben:*

Muss es Streit geben?
Man muss (a)nderen manchmal die (m)einung sagen. Aber man muss sich auch die (m)einung (a)nderer anhören, überdenken und sie gelten lassen. Konflikte kann man wahrscheinlich nicht vermeiden, aber die (d)ümmste und (u)nmenschlichste (a)rt, sie auszutragen, ist die mit (g)ewalt, mit (m)ord, mit (k)rieg.
Gewalt löst keine (k)onflikte, sie bringt vielmehr immer (n)eue hervor. Das lehrt uns die Weltgeschichte, und das lernen wir jeden Tag aus den Zeitungsberichten von den (u)nruheherden dieser Welt.
Gewalt erzeugt wieder Gewalt. Auf die Pflastersteine der (d)emonstranten antworten die Gummiknüttel der Polizei – und umgekehrt. Und in der (h)itze des Gefechts fragt bald niemand mehr nach (s)chuld und (u)nschuld. Schuld ist die Gewalt. Wir müssen alle mithelfen, diese Welt zu verbessern. Aber man kann sie nicht verbessern durch Mord und Totschlag.
Das müssen wir lernen: (k)onflikte wird es immer geben, Streit wird immer sein, denn diese Welt bleibt nicht (s)tille stehen, sie verändert sich ständig.
Die Politiker beginnen zu begreifen, dass (r)eden besser ist als (s)chießen. Und wenn (v)erhandeln noch so mühsam ist und noch so wenig Hoffnung mit sich bringt, Gewalt und Hass dürfen die Welt nicht beherrschen. Aus Fäusten müssen offene Hände werden. → **L 453**

Lass dir den folgenden Text ansagen und vergleiche anschließend mit dem Buch! 454

Teamwork

In unserer Sprache wird das Wort **„Teamwork“** immer gebräuchlicher. Es stammt aus dem **E**nglischen und bedeutet „Mannschaftsleistung“, „Gemeinschaftsarbeit“. Dabei klingt mit, dass sich in einem **„Team“**, einer Arbeitsgruppe, alles mehr von selbst einspielt. Wer die **L**eitung hat, ist kaum zu erkennen, seine **A**nordnungen sind nicht zu hören. Ein **Team** kann mit einem **Orchester** verglichen werden, das zwar ohne **Dirigenten**, aber dennoch gekonnt spielt. Sowenig wie in einem Orchester jeder jedes **Instrument** spielen kann, sowenig beherrscht in einem modernen **Industriebetrieb** jeder jeden Arbeitsgang. Deshalb ist es für jeden wichtig, dass er sich an seinem Platz mit seiner Teilaufgabe sinnvoll und zuverlässig in das **G**anze einfügt.

Kleinschreibung von Umstandswörtern, die von Hauptwörtern abgeleitet wurden ⊗

Von Hauptwörtern (Nomen) abgeleitete **Umstandswörter** (Adverbien) schreibt man mit einem **kleinen** Anfangsbuchstaben.
Vor diesen Wörtern kann **kein Artikel** stehen.

Beispiele:

morgens, **a**bends, **m**ittags, **a**nfangs, **s**onntags, **t**ags zuvor, bis **m**orgen, von **k**lein auf, über **k**urz oder **l**ang, von **n**ah und **f**ern, **s**chlechterdings, **w**illens sein, **a**ngesichts, **m**angels, **m**ittels, **n**amens, **s**eitens, **f**alls, **d**ank (seiner

Hilfe), **k**raft (des Gesetzes), **z**eit (seines Lebens), statt, trotz, von **n**euem, von **w**eitem, bis auf **w**eiteres, seit **l**angem.

455 *Verwende die Umstandswörter der linken Spalte in sinnvollen Sätzen!*

456 *Schreib die folgenden Fügungen ab und ergänze zwischen Klammern die Hauptwörter (Nomen), von denen die Umstandswörter (Adverbien) abgeleitet wurden:*

laut Erlass (der **L**aut), **t**rotz des Regens (der **T**rotz), **z**eit seines Lebens (die **Z**eit), **d**ank seiner Kenntnisse, **i**nfolge der Erkrankung, **m**ittels eines Hammers, **a**ngesichts der Tatsache, **m**angels an Aufträgen, **k**raft seiner Stellung, **n**amens des Gesetzes, **l**ängs der Straße, **s**eitens der Erben, **z**ufolge des Unfalls.

Beachte besonders die Schreibweise des Wortes **„Mal"**!

- Man schreibt **Mal(e)** (groß und von anderen Wörtern getrennt), wenn das Wort **M**al(e) besonders betont wird und ein Artikel davor gestellt werden kann.
- Man schreibt **–mal** (klein und zusammen), wenn es mit einem anderen Wort zusammengesetzt ist.

Beispiele:

das erste **M**al	–	**e**rstmals, **e**inmal
mehrere **M**ale	–	**m**ehrmals
dieses **M**al	–	**d**iesmal
manches **M**al	–	**m**anchmal, hin und wieder

ein anderes **M**al	–	ein **a**ndermal
zum letzten **M**al(e)	–	**l**etztmals
viele **M**ale	–	**v**ielmals
zu wiederholten **M**alen	–	**a**llemal, **o**ftmals
ein paar **M**al(e)	–	ein paarmal
Dutzende **M**ale	–	ein **d**utzendmal

Wende die Beispiele in Sätzen an! **457**

Leite von den nachstehenden Hauptwörtern (Nomen) Umstandswörter (Adverbien) ab und beachte die Kleinschreibung: **458**

in gleichem Maße (gleichermaßen), im anderen Falle, den Berg hinauf, über viele (lange) Stunden, auf alle Fälle, über viele (lange) Wochen, nach Norden zu, den Strom hinauf, bei Tage, eine Hand breit, eine Meile weit, nach der Erfahrung, zum Heim hin, dem Sinne gemäß, als Eingang, im Anfang, bei Nacht, mit dem Kopf voran, ohne Zweifel. → **L 458**

Groß oder klein? Schreib ab und entscheide, wie die eingeklammerten Buchstaben zu schreiben sind: **459**

Der Dieb sagt (w)ahrheitsgemäß aus. Der Richter verurteilt den Täter (k)raft des Gesetzes. Die Sirene ertönte (p)unkt zwölf Uhr. Seid stets (w)illens, das (r)echt anzuerkennen. Mancher möchte sich (s)onntags zerreißen, weil er (w)ochentags gefeiert hat. Am (m)ittwoch (n)achmittag fällt der Unterricht aus. Der Bauer liefert Getreide, (s)tatt bar zu bezahlen. Sie gingen (t)rotz des starken Regens zur Kirche. Der Unglückliche wird (z)eit seines Lebens daran denken. In den Alpen ist es von (a)lters her Brauch, zu Ostern Böller abzuschießen. Des (n)achts kommen die Ratten aus ihren Verstecken. Von (f)rüh bis (s)pät zu arbeiten, das hat noch keinem geschadet. Grete hat sich ein (p)aar Schischuhe gekauft. Der Vater kam erst um zehn Uhr (a)bends. Am (d)ienstag (f)rüh beginnt der Kurs. Erwin wird erst (m)orgen (m)ittag heimkehren. Sie tat in (b)ezug auf ihre kranke Schwester nicht viel. → **L 459**

Kleinschreibung von Hauptwörtern in festen Verbindungen mit Zeitwörtern △

Auch **in festen Verbindungen mit Zeitwörtern** (Verben) oder als Bestimmungswort in zusammengesetzten Zeitwörtern werden **Hauptwörter** (Nomen) mit einem **kleinen Anfangsbuchstaben** geschrieben.

460 *Schreib die folgenden Beispiele ab und wende sie in Sätzen an:*

Es ist **s**chade. Mir ist **a**ngst und **b**ange. Ich bin es **l**eid. Er tut **r**echt, wenn er dieses Angebot ablehnt. Das ist nicht **r**echt (richtig) von ihm. Du bist **s**chuld. Er ist mir **g**ram (böse). Ich bin nicht **w**illens, das zu dulden. Er hält nicht **s**tand (standhalten). Sie gibt das Geheimnis nicht **p**reis (preisgeben). Er nimmt an der Sitzung nicht **t**eil (teilnehmen). Die Firma ist **p**leite. Das nimmt mich **w**under.

461 *Beachte die richtige Schreibweise von „Recht" (recht) und wende die folgenden Beispiele schriftlich in Sätzen an:*

das **R**echt	so ist es **r**echt
mit **R**echt	er tut **r**echt

von **R**echts wegen	es ist nicht **r**echt (richtig, dass . . .)
Recht erhalten	**z**urecht bestehen
Recht haben	es ist **r**echt und billig
im **R**echt sein	jetzt erst **r**echt
du bist mir der **R**echte	sich **r**echt (richtig) verhalten
Recht behalten	etwas für **r**echtens (richtig) erachten

Die eingeklammerten Buchstaben sind richtig zu ergänzen: **462**

Du musst dich beim Überqueren der Straße sehr in (a)cht nehmen. Ein (p)aar Leute waren gegenteiliger Meinung. Er ist mir (f)eind. Den Armen rasch zu helfen tut (n)ot. An dem Verkehrsunfall ist der Fahrer des Lastkraftwagens (s)chuld. Auf diesen (d)ank kann er verzichten. Leg um (h)immels (w)illen die Waffe weg! Der Hausbesitzer wird auf seinem (r)echt bestehen. → **L 462**

Wende die folgenden festen Verbindungen von Hauptwörtern (Nomen) mit Zeitwörtern (Verben) in sinnvollen Sätzen an! **463**

Sich etwas **z**unutze (zu **N**utze) machen, sich nichts **z**uschulden (zu **S**chulden) kommen lassen, sich **z**ugrunde (zu **G**runde) richten, etwas **i**nstandsetzen (in **S**tand setzen), die Maschine **i**nstand (in **S**tand) halten, es nimmt mich **w**under (**w**undernehmen), **ü**berhand nehmen (es nimmt **ü**berhand), **z**uleide tun (zu **L**eide), **z**ustande (zu **S**tande) kommen, **z**unichte machen, **a**ußerstande (außer **S**tande) sein, **z**umute (zu **M**ute) sein, **v**onnöten sein, **z**utage (zu **T**age) treten, **z**uwege (zu **W**ege) bringen, **z**ugute halten, **v**onstatten gehen, **d**anksagen (**D**ank sagen).

Lass dir die folgenden Sätze diktieren und vergleiche mit dem Buch! **464**

Bei Dunkelheit wird mir **a**ngst und **b**ange. – Hans ist mir **g**ram. – Es tut ihm **L**eid, den Teller zerbrochen zu haben. – Dem armen Tier soll kein **L**eid geschehen. – Seine Worte sind nicht **e**rnst zu nehmen. – Rasche Hilfe tut **N**ot. – Der Arbeiter hat die nötige Umsicht außer **A**cht gelassen, daher ist er an dem Unfall selbst **s**chuld. – Es ist **s**chade, dass wir die Auktion versäumt haben. – Emma kann ausgezeichnet **R**ad fahren, sie fährt jedoch schlecht **A**uto. – Es nimmt mich **w**under (wundert mich), dass er noch nicht hier ist. – Der Neid fügt sich selbst nur **L**eid zu. – Wir wollen keinem **U**nrecht tun. – Bei der Untersuchung sind viele neue Einzelheiten **z**utage (zu **T**age) getreten. – Die Mauer hielt nicht **s**tand, als das Auto sie gestern **A**bend rammte. – Dein Auto muss schleunigst **i**nstand (in **S**tand) gesetzt werden. – Die schlechte Nachricht hat alle seine Hoffnungen **z**unichte gemacht. – Als man ihm auf sein **K**lopfen nicht öffnete, schlug er **k**urzerhand ein Fenster ein. – Es liegt auf der **H**and (ist klar), dass er bei der Prüfung durchfallen wird. – Anhand der Karte konnte er sich rasch **z**urechtfinden. – Gib doch **A**cht!

Kleinschreibung von Fürwörtern und Zahladjektiven trotz vorangestelltem Artikel △

Die folgenden Wörter schreibt man **klein**, obwohl sie die Merkmale hauptwörtlichen Gebrauchs ausweisen:

die **v**ielen, das **w**enige, das **m**eiste, der **e**ine, der **an**dere, die **b**eiden, ein **j**eder.

Auch Ableitungen und Vergleichsformen dieser Wörter werden klein geschrieben:

viele, in **v**ielem, die **m**eisten, am **m**eisten, nur **w**enige, um **w**eniges, das **w**enige, das **w**enigste, die **w**enigen, alles **a**ndere, unter **a**nderem, **b**eide, die **z**wei, diese **d**rei, an die **z**wanzig, **m**ancher, **m**anches, **j**eder, ein **j**eder.

Angewandte Beispiele:

In diesem Wald hat sich schon **m**ancher verirrt. – Wenn **e**iner eine Reise tut, kann er was erzählen. Das muss **j**eder für sich entscheiden. Man sollte mit den **b**eiden reden. – Zum Erfolg trugen auch die **v**ielen bei, die ohne Entgelt mitgearbeitet haben. – Nach dem Brand war nur noch **w**eniges zu gebrauchen. – Sie hat das **w**enige, was noch da war, in eine Kiste gegeben. – Die **m**eisten haben den Film schon gesehen. Die **e**inen kommen, die **a**nderen gehen. Alles **a**ndere erzähle ich dir später. Sie hat noch **a**nderes zu tun.

Diese **d**rei kommen mir bekannt vor. Wir **f**ünf gehören zusammen. Der Abschnitt **s**ieben fehlt im Text. – Ein Mensch über **s**iebzig schätzt die Gesundheit besonders. – Es kamen viele **t**ausende / **T**ausende Zuschauer. Mehrere tausend / **T**ausende Menschen füllten das Stadium. Der Fall war **a**ngesichts **d**utzender / **D**utzender Zeugen klar.

Bilde ähnliche Sätze! **465**

Lass dir den folgenden Text ansagen: **466**

Bericht der Betriebsführung

Im abgelaufenen Geschäftsjahr konnte der Umsatz um ein **B**eträchtliches gesteigert werden. Die Verkaufspreise brauchten im Vergleich zu den Vorjahren nicht um ein **G**eringes erhöht werden. Durch fördernde Maßnahmen **s**eitens der Regierung konnten die Preise stabil gehalten werden, sodass es ein **L**eichtes war, die Erzeugung zu erhöhen.
Die Betriebsführung hielt es für das **R**ichtige, sich auf diese Weise der Konjunkturlage anzupassen. Des **W**eiteren beschloss sie, den Großteil der Arbeitnehmer nicht zu entlassen. Für manche war es allerdings das **B**este, sich umschulen zu lassen. Darüber hinaus konnten 100 Arbeiter aufs **N**eue eingestellt werden, sodass im Betriebsjahr rund 1800 Personen beschäftigt waren.

467 *Schreib ab und wende die Fügungen in sinnvollen Sätzen an:*

des **Ö**fteren (oft); binnen **k**urzem (schnell); bis ins **k**leinste (sehr eingehend); auf dem **L**aufenden bleiben; auf dem **T**rockenen sitzen (nicht weiter wissen); nicht im **M**indesten, nicht im **G**eringsten (überhaupt nicht); im **G**roßen einkaufen; etwas ins **G**leiche bringen; den Aufsatz ins **R**eine schreiben; jemanden zum **B**esten haben (necken); das gefällt mir am **b**esten (besser als alles andere, aber: es fehlt mir am **Be**sten); fürs **N**ächste (zunächst); im **G**uten sagen; im **A**rgen liegen; im **D**unkeln tappen (sich nicht auskennen); im **D**unkeln (in der Finsternis) den Lichtschalter suchen; im **S**tillen, im **G**eheimen denken; im **W**esentlichen Recht behalten; sich über etwas im **K**laren sein. Der **N**ächste bitte!

468 *Erkläre die folgenden Redewendungen und wende sie in Sätzen schriftlich an!*

Den **K**ürzeren ziehen, auf dem **L**aufenden bleiben, mit jemandem ins **R**eine kommen, im **A**rgen liegen, im **S**tillen, etwas im **G**uten sagen, im **D**unkeln tappen, etwas des **L**angen und **B**reiten erklären, im **G**roßen einkaufen, im **W**esentlichen **R**echt haben, von **n**euem anfangen, im **T**rüben fischen, sich im **G**eheimen denken.

469 *Groß oder klein? Ergänze die Anfangsbuchstaben!*
Ich bin im (e)inzelnen mit deinen Vorschlägen einverstanden. Bei (a)rm und (r)eich, bei (g)roß und (k)lein muss stets das (g)anze in Ordnung sein. Gott weiß am (b)esten, was dir zum (b)esten dient. Ich danke Ihnen im (v)oraus für Ihre Bemühungen. Man muss es den Kindern im (g)uten sagen. Halte mich bitte auf dem (l)aufenden. Er dachte sich im (s)tillen: Nach der Versetzung des Filialleiters blieb alles beim (a)lten. Der Einbruch war von den Verbrechern bis ins (k)leinste vorbereitet worden. Gegenüber dem (s)tärkeren wirst du den (k)ürzeren ziehen. Ich habe ihm die Anwen-

dung der Salbe des (l)angen und (b)reiten erklärt. Die Antwort war binnen (k)urzem gekommen. Die Behörden tappen in dieser Angelegenheit vorläufig noch im (d)unkeln. Über die Beschimpfung war Erich aufs (ä)ußerste empört. Es wird ihm ein (l)eichtes sein, die Behauptungen seiner Gegner zu widerlegen. Es handelt sich um (f)olgendes. Er denkt nicht im (e)ntferntesten daran, nachzugeben. Über (k)urz oder (l)ang wird er sich zum Studium entschließen müssen. Es grenzt ans (w)underbare, dass du dir über die vielen Rechtschreibregeln im (k)laren bist. → **L 469**

Begründe die Kleinschreibung des Eigenschaftswortes durch Vergleich der folgenden Satzpaare! Bilde vier ähnliche Beispiele! **470**

Jede Mutter hält ihr Kind für das **s**chönste. (Jede Mutter hält ihr Kind für das **s**chönste Kind.)
Die kleinen Diebe hängt man, die **g**roßen lässt man laufen. (Die kleinen Diebe hängt man, die **g**roßen Diebe lässt man laufen.)

Lass dir die folgenden Satzbeispiele ansagen und vergleiche deine Niederschrift anschließend mit dem Buchtext! **471**

Über **k**urz oder **l**ang (= bald) wird er nachgeben müssen und den **K**ürzeren ziehen. – Der Vater wird die Angelegenheit schon ins **G**leiche bringen. – In dieser Sache liegen die Dinge noch sehr im **A**rgen. – Es ist das **B**este (am besten), wenn du dich entschuldigst. – Es ist das **B**este, was ich je gesehen habe. – Es ist das **K**lügste (am klügsten), sofort zu verschwinden. – Es ist das **K**lügste, was er tun konnte. – Hans war durch die Nachricht auf das **Ä**ußerste (äußerste) erschrocken. – Er musste das **Ä**ußerste (was?) befürchten. – Er tat nicht das **G**eringste (= nichts), um angestellt zu werden. – Das war das **G**eringste, was er tun konnte. – Sein Einkommen wurde um ein **B**eträchtliches (= beträchtlich, mehr) erhöht. – Über **k**urz oder **l**ang (= bald) wird er von dem Unglück hören.

472 *Lass dir ansagen und vergleiche mit dem Text im Buch!*

Du musst dich auf der Straße mehr in **A**cht nehmen. – Es fehlt am **N**ötigsten. – Es ist am **n**ötigsten (**N**ötigsten), den Motor zu überholen. – Ohne zu essen, lief Grete **w**eg. – Die Anschuldigung muss ich auf das **A**llerentschiedenste zurückweisen. – Hier hast du es **s**chwarz auf **w**eiß. – Gleich und **g**leich gesellt sich gern. – Etwas **Ä**hnliches habe ich mir auch gedacht. – Bis auf **w**eiteres müssen wir noch zwischen Groß- und Kleinschreibung unterscheiden. – Ein **W**eiteres wird sich finden. – Ich grüße dich auf das **h**erzlichste (**H**erzlichste). – Es wird ihm ein **L**eichtes sein, die Aufgabe zu lösen. – Du musst den Aufsatz noch ins **R**eine schreiben. – Im **W**esentlichen hat er die Aufgabe gelöst. – Nun sitzen wir auf dem **T**rockenen. – Er dachte nicht im **E**ntferntesten daran, mitzukommen. – Ich werde mit ihm durch **d**ick und **d**ünn gehen. – Im **F**olgenden erklärte er mir den Gebrauch der Maschine. Im **A**llgemeinen hat er **R**echt.

473 *Unterscheide und wende die Beispiele in Sätzen an:*

Großschreibung	**Kleinschreibung**
Arm und **R**eich	**a**rme und **r**eiche Leute
Alt und **J**ung	**a**lte und **j**unge Menschen
aus der **N**ähe und aus der **F**erne	von **n**ah und **f**ern (von überall her)
in **K**ürze / den **K**ürzeren ziehen	über **k**urz oder **l**ang (bald)
die **D**icken, die **D**ünnen	durch **d**ick und **d**ünn
Gleiches mit **G**leichem vergelten	**g**leich und **g**leich gesellt sich gern
das **G**rau des Alltags	**g**rau in **g**rau malen
die **S**chwarzen, die **W**eißen	etwas **s**chwarz auf **w**eiß haben
im **K**leinen / **G**roß und **K**lein	von **k**lein auf

Schreib ab und wende die Beispiele in sinnvollen Sätzen an: **474**

der **e**ine – der **a**ndere, **e**in und **d**erselbe, der **N**ämliche, alles **a**ndere, ein **j**eder, etwas (nichts) **a**nderes, die **b**eiden (mit den **b**eiden), die **Ü**brigen, alles **Ü**brige, der **E**rste, fürs **E**rste, der (die, das) **E**inzige, der (die, das) **E**inzelne, ein **E**inzelner, im **E**inzelnen, bis ins **E**inzelne, auf allen **v**ieren kriechen, die **d**rei, zu **d**ritt, das **w**enige, einige **w**enige, in **m**anchem, das **M**indeste, um **v**ieles, das **m**eiste, die **d**rei **E**rsten, mit **e**in und **d**emselben, die **z**wanziger Jahre (**Z**wanzigerjahre) des vergangenen Jahrhunderts.

Erkläre die folgenden Sprichwörter und entscheide, ob große oder kleine Anfangsbuchstaben verwendet werden müssen! **475**

Was dem (e)inen recht ist, ist dem (a)nderen billig. Ein (j)eder ist der Schmied seines Glücks. Mit (v)ielem hält man (h)aus, mit (w)enig kommt man aus. Wer am (m)eisten klagt, fühlt sich am (w)ohlsten. Ein (j)eder kehre vor seiner eigenen Tür! Wer dem (a)ndern eine Grube gräbt, fällt selbst hinein. Den (l)etzten beißen die Hunde. → **L 475**

Klein oder groß? Ergänze den Anfangsbuchstaben: **476**

Erna war während der Prüfung nicht im (m)indesten aufgeregt, denn sie wusste um (v)ieles mehr als die (m)eisten anderen Schülerinnen, sie ist eben die Beste der Klasse. Nur einige (w)enige hatten nicht genügend gelernt. Fürs (e)rste wollen wir mit dem Erfolg zufrieden sein. Die (e)inzige, die auf dem Ausflug nicht mitfuhr, war Gerda. Was dem (e)inen gefällt, muss nicht dem (a)nderen gefallen. Alles (ü)brige werdet ihr bei der Aufnahmsprüfung hören. Der Weg wurde vom Lehrer bis ins (e)inzelne besprochen. Wir waren so müde, dass wir fast schon auf allen (v)ieren krochen. Mit dem (w)enigen, das ich bekomme, muss ich sehr haushalten. Das ist doch (e)in und (d)asselbe. → **L 476**

477 *Lass dir ansagen und vergleiche anschließend mit dem Text im Buch:*

Mein Bruder

Mein Bruder ist unter seinen Kameraden der **g**rößte. Er ist stark und breitschultrig, und keiner nimmt es im **R**aufen mit ihm auf. Besondere Freude hat er am **S**chwimmen und am **S**chi fahren. Braun gebrannt kommt er vom Schikurs nach Hause.
Er isst so viel, dass einem schon beim **Z**usehen **a**ngst und **b**ang wird. Frühzeitig legt er sich abends zu Bett, doch morgens ist er der **E**rste aus den Federn.
Gern erzählt er lustige Streiche und legt den **e**inen oder den **a**nderen seiner Kameraden herein; doch kann ihm niemand böse sein, denn ein **j**eder, der ihn kennt, weiß, dass er es gut meint.

478 *Lerne auswendig und schreib am folgenden Tag aus dem Gedächtnis nieder:*

Im Hüttenwerk

Heute besuchen wir ein Hüttenwerk und beobachten die Arbeiter: Der **e**ine bedient ein Schaltbrett, wodurch sich die Tür eines Hochofens öffnet und eine Druckstange wie ein riesiger Arm in den Ofen fährt; der **a**ndere achtet darauf, dass sich die glühende Koksmasse gleichmäßig auf dem Löschwagen verteilt, er gibt einem **D**ritten, der auf der **e**lektrischen Lokomotive steht, ein Zeichen, weiterzufahren. – Die **Ü**brigen sind damit beschäftigt, am Löschturm Hebel zu bedienen. Sie bewirken, dass Wasser über die glühende Masse gesprüht wird. Weißer Dampf steigt auf, sodass* man die **b**eiden, die etwas abseits arbeiten, nicht mehr sehen kann. Der **E**inzelne ist in einem solchen Werk nur ein Rädchen.

* In Deutschland immer getrennt: so dass

Getrennt- und Zusammenschreibung △

Die Getrenntschreibung ist der Normalfall. Die Zusammenschreibung ist besonders geregelt.
Im Allgemeinen gilt Folgendes:
Bestandteile von Wortgruppen schreibt man voneinander **getrennt**. –
Bestandteile von Zusammensetzungen schreibt man **zusammen**.

Beispiele:

Angst haben, spazieren gehen, abwärts gehen, schlecht gehen, abhanden kommen, kennen lernen, bekannt machen u. dgl.

Aber:

durchhalten, **herauf**kommen, **bereit**halten, **tot**schlagen, **wahr**sagen, **stand**halten, (das) **Lesen**lernen, **entlang**gehen, beim **Auto**fahren, **Mit**gift, **Weiß**brot u.a.m.

Im Zweifelsfall können auch folgende Regeln helfen:

- Es wird **zusammengeschrieben**, wenn durch die Verbindung ein neuer Begriff entsteht. Auch wenn der erste oder zweite Bestandteil des Wortes nicht als selbständiges Wort stehen kann, wird zusammengeschrieben. Dabei wird nur **ein** Wortteil stärker betont.

- Es wird jedoch **getrennt geschrieben**, wenn zwei gedanklich zusammengehörige Wörter einen eigenen Sinn haben und ihre Eigenständigkeit als Satzteil bewahrt haben. Beide Wörter werden in diesem Fall **gleich stark betont**. Die Betonung ist jedoch nicht immer eindeutig.

Beispiele für die Zusammenschreibung mit Zeitwörtern:

hin**zu**kommen, **bereit**halten, **maß**regeln, **wett**eifern, froh**locken**, **ab**ändern, voll**bringen**, voll**enden**, **durch**halten, **um**kehren, **wieder**kommen, hinter**gehen**, um**fahren**, wider**sprechen**, **ab**ändern, **an**kommen, **dagegen**reden, **dazwischen**treten, **durch**halten, **entlang**gehen, **entzwei**brechen, **herauf**kommen, **herunter**fallen, **hinein**gehen, **mit**gehen, **nach**kommen, **überein**stimmen, **nieder**legen, **umher**laufen, **voran**gehen, **voraus**sehen, **weg**laufen, **zurück**kehren, **bereit**halten, **frei**sprechen (von einer Schuld), **gut**schreiben (anrechnen), **wahr**sagen (prophezeien), **irre**führen, hineingehen, **preis**geben, **stand**halten, **teil**nehmen u. a.

Hauptwörter (Nomen), Eigenschaftswörter (Adjektive) und Umstandswörter (Adverbien) können mit anderen Hauptwörtern, Eigenschaftswörtern oder Mittelwörtern eine Zusammensetzung bilden. Solche Wörter schreibt man **zusammen**.

Beispiele:

Butterbrot, Haustor, Fensterscheibe, Schuhsohle u. dgl. m.
Ferner: **angst**erfüllt, **butter**weich, **finger**breit, **freude**strahlend, **jahre**lang, **meter**hoch, **lern**begierig, **denk**faul, **tropf**nass, **lebens**fremd, **schwerst**behindert, **teil**genommen, **blau**grau, **nass**kalt, bitter**böse**, **gemein**gefährlich, **minder**jährig, sieben**hundert**, neunzehnhundertsechsund**neunzig** u. dgl.

Zusammen schreibt man auch mehrteilige Umstandswörter, Bindewörter und Vorwörter in Verbindung mit Fürwörtern, wenn die ursprüngliche Bedeutung der einzelnen Bestandteile nicht mehr erkennbar ist.

Beispiele:

berg**auf**, kopf**über**, strom**auf**wärts, tags**über**, zweifels**ohne**, infolge**dessen**, unter**dessen**, aller**dings**, neuer**dings**, **allen**falls, **schlechter**dings, **imstande**halten, **andere**rseits, **genau**so, **um**so, **eben**so, **größten**teils, **deinet**wegen, **keines**wegs, bis**weilen**, **kluger**weise, **der**zeit, zur**zeit,** seiner**zeit, bei**zeiten, gerade**zu, hier**zu, der**maßen,** irgend**wann, nichtsdesto**weniger, zu**erst**, zu**aller**erst, zu**letzt**, zu**meist**, inwie**fern**, so**bald**, so**oft**, so**lange**, so**viel**, so**weit**, an**hand**, in**folge**, **irgend**wer, **irgend**wo, **irgend**ein, statt**dessen** u. a.

Getrennt schreibt man Wortfolgen, in denen beide Wörter ihre ursprüngliche Bedeutung beibehalten haben.

Beispiele:

abhanden kommen, anheim stellen, beiseite legen, überhand nehmen, vorlieb nehmen, zunichte machen, aneinander denken, aufeinander legen, auseinander setzen, beieinander bleiben, durcheinander bringen, auswendig lernen, daheim bleiben, allein stehen, rückwärts blicken, lästig fallen, übrig bleiben, gefangen nehmen, verloren gehen, Angst haben, Eis laufen, Leid tun, Kopf stehen, Rad fahren, Freude strahlend, Hitze beständig, kennen lernen, fliegen lassen, spazieren gehen, außerstande sein, beisammen sein, zufrieden sein, zurück sein, übrig bleiben, verloren gehen.

Eigenschaftswörter bleiben vom folgenden Wort **getrennt**, wenn das Eigenschaftswort in dieser Verbindung steigerbar ist.

Beispiele:

fest halten (fester halten), genau nehmen (genauer nehmen), bekannt machen, fern liegen, frei sprechen, gut gehen, lieb gewinnen, hell strahlend, leicht fallen, schwer nehmen, zufrieden stellen, lästig fallen u. dgl. m.

Beachte:

Getrenntschreibung (ursprüngliche Bedeutung)	**Zusammenschreibung** (übertragene Bedeutung)
Ich habe mich mit ihm **bekannt gemacht**.	Das Gesetz wurde **bekannt**gemacht (veröffentlicht).
Das Fass muss **dicht halten**.	Er wird nicht **dicht**halten (schweigen).
Du sollst **flott machen**.	Wir werden das Schiff **flott**machen (fahrbereit machen).
Das Haus soll **frei stehen**.	Das Haus soll **frei**stehen (unbewohnt sein).
Du sollst **gerade stehen**.	Er muss für die Anordnung **gerade**stehen (haften).
Er kann **gut schreiben**.	Man wird ihm den Betrag **gut**schreiben (anrechnen).

479 *Suche weitere Beispiele!*

480 *Immer getrennt schreibt man die folgenden Verbindungen. Wende sie in kurzen Sätzen an!*

frisch halten, frisch tünchen, satt sein, etwas satt haben, warm halten, sich warm laufen, zusammen sein, außerstande sein, allzu viel.

- Das Umstandswort **wieder** wird mit dem folgenden Zeitwort **zusammengeschrieben**, wenn **wieder** die Bedeutung von **„zurück"** hat.
- **Getrennt geschrieben** wird jedoch, wenn **wieder** soviel wie **„nochmals"** bedeutet.

Getrenntschreibung (wieder = nochmals)	**Zusammenschreibung (wieder = zurück)**
wieder bringen	**wieder**bringen
wieder holen	**wieder**holen (zurückholen) aber auch: wieder**holen**
wieder sehen	auf **Wieder**sehen
wieder finden	**wieder**finden
wieder geben	**wieder**geben
wieder gewinnen	**wieder**gewinnen
wieder kommen	**wieder**kommen

Wende die Beispiele in sinnvollen Sätzen an! **481**

Lies laut und beachte die Schreibweise im Zusammenhang mit der Bedeutung. Bilde ähnliche Sätze! **482**

Du sollst **da bleiben** (an diesem bestimmten Platz).	Du sollst **da**bleiben (nicht weggehen).
Er wird **dabei bleiben** (bei seiner Meinung), dass . . .	Hans wird **dabei**bleiben (sich von der Gesellschaft nicht absondern).
Dafür (für diesen Betrag) **können** wir das neue Gerät kaufen.	nichts **dafür**können (unschuldig sein)
Es wird **daher kommen**, dass . . .	Man sah ihn schon von weitem **daher**kommen (sich nähern).

Du musst **dahin** (dorthin) **gehen**.	Wie schnell die Tage **dahin**gehen! (verstreichen)
Davon kommen alle Laster.	Er ist **davon**gekommen.
Dazwischen kommen wieder Wiesen.	Hoffentlich wird nichts **dazwischen**kommen.
Das geht **so fort** (so weiter).	Komm **sofort** zurück!
Schlafe **so lange**, bis du ausgeschlafen bist.	Schlafe **solange** du willst.
Der Vater ist **so sehr** beschäftigt, dass . . .	**Sosehr** ich den Vorfall bedaure, . . .
Grete weiß **so viel**.	So**viel** ich gehört habe, . . .
Man hat von hier **so weit**.	So**weit** ich ihn kenne, . . .
Das hast du mir schon **so oft** gesagt.	So**oft** du kommst . . .

483 *Schreib die folgende Übung ab und entscheide, wie die eingeklammerten Wörter zu schreiben sind – zusammen oder getrennt:*

Die (blau gestreiften) Badeanzüge wurden am meisten gekauft. Ein (gut gekleideter) Mensch hat mehr Erfolg als ein (schlecht gekleideter). Er kam (braun gebrannt) aus dem Urlaub zurück. Hans kann nicht (gut schreiben). Die (reich geschmückten) Straßen und Plätze boten einen festlichen Anblick. Der Vortrag war für alle Zuhörer (leicht verständlich). Erich las die Stelle (so oft), bis er sie ganz verstanden hatte. (So bald) er die Aufgabe geschrieben hat, darf er spielen. Der (schwer verletzte) Mann wurde ins Spital gebracht. Der Lehrer war (gut gelaunt). Eine (leicht verdauliche) Speise darf der Kranke schon essen. Hans weiß (viel mehr) als ich. Ich weiß nicht, (wie viele) Menschen in der Versammlung waren. Ich laufe (genau so) schnell wie er. → **L 483**

Wende die folgenden Wörter in sinnvollen Sätzen an: **484**

danksagen, **kopf**rechnen, **bruch**rechnen, **probe**fahren, **lob**preisen, **staub**saugen, **not**schlachten, **preis**geben, **teil**nehmen.

Zeitwörter (Verben) werden **mit „zu" zusammengeschrieben**, wenn **„zu" betont** wird.
Getrennt wird geschrieben, wenn **„zu" unbetont** bleibt.

Beispiele:

Ich werde dir das Heft **zu**senden. – Ich bitte dich, mir das Heft bald **zuzu**senden. – Ich habe dir verboten, mich noch einmal **anzu**rufen.
Aber: Ich bitte dich, mir das Heft bald zu **senden**.

Ergänze die begonnenen Sätze durch „zu" und setze das eingeklammerte Zeitwort in die richtige Form: **485**

Es ist verboten, Zweige und Blumen . . . (abbrechen). Es ist schade, die Reste . . . (wegwerfen). Er forderte mich auf, den Mantel . . . (ablegen). Er hat die Gabe, eine ganze Gesellschaft . . . (unterhalten). Du hast vergessen, das Paket . . . (zuschnüren). Wem nicht . . . (raten) ist, dem ist nicht . . . (helfen). Die Schraube war nicht mehr . . . (drehen). Du musst den Wasserhahn fest . . . (drehen). Du hättest sehen müssen, wie er den Ball seinen Mitspielern . . . (spielen). Man muss manchmal ein Auge . . . (drücken). Ich ersuchte sie, der Tante die Äpfel . . . (geben). Der Schaden ist schwer . . . (gutmachen). Die Goldmünzen sind sicher . . . (verwahren). Seine Leistung ist entschieden . . . (anerkennen). Du musst dich beeilen, um den Zug nicht . . . (versäumen).

→ **L 485**

Wörter wie **wieviel, zuviel, vielmehr, ebenso, umso** werden **getrennt** geschrieben, wenn beide Teile betont ausgesprochen werden.

Beispiele:

Ich weiß nicht, **wie viele** Menschen schon vorbeigegangen sind. – Ich habe **zu viel** gesehen. – Es ist **viel mehr** da, als du ahnst. – Das ist nun **eben so**.

Aber:

Es sind **ebenso** gute Spieler wie die anderen. – Ich arbeite **genauso** schnell wie er. – Er hat **zuviel** getrunken.

486 *Bilde ähnliche Sätze!*

487 *Versuche die Schreibweise zu begründen und bilde ähnliche Sätze:*

Getrenntschreibung	**Zusammenschreibung**
Sie wird **Aufsehen erregen**.	Alles **Aufsehenerregende** vermeiden
Sich eine **Bahn brechend** eilte er zur Rednerbühne.	eine **bahn**brechende Erfindung
Sich **Erfolg versprechend**, redete der Vertreter auf die Frau ein.	höchst **erfolg**versprechende Maßnahmen
die **Not leidenden** Menschen	den **Notleidenden** helfen

488 *Unterscheide:*

Getrenntschreibung (Vorwort + Artikel)	**Zusammenschreibung** (Bindewort)
Nach dem Essen spielte er Klavier.	Nach**dem** er gegessen hatte, spielte er Klavier.

Seit dem Unfall schmerzt ihn das Bein.
Der Baumeister, **unter dessen** Leitung der Bau errichtet wurde, ist inzwischen gestorben.

Seit**dem** er verunglückt war, schmerzt ihn das Bein.
Die Mutter strickte, **unterdessen** schrieb ich meine Aufgabe.

Bilde ähnliche Beispiele mit nachdem, seitdem, unterdessen!

Schreib ab und entscheide, ob die eingeklammerten Wörter getrennt oder zusammen geschrieben werden müssen: **489**

(So) (lange) er nicht gestanden hat, kann er nicht angeklagt werden. Wo bleibt er denn (so) (lange)? (Seit) (dem) letzten Treffen sind zwei Jahre vergangen. Was hast du (seit) (dem) gemacht? (Nach) (dem) er weg war, legte sie die Arbeit (bei) (seite). (Nach) (dem) Schlafen soll man sich waschen. (So) (oft) er kam, war der Meister abwesend. (Wie) (lange) willst du bleiben? (Wie) (viele) Äpfel hast du noch? (Nach) (dem) wir über eine Stunde gewartet haben, fahren wir ab. → **L 489**

Mit Bindestrich schreibt man

a) Zusammensetzungen, in denen drei gleiche Selbstlaute aneinander gereiht werden;
b) Orts- und Ländernamen, die aus zwei Eigennamen bestehen;
c) Zusammensetzungen mit einzelnen Buchstaben oder mit Zahlen;
d) Zusammensetzungen, die schlecht zu lesen wären, wenn man sie einfach zusammenschriebe;
e) zusammengesetzte Wörter, wenn ein gemeinsamer Bestandteil nur einmal genannt wird.

Beispiele:

a) Kaffee-Ernte, Schnee-Eifel, Tee-Ei;
b) Nordrhein-Westfalen, Wien-Nord;
c) U-Bahn, O-Beine, ¼-Liter-Glas, das 5-Schilling-Stück, km-Zahl;
d) der Donau-Oder-Kanal, die Stilfser-Joch-Straße, die Juli-August-Nummer, die Franz-Schubert-Feier, das In-den-April-Schicken;
e) Hin- und Rückfahrt, ein- bis zweimal, Feld- und Gartenfrüchte.

490 *Bilde Zusammensetzungen mit oder ohne Bindestrich:*

Der Fahrplan der Eisenbahn; eine Kur mit kaltem Wasser; die Lotterie zugunsten des Roten Kreuzes; eine Heizung durch Warmluft; ein Spiel, in dem gefragt und geantwortet wird; die Jahre des Sturmes und des Dranges; ein Konzert, in dem Stücke von Brahms gespielt werden; ein Mensch, der nimmer satt ist; die Marke eines Hundes; der Einkauf und der Verkauf.

Beispiele: der Eisenbahnfahrplan; die Rote-Kreuz-Lotterie.

→ **L 490**

Mit Bindestrich schreibt man auch Zusammensetzungen von Eigenschaftswörtern, wenn beide Wörter oder auch nur ein Wort auf -ig, -isch oder -lich enden.

Beispiele:

klassisch-schön, deutsch-französisch, frisch-fröhlich, schaurig-schön.

Wende die folgenden Zusammensetzungen in Sätzen an: **491**

die römisch-katholische Religion, die österreichisch-ungarische Grenze, der deutsch-französische Freundschaftsvertrag, die religiös-sittliche Erziehung, ein herzlich-gütiges Einvernehmen, eine öffentlich-rechtliche Einrichtung.

Lass dir ansagen und vergleiche mit dem Buch: **492**

Fritz ist der Schirm abhanden gekommen. Er hat sich bereit erklärt, bei Gericht auszusagen. Den Gegner matt setzen. Den Platz für die Mutter frei lassen. Über seine Worte musste Grete heillauf lachen. Der Fuchs bemühte sich dem Teiche zuzuschleichen, um eine Ente zu erhaschen. Den Kauf rückgängig machen. Sich nicht satt sehen können. Die Schnitzel weich klopfen. Lange wach bleiben. Die Maschinen sollen nicht stillstehen. Der Bub kann nicht still stehen (er ist unruhig). Sie wird es ihm vorher sagen, wie er sich bei der Aufführung zu verhalten hat. Das Totoergebnis nicht vorhersagen (weissagen) können. Gar nichts wissen. Wie viel Leid sucht doch den Menschen heim. Er wusste nicht, wieviel Geld er hat. Ich bin sowenig verletzt wie du (unverletzt). Er hat so wenig gelernt, dass er die Prüfung nicht bestehen wird. Wo weit das Auge reicht, gehört der Grund ihm. Soweit ich ihn kenne, wird er mittun. Sooft ich ihn darum bitte, ist er zu helfen bereit.

Von der Schreibung der Straßennamen △

Für die Schreibung der Straßennamen gelten folgende Regeln:

● **Zusammen** werden Straßennamen geschrieben, wenn das Bestimmungswort (das 1. Wort) ein Personenname ohne Vorname, ein Sachname oder ein Ortsname ist:	Karlsplatz, Bahnhofsstraße, Schüttaustraße, Kirchenplatz, Dammstraße
● **Getrennt** werden Straßennamen geschrieben, wenn das Bestimmungswort von einem Ortsnamen abgeleitet wurde und auf -er endet	Linzer Straße, Wiener Straße, Prager Straße
● **Getrennt** werden Straßennamen auch dann geschrieben, wenn das Bestimmungswort ein gebeugtes Eigenschaftswort oder ein Vorwort mit Artikel ist.	Hoher Markt, Breite Gasse, Lange Gasse; Am Hof, Am Spitz
● **Getrennt**, aber **mit einem Bindestrich** schreibt man Straßennamen, wenn das Bestimmungswort ein Personenname mit einem Vornamen ist.	Dr.-Karl-Renner-Ring, Julius-Raab-Straße, Ludwig-van-Beethoven-Allee

Schreib aus einem Straßenverzeichnis oder aus einem Telefonbuch für jede Schreibweise Beispiele heraus! **493**

Bilde mit den links stehenden Grundwörtern und den Bestimmungswörtern rechts Straßennamen: **494**

Straße	Goethe
Gasse	Bäcker
Platz	Kloster
Kai	Wikinger
Graben	tief
Weg	Römer

Lass dir ansagen und vergleiche mit dem Text im Buch: **495**

In vielen Städten kann man die gleichen Straßen- und Platznamen finden. Es sind solche, die an berühmte Personen erinnern sollen:
Goethestraße, Schillerplatz, Beethovenweg, Jahngasse, Gutenberggasse, u. a. m.
Andere wieder sind nach Orten benannt, zu denen sie führen: Frankfurter Straße, Brünner Straße, Berliner Straße, Wiener Straße, Züricher Straße, Aachener Allee.
Viele Straßennamen erinnern an das mittelalterliche Leben, denn vor Jahrhunderten siedelten die Handwerker eines Berufes in derselben Straße. So findet man eine Bäckerstraße, die Tuchlauben, eine Kupferschmiedgasse und andere alte Bezeichnungen.
Bei den folgenden Schreibweisen muss man besonders Acht geben: Da gibt es zum Beispiel eine Lange Gasse und gleich daneben eine Langstraße, einen Grünen Weg und nicht weit davon eine Anastasius-Grün-Allee.

496 *Lerne auswendig und schreib am folgenden Tag aus dem Gedächtnis nieder:*

Karls Schulweg

Karl wohnt in der Bergstraße. Sie ist schon ein wenig außerhalb der Stadt, und so hat er einen ziemlich weiten Weg in die Schule. Im Sommer geht er entweder zu Fuß oder fährt mit dem Rad. Im Winter jedoch fährt er mit der Straßenbahn. Die Straßenbahn hat ihre Haltestelle beim Beethovenplatz, dann fährt sie durch die Klostergasse, biegt in die Triester Straße ein, ehe sie in die Lange Gasse kommt. Dort muss Karl aussteigen und durch die Altgasse hinüber auf den Kuenringerplatz gehen. Hier ist nun seine Schule. Bevor er aber das Gebäude betritt, kauft er sich noch schnell beim Bäcker am Steinbauerdamm, das ist gleich um die Ecke, zwei Semmeln für die große Pause. Wenn Karl im Sommer zu Fuß nach Hause will, geht er gern durch die Justus-Möser-Straße, weil dort ein besonders freundlicher Eisverkäufer steht, der ihm immer eine große Portion gibt.

Schreibung der Fremdwörter aus dem Altgriechischen und aus dem Lateinischen △

In unserer Sprache gibt es viele Wörter, die aus fremden Sprachen stammen (Fremdwörter). Die meisten von ihnen sind entbehrlich und durch deutsche Ausdrücke ersetzbar, manche gehören jedoch schon längst zum festen Bestand der deutschen Sprache. Man sollte die Bedeutung und Herkunft der **wichtigsten Fremdwörter** kennen, um sie richtig anwenden, aussprechen und schreiben zu können. Wenn es mehrere Schreibweisen gibt, sollte der eingedeutschten der Vorzug gegeben werden.

Die Fremdwörter aus dem Altgriechischen erkennt man an ihrer Schreibweise (ph, rh, th, y) und an den Silben

auto = selbst
gramm = Buchstabe
Wort
graphie = Beschreibung
kratie = Herrschaft
log = Wort, Rede
logie = Wissenschaft
Lehre

mikro = klein
mono = allein
geo = Erde
kilo = tausend
skop = sehen
tele = fern

Suche Fremdwörter aus dem Griechischen mit diesen Wortteilen und erkläre sie! **497**

Fremdwörter aus dem Lateinischen sind die Wörter mit den Endungen -al (sozial), -ant (Konsonant), -ar (Antiquar), -ion (Station), -iv (primitiv), -tät (Qualität), -um (Publikum), -us (Radius).
Häufig vorkommende Wortteile sind : ex- (aus), inter- (zwischen), trans- (über, hinüber), -tion, -tiell.

498 *Suche Fremdwörter aus dem Lateinischen und erkläre ihre Bedeutung mit Hilfe des Wörterbuches!*

499 *Schreib die folgenden Fremdwörter mit den Worterklärungen ab und ordne sie nach dem Alphabet:*

a) Fremdwörter aus dem Altgriechischen:

y = ü, i: Der Rh**y**thmus (Wiederkehr des Ähnlichen in annähernd gleichen Zeitabständen), rh**y**thmisch, die L**y**rik, die H**y**giene (Gesundheitslehre), h**y**gienisch, das As**y**l (Zufluchtsort, Obdach), der Märt**y**rer (Blutzeuge), das G**y**mnasium, der T**y**rann (Gewaltherrscher), die T**y**pe (Gattung, Modell), t**y**pisch (kennzeichnend), die P**y**ramide, der Z**y**linder, der H**y**drant (Wasserzapfstelle), die Stenot**y**pistin (stenografiekundige Maschinschreiberin), die Anal**y**se (Zerlegung), die S**y**nthese (Zusammenfügung), die H**y**mne (Festgesang), die S**y**mpathie (Zuneigung), S**y**mptom (Kennzeichen einer Krankheit oder eines seelischen Zustandes), S**y**mbol (Sinnbild).

ph = f: die **Ph**antasie (Fantasie), fantastisch, pro**ph**ezeien (voraussagen), die Stro**ph**e, die **Ph**ysik (Naturlehre), die Geogra**f**ie, das Tele**ph**on (Telefon, Fernsprecher), die Stenogra**ph**ie (Stenografie, Kurzschrift), der **Ph**otogra**ph** (Fotograf, Lichtbildner), das Al**ph**abet, trium**ph**ieren, **Ph**ilipp, die Orthogra**f**ie (Rechtschreiblehre), der Apostro**ph** (Auslassungszeichen), die Gra**f**ik („Schreibkunst“), die Sym**ph**onie (= Sinfonie), der Del**ph**in (Delfin), der Paragra**ph** (Paragraf).

ch = k: der **Ch**or, **ch**ronisch, der **Ch**rist, der **Ch**arakter (Wesensart).

ch = k oder ch: **Ch**ina, der **Ch**irurg, die **Ch**emie.

th: das **Th**eater (Schauspielhaus), das **Th**ermometer, das **Th**ema (Grundgedanke), die Biblio**th**ek (Bücherei), die Apo**th**eke, die **Th**eorie (Lehre), die Me**th**ode (Verfahrensweise), die **Th**eke (Schanktisch), der Ka**th**olik, der A**th**let (Kraftmensch), die Zi**th**er (Saiteninstrument), Pan**th**er (Panter).

rh: der **Rh**ombus, der **Rh**ythmus, der **Rh**eumatismus, der Kata**rrh** (Schleimhautentzündung, Katarr).

b) Fremdwörter aus dem Lateinischen:

ti = zi: die Sta**ti**on (Haltestelle), die Opera**ti**on, die Por**ti**on (Teil), die Ra**ti**on (Anteil, Menge), die Tradi**ti**on (Überlieferung), die Direk**ti**on (Leitung), die Konstruk**ti**on (Bauart), die Inspek**ti**on (Besich**ti**gung), poten**ti**ell (poten**z**iell).

–är: der Sekret**är**, ordin**är** (gewöhnlich), famili**är**.

–ät: die Qualit**ät** (Güte der Ware), Quantit**ät** (Menge), die Sanit**ät**, die Identit**ät** (Wesensgleichheit).

v = w: die **V**ioline (Geige), die **V**illa, der No**v**ember, in**v**alid, ner**v**ös, pri**v**at, die **V**ase, der **V**iadukt, der **V**ulkan, die Reser**v**e (Vorrat, Zurückhaltung), die **V**esper (Abendandacht), o**v**al, der Ad**v**okat (Rechtsanwalt).

v = f: der Ner**v**, bra**v**, das **V**eilchen, das Archi**v**.

k: die Fabri**k**, die Musi**k**, die Trafi**k**, die Pani**k**, die Republi**k**, der Ta**k**t, das Inse**k**t, defe**k**t (schadhaft), perfe**k**t (vollkommen, makellos), der Archite**k**t, das Produ**k**t (Erzeugnis), Do**k**tor.

kk: der A**kk**ord, der A**kk**umulator, die A**kk**lamation (Beifall), a**kk**urat (genau), der A**kk**usativ (4. Fall).

Schreibe aus dem folgenden Text alle Fremdwörter heraus und erkläre sie mit Hilfe des Wörterbuches! Dann lass dir den Text ansagen! **500**

Beim Arzt

Bei schweren Erkrankungen oder Unglücksfällen lassen wir sogleich den Arzt holen. In leichten Fällen gehen wir zu ihm in die **Ordination**. Unser Hausarzt **ordiniert** täglich von 16 bis 19 Uhr. Im Wartezimmer sind immer viele **Patienten** anzutreffen. Den einen quält ein **Katarr**, der andere hat

Rheumatismus und der Dritte hat **Influenza**. Der **Doktor** schreibt ein **Rezept**, mit dem wir in der **Apotheke Medikamente** holen. Oft werden diese Heilmittel durch eine strenge **Diät** ergänzt. Schwere Krankheiten, wie **Diphterie, Typhus, Tuberkulose** und andere, werden im **Spital** behandelt. Dort werden auch **Operationen** von **Chirurgen** ausgeführt. Dabei wird der **Patient** zumeist **narkotisiert**, damit er keine Schmerzen empfindet. Wenn viele ansteckende Krankheiten auftreten, sprechen wir von einer **Epidemie**. Die **Rekonvaleszenten** müssen sich noch längere Zeit schonen. Bei Ansteckungsgefahr muss oft auch die Wohnung des **Patienten desinfiziert** (entkeimt) werden.

501 *Auch im kirchlichen Bereich haben sich viele lateinische und griechische Fremdwörter erhalten. Ehe du dir den folgenden Text ansagen lässt, mach dir die Bedeutung der darin enthaltenen Fremdwörter klar!*

In der Kirche

In meiner Heimat gibt es eine ehrwürdige **Kathedrale** aus dem 14. Jahrhundert. Sie ist Sitz des **Bischofs**. Betrittst du sie durch das prächtige **Portal**, gelangst du in das dreischiffige Gotteshaus. Ganz vorn siehst du den Hoch**altar** mit einem alten **Kruzifix**, die Wände sind mit steinernen Figuren geschmückt. In einer **Ampel** brennt das ewige Licht. Zu beiden Seiten des Altars stehen **Kandelaber** (Kerzenhalter). Im **Tabernakel** werden die **Monstranz** und das **Ciborium** (Ziborium, Speisekelch) aufbewahrt. Wird ein Hochamt gefeiert, kommt der **Bischof** mit den Priestern und **Ministranten** im **Ornat** aus der **Sakristei** und **zelebriert** die Messe. Nach dem **Evangelium** predigt er den Gläubigen, während die **Ministranten** an der Spitze des Altars warten.

Fremdwörter aus dem Französischen △

Die zweite Fremdwortwelle kam im 17. Jahrhundert aus Frankreich. Französisch wurde die Sprache des europäischen Adels. Besonders häufig finden wir **Fremdwörter aus dem Französischen** in der Mode, im Bereich des Essens und Trinkens und im Heerwesen.

Schreib die folgenden Fremdwörter aus dem Französischen mit den Erklärungen untereinander ab und wende sie mündlich in Sätzen an! Merk dir die Aussprache und die Bedeutung! **502**

ai(e) = ä: der K**ai**, die S**ai**son (Hauptzeit), tr**ai**nieren (üben), das Pal**ais** (= Palast; das s wird nicht ausgesprochen), das Portemonn**aie** (Portmon**ee**), die Dr**ai**nage (Dränage).

u(e) = ü: die Rev**ue** (musikalische Schau).

Manche Wörter schreibt man verdeutscht: das Büro, das Menü, das Kostüm, die Parfümerie, das Büfett (Buffet).

ou = u: ret**ou**r (zurück), die R**ou**te (Wegrichtung), der T**ou**rist, die **Ou**vertüre, die C**ou**sine (auch schon Kusine = Base), das Brav**ou**rstück (Bravurstück), Coupé (Kupee).

au, eau = o: Das Plat**eau** (Hochebene), das Niv**eau** (waagrechte Ebene, hoher Grad, Rang, Stufe), das Rest**au**rant (Gastwirtschaft), das Roul**eau** (das Rollo, der Rollladen), der F**au**teuil (Lehnstuhl).

oi = oa: Die T**oi**lette (feine Kleidung, Ankleideraum, Abort), das Trott**oi**r (Gehsteig), das Lav**oi**r (Waschbecken), die Mem**oi**ren (Lebenserinnerungen), das Reserv**oi**r (Behälter, Sammelbecken).

eu = ö: der Fris**eu**r (der Frisör), der Mont**eu**r, der Spedit**eu**r (Frächter), der Redakt**eu**r, Schriftleiter einer Zeitung).

gn = nj: der Kompa**gn**on (Teilhaber, der Champa**gn**er (Schaumwein, Sekt), der Ko**gn**ak (Weinbrand).

ill = lj: der Br**ill**ant, der Pav**ill**on (Gartenhaus), das B**ill**ett (Zettel, Briefchen, Einlasskarte, Fahrkarte), die Meda**ill**e (Schaumünze), die Ta**ill**e.

ch = sch: der **Ch**ef (Leiter, Vorgesetzter), die **Ch**aussee (Steinstraße), **Ch**arlotte (Karoline).

Man schreibt jedoch verdeutscht: die Bro**sch**e, die Man**sch**ette, **sch**armant (charmant = bezaubernd, reizend), der **Sch**eck (Zahlungsanweisung), der **Sch**offör (**Ch**auffeur).

j = stimmhaftes sch: der **J**ournalist, die **J**alousie, die **J**ury (Preisgericht).

g vor e und i = stimmhaftes sch: die Monta**ge**, die Gara**ge**, der In**ge**nieur, die Lo**ge**, die Oran**ge**, die Char**ge** (Rang), der **Ge**ndarm, die Spiona**ge**, die Eta**ge** (Stockwerk), das **Ge**nie, der Pa**ge**, banda**gi**eren (einen Schutzverband anlegen).

c vor i und e = ß: balan**c**ieren (das Gleichgewicht halten), die Balan**ce**.

c vor i und e = z: Kompli**ce**, pla**ci**eren (eingedeutschte Schreibweisen: Kompli**ze**, pla**tz**ieren).

on = nasales o: die Ann**on**ce (Zeitungsanzeige), die Sais**on**, das B**on**b**on**, die Bonbo**nn**iere, die Fass**on** (Form), der Pard**on** (Entschuldigung, Nachsicht).

in = nasales ä: das Bass**in** (Schwimmbecken), der Cous**in** (Vetter).

v = w: die Re**v**anche (Vergeltung), das Rendez**v**ous (Stelldichein, Verabredung), das Ser**v**ice (i betont: Tafelgeschirr).

en, an = nasales a: das Abonnem**en**t (durch Vorauszahlung gesicherter Dauerbezug), die Br**an**che (Berufszweig), die Ch**an**ce (Gelegenheit).

tt: die Krawa**tt**e, das Kabine**tt**, die Kasse**tt**e, das Buke**tt** (Blumenstrauß, Duft des Weines).

d, e, r, s, t am Wortende sind stumm: das Ateli**e**r, der Hote**lie**r, der Plaf**on**d (Zimmerdecke), das Trik**o**t, das Kuv**er**t (Briefumschlag, auch Tafelgedeck für eine Person), das Restaur**an**t (Gastwirtschaft), das Pal**ai**s (Palast).

Kennst du die entsprechenden Fremdwörter aus dem Französischen? Ergänze sie! **503**

Teilhaber im Geschäftsleben (9 Buchstaben) ____________

Gastwirtschaft (10 B.) ____________

Lehnstuhl (8 B.) ____________

Preisgericht (4 B.) ____________

Gehsteig (8 B.) ____________

Landpolizist (7 B.) ____________

Zuckerl (6 B.) ____________

Wasserbecken zum Schwimmen (6 B.) ____________

Vergeltung (8 B.) ____________

Andenken (8 B.) ____________

Lebenserinnerungen (8 B.) ____________

Kraftfahrer (8 oder 9 B.) ______________________

Stockwerk (5 B.) ______________________

Schaumwein (10 B.) ______________________

Unglück (7 B.) ______________________

Gepäck (6 B.) ______________________

anschaffen (12 B.) ______________________

→ **L 503**

504 *Schreib die Fremdwörter aus dem Französischen zuerst ab, dann lass dir den ganzen Text ansagen:*

In früherer Zeit hatte unsere Sprache noch die Kraft besessen, fremde Wörter einzudeutschen. Das gelang im 17. und 18. Jahrhundert nur noch in wenigen Fällen. Die Mehrzahl der Eindringlinge lebt bis auf unsere Tage als Fremdwörter, so **Etage, Passage, Bandage, Courage, Massage, Menuett, Toilette, kokett, brünett, adrett, Kavalier, Galanterie, Mode, Sorte, Paket, Büro, galant, elegant, scharmant, amüsieren, blamieren, engagieren, frisieren, schikanieren**. Der Handel mit Frankreich lieferte Seiden- und Wollstoffe zugleich mit den fremden Bezeichnungen: **Musselin, Flanell, Tüll, Plüsch, Batist**. Ferner stammen aus dem Französischen die Wörter **Puder, Frisur, Perücke, Taille, Kostüm, Teint** und viele andere mehr.

Lass dir ansagen und vergleiche mit dem Text im Buch:

Durch den Dreißigjährigen Krieg geriet die Fachsprache des deutschen Heerwesens, nunmehr **Militär** genannt, ganz unter französischen Einfluss. Damals bürgerten sich viele Wörter ein, die bis heute erhalten geblieben sind. Die **Armee** setzte sich zusammen aus der **Infanterie**, der **Kavallerie**, **Artillerie** und dem **Train**. Sie wurden eingeteilt in **Korps, Divisonen, Brigaden, Regimenter, Bataillone, Kompanien**.

Auch die **Chargen** erhielten französische Bezeichnungen: **Kommandeur, General, Major, Korporal, Leutnant**. Als Waffen trugen die **Soldaten Karabiner** und **Pistolen**, die **Munition** bildeten **Patronen** und **Granaten**. Die Verpflegung nannte man **Proviant**. Oft wurde auch eine **Parade** abgehalten. Festungen **bombardierte** man, um die **Batterien** zum Schweigen zu bringen. Verwundete Soldaten fanden im **Lazarett** Pflege.

(Nach R. Alschner)

Fremdwörter aus dem Englischen △

Schreib die Fremdwörter aus dem Englischen aus dem Text heraus und erkläre sie mit Hilfe eines Wörterbuches! Dann lass dir diktieren! **506**

Die neue Zeit im Wortschatz
In neuester Zeit, besonders aber seit dem letzten Krieg, drangen viele englische Wörter in die deutsche Sprache ein. Manche von ihnen sind allerdings Modewörter. So spricht man heute nicht mehr von einem Backfisch, sondern von einem **Teenager** oder von einem **Twen**; aus dem Kavalier ist ein **Gentleman** geworden, das Wochenende wurde zum **Weekend**, die Arbeitsgemeinschaft zum **Team**. Der Säugling heißt jetzt **Baby**, das geröstete Brot **Toast**, das Lager **Camp**. Man lauscht nicht mehr den beschwingten Klängen

eines Salonorchesters, sondern den „heißen“ Rhythmen einer **Band**, besucht **Partys** statt Gesellschaften, trinkt mit **Playboys Cocktails**, isst **Sandwiches**, vom **Steward** serviert, spielt **Baseball**, geht zum **Match** und gibt **Interviews**. Man sieht sich im Fernsehen ein **Quiz**, einen **Gangsterfilm** oder ein **Musical** an, sofern man es nicht vorzieht, seinem **Hobby** zu frönen.

507 *Schreib die folgenden Fremdwörter aus dem Englischen ab und bilde mündlich Sätze. Achte dabei besonders auf die richtige Aussprache und merke dir die Bedeutung.*

ea = i: das Team (Arbeitsgruppe, Mannschaft).

ow = au: der Cl**ow**n, der C**owboy.**

oa = ou: das G**oa**l, der T**oa**st (Trinkspruch, geröstete Weißbrotscheibe).

ch = tsch: das Sandwi**ch** (belegtes Brötchen), der Lun**ch** (leichtes Mahl um die Mittagszeit), der Ske**tch** (Ske**tsch**), das **Ketch**up (**Ketsch**up).

ew = ju: das Intervi**ew** (Befragung), die St**ew**ardess (Betreuerin auf Schiffen oder Flugzeugen).

a = ä: der Gentlem**a**n, der J**a**zz, das M**a**tch, das C**a**mping (Lagerleben), der G**a**ngster (Verbrecher).

a = e + i: das B**a**by, das F**a**ding (Tonschwund), der Pl**a**yboy (reicher junger Mann, der nur dem Vergnügen nachgeht).

ee = i: das W**ee**kend (Wochenende), T**ee**nager (Jugendliche zwischen 13 und 19).

508 *Die Aussprache der nachstehenden Fremdwörter aus dem Englischen stimmt mit der Schreibung überein. Wende sie in Fügungen an!*

Ke**k**s, Ko**k**s, Schal, Strei**k**, Do**gg**e, **C**lub (Klub), Pu**dd**ing, Pullo**v**er, Gri**ll**, Smo**k**ing, Wa**gg**on (Wagon).

Ordne die folgenden Fremdwörter aus dem Englischen nach den Bereichen Kleidung, Musik, Berufe, Essen und Trinken, Sport, Personen: **509**

Song, Swimmingp**oo**l, Nonsto**p**flug, Bab**y**, Ste**w**ard, Beefst**ea**k, Hit, Camping, Voll**ey**ball, Shorts, T**ee**nager, Roastb**ee**f, Bab**y**si**tt**er, Band, Jazz, Rugby, Trenchcoat, Girl, Inter**v**ie**w**er, Drink, Lun**ch**, B**ea**tmusik, Musi**c**al, Golf, Mat**ch**, Fan, Star, Pullo**v**er, Barmixer, Cowb**oy**, Part**y**, Qui**z**master.

Nach dem Zweiten Weltkrieg waren amerikanische und britische Truppen in Deutschland und Österreich stationiert. Wir gebrauchen heute manche ihrer Wörter. Oft sind es Modewörter.

In Sport und Mode, in Haus und Familie machen sich englische Ausdrücke breit. Für starke Beanspruchung sagt man **Stress**, für Richtung **Trend**, für Höchstleistung **Rekord**, für Stockball **Hockey**, für Netzball **Tennis**, für Übung **Training**, für Mannschaft **Team**, für anständig **fair**, für Pullover **Sweater**, für Gesellschaftsanzug **Smoking**, für Fahrstuhlführer **Liftboy**, für Lümmel **Rowdy**, für Spaßmacher **Clown**, für Rostbraten **Roastbeef**, für Rückenstück **Rumpsteak.**
Von weiterem englischem Sprachgut, das in unserer Umgangssprache Mode geworden ist, sei noch angeführt: **Spleen** (Schrulle), **Cape** (Umhang), **Safe** (Schließfach), **Weekend** (Wochenende), **Job** (Gelegenheitsarbeit), **Toast** (Trinkspruch, geröstete Brotschnitte), **Grill** (Bratrost), **Flirt** (Liebelei), **Service** (e betont = Kundendienst), **Party.**

Wende diese Wörter in Sätzen an! **510**

Fremdwörter aus dem Italienischen und aus anderen Fremdsprachen △

Aus dem Italienischen gingen hauptsächlich solche Wörter in unsere Sprache über, die den Gebieten des Handels und der Musik angehören, z. B. **Bankrott, brutto, Tara, Korrespondenz, Dukaten, Konto, Bilanz, Kredit, Girokonto; Violine, Cello, Quartett, Sopran, Solo, Oper, Arie, Konzert, Fuge, Note**.

511 *Mach dir mit Hilfe eines Wörterbuches die Bedeutung dieser Wörter klar und schreib sie ab! Ergänze dann den Artikel!*

512 *Übe die folgenden Fremdwörter aus dem Italienischen durch mehrmaliges Schreiben:*

zz = z: das Interme**zz**o (Zwischenspiel), die Ra**zz**ia (Streife), die Ski**zz**e, ski**zz**ieren, die Pi**zz**a, Ni**zz**a, der Baja**zz**o.

tt: der Raba**tt** (Preisnachlass), ne**tt**o, bru**tt**o, Spa**g**e**tt**i.

g = sch: das **G**irokonto.

kk: das Sa**kk**o (Rock), die Ma**kk**aroni (Nudeln), die Stu**kk**atur, der Stu**kk**ateur (Stu**ck**ateur), se**kk**ieren (belästigen).

k: das Risi**k**o (Wagnis)

g, gg = dsch: Lo**gg**ia (nach einer Seite offener, überdeckter Raum am Haus), ada**g**io (sanft).

513 *Setze Fremdwörter aus dem Italienischen ein:*

Kniegeige (5 Buchstaben): ____________________

Zwischenspiel (10 Buchstaben): ____________________

Preisnachlass (6 Buchstaben): ____________________

Wahlspruch (5 Buchstaben): ______________________

Rock (5 Buchstaben): ______________________

flüchtige Zeichnung (6 Buchstaben): ______________________

Halbstock (8 Buchstaben): ______________________

Nudelart (9 Buchstaben): ______________________

→ **L 513**

Auch aus vielen anderen Sprachen wurden Wörter in die deutsche Sprache übernommen, z. B.:

aus dem **Ungarischen**: Gulasch, Csárdás (Tschardasch, ein Tanz), Palatschinke, Schinakel;

aus dem **Tschechischen**: Buchtel, Powidl, Golatsche, Pawlatsche (= Bretterbühne);

aus dem **Slowenischen**: Klobasse, Jause;

aus dem **Arabischen**: Kaffee, Mokka, Gamasche, Ribisel, Sirup, Alkohol, Reis, Spinat, Banane, Kabel;

aus dem **Persischen**: Sofa, Teppich, Tapete, Diwan, Mütze, Schiff, Karussell (= Ringelspiel);

aus dem **Türkischen**: Kukuruz (= Mais), Kiosk, Basar, Jo**g**urt (Joghurt), Türkis, Atlas (= Seidengewebe);

aus dem **Hebräischen**: Metall, Balsam, Schlamassel, Kaff (= schmutziges Dorf);

aus dem **Hindustanischen**: Veranda, Pyjama, Bungalow, Jute, Kitt, Karawane, Kuli;

aus dem **Japanischen**: Bonze, Judo, Opium, Kaolin;

aus der **Sprache der Australneger**: Känguru, Atoll;

aus der **Eskimosprache**: Anorak;

aus **Indianersprachen**: Mais, Tabak, Zigarre, Schokolade, Orkan, Rum.

514 *Schreib diese Wörter ab und ergänze den Artikel!*

515 *Ordne die nachstehenden Fremdwörter nach den Bereichen Sport, Vergnügen, Reisen, Einkaufen, Wohnen:*

Reisevisum, Menü, Inklusivpreis, Service, verschiedene Extras, Termin, Hochsaison, Strandpromenade, Komfort, elegante Salons, Minigolf, Hotelkomplex, Bungalow, Musikbox, Fotosafari, gemütliche Atmosphäre, Spezialitäten, die Folklore, Souvenirladen, Panorama, Silhouette, Gymnastikraum, Tourist, Strapazen, Terrasse.

516 *Schreib aus dem folgenden Text die Fremdwörter heraus, dann lass dir den Text ansagen und vergleiche mit dem Buch:*

Zu Ostern **avancierte** ich (wurde befördert) zum **Chef** (Direktor, Leiter, Vorstand) der großen **Export-Import-Firma** (Aus- und Einfuhrgesellschaft) Frisch & Co. Am 1. Mai übersiedelte ich nach meinem neuen **Domizil** (Wohnort, Wohnsitz). Mein **Mobiliar** (Wohnungseinrichtung) hatte der **Spediteur** (Frächter) schon einige Tage zuvor **hintransportiert** (befördert). An Hand meiner **Informationen** (Auskünfte) fiel es mir nicht schwer, mich in dem großen **Etablissement** (Unternehmen, Geschäft) zu **orientieren** (zurechtzufinden). In den **Büros** (Kanzleien, Schreibstuben) erwartete mich ein alter **versierter** (bewanderter, eingeführter, geschäftskundiger) **Prokurist** (Bevollmächtigter, zeichnungsberechtigter Stellvertreter des Geschäftsinhabers). Er stellte mir das **Büropersonal** (die im Büro Beschäftigten) vor: die beiden **Kontoristen** (Buchhalter), zwei **Sekretärinnen**, den **Auslandskorrespondenten**, der den Briefwechsel mit dem Ausland führt, und eine junge **Stenotypistin** (kurzschriftkundige Maschinschreiberin); die **Kommis** (Handlungsgehilfen) und den **Volontär** (ohne Bezahlung zu seiner weiteren Ausbildung Arbeitender) lernte ich im **Magazin** (Lager) kennen. Die **Telefonistin**, welche die **Telefonzentrale**

(Fernsprechvermittlung) zu bedienen hat, eilte eben zum **Apparat** (Gerät). Nach einer kurzen **Konferenz** (Beratung), in der ich mich über die einzelnen **Ressorts** (Abteilungen) **informierte** (unterrichtete), **inspizierte** (besichtigte) ich die einzelnen **Etagen** (Stockwerke) des ausgedehnten **Gebäudekomplexes**.

Wie man Wörter abteilt ⊗

- **Einsilbige Wörter** können **nicht abgeteilt** werden (Boot, Schrank, fein).
- **Mehrsilbige deutsche Wörter** trennt man am Zeilenende nach Sprechsilben (re-den, Eu-le, er-ben, Waa-ge). Auf die neue Zeile kommt der letzte Mitlaut (le-gen, ver-letz-te, Schiff-fahrt, Eu-ro-pa).
- **Zwei aufeinanderfolgende Selbstlaute** dürfen ebenfalls getrennt werden (sä-en, Stau-ung, brei-ig).
- Getrennt dürfen auch **Verdopplungen** werden **(nn, mm, ss, tt, rr, pp)** sowie die Mitlautfolgen **chs** (wech-seln), **dt** (Städ-ter), **tz** (schät-zen), **ng** (klin-geln), **pf** (Zap-fen), **sp** (Wes-pe), **st** (Wes-te).
- **Nicht getrennt** dürfen werden **ß, ch, sch, ph, th, rh** und **ck**. Diese Buchstaben müssen ungetrennt auf die nächste Zeile gestellt werden (grü-ßen, bre-chen, wa-schen, Gra-phik, Apo-the-ke, ba-cken, Myr-rhe).

Trenne die folgenden Wörter nach den genannten Regeln: **517**

schimpfen, Schaffner, Wecker, sickern, Pfropfen, Hacke, Deckel, knacken, beflaggen, immer, können, essen, Rettung, hoffen, tappen, schleppen, Klumpen, schreien, verzeihen, guckten, ahnen, Masten, riechen, Tische, schließen, Raspel, Straße, kraxeln, Boxer, fußen, Saphir (ein Edelstein), Zither, Masche, Stachel, Späße, zurückgekehrt, ergötzte, schneien, europäisch. → **L 517**

Zusammengesetzte Wörter trennt man möglichst nach ihren Bestandteilen. Es ist aber auch die Trennung nach Sprechsilben gestattet.

Beispiele:

Stadt-theater, Vor-aus-sage, Diens-tag, Sechs-tel, Haus-tor, Salz-ach, Fried-rich, jahr-aus, Vater-land, wor-über, ein-ander, hin-ein, her-auf, hin-unter, dar-über, dar-um, Ver-ein, dar-auf, her-aus, her-innen, her-um.

Bei einem Zusammentreffen von drei Mitlauten muss der dritte Mitlaut auf die neue Zeile kommen.

Beispiele:

Sta**lll**aterne	–	Sta**ll-l**aterne
Schi**fff**ahrt	–	Schi**ff-f**ahrt
Schwi**mmm**eister	–	Schwi**mm-m**eister
Bre**nnn**essel	–	Bre**nn-n**essel
Sto**fff**ülle	–	Sto**ff-f**ülle

Beachte die Silbentrennung der folgenden Wörter:

Mi**tt**ag	–	Mi**t-t**ag
Dri**tt**el	–	Dri**t-t**el
de**nn**och	–	de**n-n**och
Ho**h**eit	–	Ho-**h**eit

Sinnstörende Wortkupplungen müssen auf jeden Fall vermieden werden:

falsch	**richtig**
Spargel-der	Spar-gelder
Frachtenbahn-hof	Frachten-bahnhof
Seil-bahngondel	Seilbahn-gondel
Fachvor-stand	Fach-vorstand
beste-hen	be-stehen
Blumento-pferde	Blumentopf-erde

Trenne die folgenden zusammengesetzen Wörter: **518**

Betttuch, bereuen, Himmelskörper, Sonnenstrahlen, Fingerfertigkeit, Handelsabkommen, Schutzzoll, Verkehrsunterricht, vollenden, Bundeserziehungsanstalt, Hausdurchsuchung, Straßenbahnhaltestelle, Eisenbahnwagen, Schifffahrtsgesellschaft, hellleuchtend, Bestellliste, Seenplatte, Umgebung, dagegen, vorerst, Zuckerbäcker. → **L 518**

Das **Abteilen von Fremdwörtern** soll man **vermeiden**. Ist die Trennung jedoch unerlässlich, so halte dich an folgende Regeln:

a) Einfache Fremdwörter dürfen wie deutsche Wörter nach Sprechsilben getrennt werden.

b) Zusammengesetzte Fremdwörter werden wie zusammengesetzte deutsche Wörter nach ihren Bestandteilen getrennt.

Fremdwörter dürfen aber auch nach ihrer Herkunftssprache abgeteilt werden.

Beispiele:

a) Bal-kon, Ho-tel, Pla-net, Akus-tik, Pa-no-ra-ma.

b) Atmo-sphäre, Mikro-fon, Inter-esse oder Inte-res-se, Week-end, par-allel, Alex-ander, Hek-tar oder Hekt-ar, Hydrant oder Hyd-rant, Ma-gnet oder Mag-net, Zy-klus oder Zyk-lus.

519 *Trenne mit Hilfe des Wörterbuches:*

Monogramm, Telegramm, Demokratie, neutral, Asphalt, Thermometer, Problem, sozial, Mikroskop, Maschine, Elektroofen, Sauerstoffapparat, Publikum, Sakrament, Februar, Industrie, Magnet, Pullover, Interesse, Propangas, Episode, Manuskript, Hydrant, Prophet, Geografie. → **L 519**

Eigennamen und geographische Namen können sowohl nach Sprechsilben als auch nach Sprachsilben abgeteilt werden.
Lob-au, Wach-au oder Lo-bau, Wa-chau.

ÜBUNGEN ZUR ZEICHENSETZUNG

Der Beistrich im einfachen Satz ○

- **Zwischen gleichrangigen Wörtern oder Wortgruppen (bei Aufzählungen)** wird im Allgemeinen **ein Beistrich** gesetzt.
- Von dieser Regel gibt es aber **Ausnahmen**:
  Wenn die gleichrangigen Satzteile durch die Wörter **und, oder, entweder – oder, wie, sowie, beziehungsweise, sowohl – als auch, weder – noch** verbunden werden, entfällt der Beistrich.

Mit Beistrich:	**Ohne Beistrich:**
Frühling, Sommer, Herbst, Winter sind die vier Jahreszeiten.	Frühling **und** Sommer **und** Herbst **und** Winter sind die vier Jahreszeiten.
Zum Frühstück trinken wir Kaffee, Tee, Kakao.	Zum Frühstück trinken wir Kaffee **oder** Tee **oder** Kakao.
Karl wünscht sich zu Weihnachten ein Fahrrad, einen Füllfederhalter, eine Schultasche aus Leder.	Karl wünscht sich zu Weihnachten **entweder** ein Fahrrad **oder** einen Füllfederhalter **und** eine Schultasche aus Leder.
Seine Lehrer, seine Erzieher, seinen Eltern, alle waren mit seinen Leistungen zufrieden.	**Sowohl** seine Lehrer und Erzieher **als auch** seine Eltern waren mit seinen Leistungen zufrieden.
Der Wanderer hatte keinen Hunger, keinen Durst.	Der Wanderer hatte **weder** Hunger **noch** Durst.
Bald regnete es, **bald** schneite es.	Abwechselnd regnete **oder** schneite es.

Teils gab Franz nach, **teils** Fritz.	**Sowohl** Franz **als auch** Fritz gaben nach.
Nicht nur in Europa, **auch** in Asien herrschte große Kälte.	In Europa **sowie** in Asien herrschte große Kälte.
Sie kaufte Mehl, Zucker, Obst, Gemüse.	Sie kaufte **sowohl** Mehl **und** Zucker **als auch** Obst **und** Gemüse.

520 *Ergänze die fehlenden Beistriche:*

Allerlei Früchte

Manche sind rundlich und knollig fast kugelig andere langgezogen länglich eckig bucklig runzlig oder rissig. Viele haben eine bräunliche gelbliche rötliche oder grünliche Farbe. Es sind auch haarige wollige borstige und stachelige Früchte darunter und solche die sich fettig anfühlen. Manche sind leicht verderblich andere wieder sehr widerstandsfähig. Die meisten sehen sehr appetitlich aus. Sie sind saftig fleischig oder mehlig und schmecken köstlich und vorzüglich. Einige sind freilich auch kümmerlich geraten krüppelig geblieben oder schon wurmig geworden. Sie haben zuweilen einen widerlichen Geruch. → **L 520**

521 *Ergänze die fehlenden Beistriche:*

Der Staatsbürger hat nicht nur Rechte sondern auch Pflichten. – Aus Gold Silber und Elfenbein verfertigt man Schmuckstücke. – Sowohl im Norden als auch im Süden regnete es. – Es ist schön doch windig. – Ein bissiger schwarzer Hund lag vor der Tür. – Es war ein sonniger heißer Tag. – Der Bauer pflügte eggte säte und pflanzte. – Wir wanderten auf einem sonnigen grasbewachsenen Weg. – Nicht nur am Morgen sondern auch am Abend regnete es. – Der Film ist sowohl Erwachsenen als auch Jugendlichen zu empfehlen. – Weder der Fahrer noch die Fahrgäste merkten den Unfall. – Von oben sahen wir in die weite waldreiche Schlucht. – Bald war er hier bald dort. → **L 521**

Setze die fehlenden Beistriche ein! **522**

Vor dem Bildschirm

Das Fernsehen eine Erfindung des 20. Jahrhunderts hat unser Leben gründlich verändert.

Rufen Sie doch einmal Ihr Elektrizitätswerk an! Sie werden erfahren dass der Stromverbrauch jeden Abend genau dann sehr rasch sinkt wenn der Nachrichtensprecher sich für eine Nacht verabschiedet hat. Sie ich und noch etliche Millionen tun dann nämlich das Gleiche wir gehen schlafen. Das Fernsehen hat uns gleichgeschaltet Sie mich und viele andere obwohl wir uns gar nicht kennen.

Auch sonntags bleiben wir zu Hause vor dem Bildschirm sitzen und nähren uns von Erdnüssen Pralinen Kartoffelchips und Schokolade. Unsere vierköpfige Familie hat in den letzten sechs Monaten vier Kilo zugenommen. Und Ihre? Wenn drei Millionen vor den Fernsehgeräten gleichgeschaltet je ein Kilo zugenommen haben dann sind das 3000 Tonnen „Fernsehfett“. So schwer wiegen unsere Gewohnheiten.

→ **L 522**

(Aus der Zeitschrift „Hör zu“)

Kein Beistrich wird gesetzt, wenn das letzte von mehreren Eigenschaftswörtern mit dem nachfolgenden Hauptwort einen **Gesamtbegriff** bildet.
Im Zweifelsfall, ob zwischen zwei Eigenschaftswörtern bei einer Aufzählung ein Beistrich stehen muss, hilft die **„Und-Probe“**: Nur wenn man **„und“** zwischen die Eigenschaftswörter setzen kann, darf ein Beistrich geschrieben werden.
Ein **Gesamtbegriff** liegt auch vor, wenn sich beim Umstellen der Eigenschaftswörter der Sinn des Satzes ändert.

Beispiele (die fett gedruckten Wörter bilden einen festen Begriff mit dem folgenden Namenwort):

ein Glas dunkles **bayrisches Bier** (dunkles **und** bayrisches Bier ergibt keinen Sinn!)
das prächtige **kaiserliche Schloss**
gute **französische Weine**
ein wunderschöner **echter Sealmantel**
ein glitzernder **goldener Ring**
ein höflicher **junger Mann**
sehr geehrte **gnädige Frau**

523 *Ergänze die fehlenden Beistriche in den folgenden Sätzen:*

Sie hatte schöne funkelnde schwarze Augen. – Die wuchtigen eichenen Möbel im Wohnzimmer fielen mir sofort auf. – Von oben sahen wir eine weite waldreiche Schlucht. – Ein knurrender schwarzer Hund lief uns entgegen. – Wir wanderten auf einem sonnigen steinigen Weg. – Die Eingangstür zierte ein einfaches schmiedeeisernes Gitter. – Der große braune Koffer war noch ganz neu und enthielt sowohl meine Wäsche als auch meine Anzüge. → **L 523**

- Ein Beistrich muss auch **vor und nach Satzteilen** gesetzt werden, **die den Redefluss unterbrechen,** also nach Ausrufen, Anreden, Hervorhebungen.
- Bei **enger Zusammengehörigkeit** des Ausrufs mit dem nachfolgenden Wort, also wenn keine Sprechpause gemacht wird, darf der Beistrich auch wegbleiben.

Beispiele:

Ja, das ist ausgezeichnet.
Fein, nun habe ich es endlich geschafft!
Hans, gib mir bitte das Buch!

Im Anfang, da war vieles anders.
Selbstverständlich, wir warten auf dich.
Wirklich, das hast du gut gemacht.
Mein Kind, du hast ja keine Schuhe an!
O nein.
O du mein Güte!

Ein Beistrich ist auch **vor nachgestellte genauere Angaben und Erklärungen** zu setzen. Solche Satzteile werden zumeist durch **und zwar, das ist, das heißt, zum Beispiel, also, namentlich, besonders, unter anderem, vor allem** eingeleitet.
Nach „das heißt" (d. h.) steht nur dann ein Beistrich, wenn ein untergeordneter Satz folgt.

Beispiele:

Der Schulunterricht schließt bei großer Hitze, **das heißt** bei Temperaturen über dreißig Grad.
Der Schulunterricht schließt bei großer Hitze, **das heißt**, wenn die Temperatur über dreißig Grad steigt.
Viele Flüsse sind stark verschmutzt, **zum Beispiel** der Rhein.
Sie wohnen in der Bäckerstraße, **also** im Herzen der Stadt.
Ich gehe oft ins Kino, **und zwar** jeden Sonntag.
Er ist sehr geschickt, **besonders** im Zeichnen von Blumen.
Beate liest viel, **unter anderem** auch Dramen.
Zwölf Schüler, **das ist** die Hälfte der Klasse, bestanden die Prüfung mit Auszeichnung.
Es ist bloß für fünf Personen Platz, **und das** nur, wenn alle zusammenrücken.

- **Nachgestellte erklärende Einschübe** (Appositionen) werden durch Beistriche vom übrigen Satz getrennt.
- Bei **nachgestellten Geburtsnamen** ist es freigestellt, einen Beistrich zu setzen.

Beispiele:

Rom, die Ewige Stadt, ist nicht an einem Tag erbaut worden.
Die Röntgenstrahlen, eine Entdeckung Wilhelm Conrad Röntgens, hießen zuerst X-Strahlen.
Salzburg, die Festspielstadt, wird von vielen Fremden besucht.
Durch diesen Film, einen köstlichen Kriminalschwank, wurde der Regisseur schnell bekannt.
Tante Inge, die Schwester meiner Mutter, war gestern auf Besuch.
Ausländische Firmen, insbesondere holländische und französische, treten als Bewerber auf.
Der Festtag, der langersehnte, war endlich gekommen.
Frau Ilse Gruber(,) geb. Hausner(,) war bei der Verhandlung nicht anwesend.
Wien, die Hauptstadt Österreichs, wird als Stadt der Musik bezeichnet.

Der Beistrich steht zwischen dem **Datum** und den übrigen Angaben. Im fortlaufenden Text gibt es dabei verschiedene Möglichkeiten der Beistrichsetzung.

Beispiele:

Wien, den 7. Juli 1984
Wien, am 7. Juli 1984
Wien, 7. Juli 1984

Dienstag, den 7. Juli 1996 findet um 16 Uhr die Versammlung statt.
Am Samstag, dem 7. Juli 1996, reisen wir ab.
Samstag, den 7. Juli 1996 reisen wir ab.
Morgen, 8. September 1996, 15 Uhr, Beginn des großen Gartenfestes.

- **Nachgestellte Titel oder Berufsbezeichnungen** werden durch einen Beistrich vom übrigen Satz getrennt.
- Werden die Titel dem Namen **vorangestellt**, wird kein Beistrich gesetzt.

Beispiele:

Gerhard Berger, Schlossermeister, Linzer Straße 8, 1140 Wien.
Professor Oberstudienrat Doktor Hans Hufnagl wohnt in Salzburg.
Medizinalrat Dr. Müller, Facharzt für Innere Medizin, ordiniert nur nachmittags.

- Der Beistrich trennt **in Adressen** mit fortlaufendem Text die verschiedenen Angaben voneinander.
- Werden die Teile der Adresse jedoch **untereinander geschrieben** (etwa auf Briefumschlägen), wird zwischen den Teilen der Adresse **kein Beistrich** gesetzt.

Beispiele:

Dr. Walter Richter, Facharzt für Urologie, Brünner Straße 18/12, A-1210 Wien

Jedoch:

Herrn
Dr. Walter Richter
Facharzt für Urologie
Brünner Straße 18/12
A-1210 Wien

- Der Beistrich trennt **Hinweise** auf Stellen in Büchern oder Zeitschriften von den weiteren Angaben.
- Zwischen mehrteiligen Hinweisen auf Gesetze und Verordnungen steht **kein** Beistrich.

Beispiele:

Werner Bergengruen: Die Rittmeisterin. München, Nymphenburger Verlagsbuchhandlung 1964
§ 12 Abs. 3 Satz 5 des Strafgesetzes 1995

Der Beistrich trennt in **Dezimalzahlen** die Dezimalen von den Ganzen.

Beispiele:

S 117,–	6,35 l
DM 15,30	3,6 m
sfr 6,50	7,8 km
16,5 kg	2,5 t

524 *Ergänze in dem folgenden Text alle Beistriche!*

Essen und Trinken

Essen und trinken müssen wir alle. Vor einem verdorbenen Magen können wir uns aber nicht immer schützen. Die Lebensmittelkontrolle wacht über die Güte der dem Lebensmittelgesetz unterliegenden Waren.

Die Lebensmittelkontrolle führen Ärzte Tierärzte und Personen mit besonderer Ausbildung bei den Gesundheitsäm-

tern Marktämtern und Lebensmitteluntersuchungsanstalten durch.
Unreife verdorbene und wertgeminderte Lebensmittel werden am besten gleich beim Kauf beanstandet. Inländische Markenwaren also Konserven Schokoladen und dgl. können zweckmäßigerweise beim Erzeuger selbst beanstandet werden.
Nicht nur Speisen auch Getränke kann man beim nächsten Marktamt oder Gesundheitsamt überprüfen lassen. → **L 524**

Bilde mit den folgenden Angaben Beisätze (Appositionen) **525**
und ergänze die Beistriche:

Fernsehen – Erfindung des 20. Jahrhunderts
Drei Millionen Menschen – die Fernseher Österreichs
Kaiser Joseph II. – Sohn Maria Theresias
Salzburg – die Mozartstadt
Sein Vater – ein Krankenpfleger
Großglockner – die höchste Erhebung Österreichs
Wilhelm Conrad Röntgen – ein Physiker
Peter Mitterhofer – Erfinder der Schreibmaschine
Schreib so: Das Fernsehen, eine Erfindung des 20. Jahrhunderts, hat unser Leben gründlich verändert.

Ergänze die fehlenden Beistriche: **526**

Montag den 7. April um 19 Uhr beginnt die Feier. – Au ich habe mich geschnitten. – Nein ich will nicht mitkommen! – Hilfe es brennt! – Wohin Ilse? – Besuchen Sie mich lieber Kollege in der nächsten Woche! – Der Regen von allen ersehnt ließ auf sich warten. – Salzburg die Mozartstadt wird von vielen Fremden besucht. – Angelika Berger geborene Hausner ist jetzt Lehrerin in Linz. – Wir werden am Sonntag zurückkehren und zwar mit dem 8-Uhr-Zug. – Die Schüler waren sehr aufmerksam besonders die Mädchen. – Unsere Sportler erregten großes Aufsehen namentlich die Läufer.
→ **L 526**

527 *Ergänze die fehlenden Beistriche!*

Nach der Lebensmittelverordnung müssen Le
sonders gekennzeichnet werden. Es sind a
handelsübliche Bezeichnung der Name und
zeugenden Unternehmens bzw. der Erzeugu
hinaus sind je nach der Art der Lebensmitt
das Füllgewicht das Füllvolumen die Herstellu
wie Hinweise auf die Haltbarkeit oder die Lager
ferner der Zeitpunkt der Verpackung. Sowoh
mittelhändler als auch die Verbraucher sollten
ten beachten.
Beim Kauf von tiefgekühlten Lebensmitteln ist a
Temperatur der Luft in der Truhe zu achten. St
sung erhöht die Temperatur und trägt so zur Ge
veränderung aber auch zum Verderb einer tie
Ware bei. → **L 527**

528 *Wo fehlen hier Beistriche? Ergänze!*

Der Föhn

In Kindeszeiten fürchtete ich den Föhn und hasste ihn sogar. Mit dem Erwachen der Knabenwildheit aber bekam ich ihn lieb den Empörer den Ewigjungen den frechen Streiter und Bringer des Frühlings. Es war so herrlich wie er voll Leben Überschwang und Hoffnung seinen wilden Kampf begann stürmend lachend und stöhnend wie er heulend durch die Schluchten hetzte den Schnee von den Bergen fraß und die zähen alten Föhren mit rauen Händen bog und zum Seufzen brachte. Später vertiefte ich meine Liebe und begrüßte nun im Föhn den süßen schönen allzu reichen Süden welchem immer wieder Ströme von Lust Wärme und Schönheit entquellen um sich an den Bergen zu zersprengen und endlich im flachen kühlen Norden ermüdet zu verbluten. Es gibt nichts Seltsameres und Köstlicheres als das süße Föhnfieber das in der Föhnzeit die Menschen der Bergländer überfällt den Schlaf raubt und alle Sinne streichelnd reizt. Das ist der Süden der sich dem spröden ärmeren Norden immer

wieder stürmisch und lodernd an die Brust wirft und den verschneiten Alpendörfern verkündigt dass jetzt an den nahen purpurnen Seen Welschlands schon wieder Primeln Narzissen und Mandelzweige blühen.
Alsdann wenn der Föhn verblasen hat und die letzten schmutzigen Lawinen zerlaufen sind dann kommt das Schönste. Dann recken sich berghinan auf allen Seiten die beblümten gelblichen Matten. → **L 528**

(Hermann Hesse)

Setze die fehlenden Beistriche ein! **529**

Ein Tag im Winter
Nichts ist zu vergleichen mit einem Tag im späten Winter der dich plötzlich anrührt und sagt: Wach auf! Du gehst vielleicht auf den gefrorenen Wegen oder am frühen Morgen über die Felder und da ist nichts Ungewöhnliches Schnee und blanke Kälte überall. Allein dann streift dich ein Zweig plötzlich hast du Knospen vor Augen zarte rosige Knospenfinger an diesem Apfelbaum. Oder du steigst über einen Tümpel an deinem Weg nichts weiter aber der blaue Himmel spiegelt sich darin. Und dann siehst du einen Finken auf dem Zaun sitzen mit einem langen Strohhalm im Schnabel – was will der kleine Fink mit seinem Halm im Schnabel? – Und mit einmal spürst du einen süßen Schreck in deiner Brust du bleibst verwundert stehen und schaust dich um und dein Herzschlag zögert einen Augenblick – ja was ist das was geschieht mit dir?
Ach du kannst tausend Meilen weit in der Fremde sein in den Dünen der Wüste auf gottverlassenem Wasser überall wird dich diese Stunde überraschen und du wirst nicht wissen wie dir geschieht. Mit Worten kannst du es nicht sagen es geschieht den Tieren ebenso den Bäumen und den unzähligen Keimen in der Erde. Es ist die Mutter die dich ruft du verlorener Sohn! → **L 529**

(Karl Heinrich Waggerl)

Der Beistrich in der Hauptsatzreihe ○

- Besteht der Ganzsatz aus zwei oder mehreren Hauptsätzen, ist zwischen den Hauptsätzen ein **Beistrich** zu setzen.
- Werden die Hauptsätze aber durch **und, oder, beziehungsweise, sowie, wie, entweder . . . oder, sowohl . . . als auch, weder . . . noch** verbunden, ist die Beistrichsetzung freigestellt.
- Seid ihr im Zweifel, ob es sich um Hauptsätze handelt, bestimmt das **Prädikat** und das **Subjekt. Fehlt** in einem Teil des Satzes das Subjekt, ist **kein Beistrich** zu setzen.

Zusammengesetzte Sätze Sie bestehen aus mehreren Hauptsätzen. Jeder Teilsatz hat ein Subjekt und ein Prädikat, daher ist vor dem Bindewort **ein Beistrich** zu setzen.	**Einfache Sätze** Sie sind durch die **Zusammenfassung** von Hauptsätzen entstanden. Dem Satzteil nach dem Bindewort fehlt das Subjekt. Es ist kein vollständiger Satz, daher ist vor dem Bindewort **kein Beistrich** zu setzen.
Das Fahrrad hat keine Lampe, **auch die Glocke ist unbrauchbar.**	Das Fahrrad hat keine Lampe und auch keine brauchbare Glocke.
Das Auto hat falsch eingestellte Scheinwerfer, **außerdem überlasten sechs Insassen das Fahrzeug.**	Das Auto hat falsch eingestellte Scheinwerfer und ist mit sechs Insassen überlastet.

Wir können geradeaus fahren, **wir können aber auch nach rechts abbiegen.**

Wir können geradeaus fahren oder nach rechts abbiegen.

Bilde Hauptsatzreihen und verwende die Bindewörter „aber, denn, nicht nur – sondern auch, doch, deshalb, und auch"! **530**

Österreich

Die Bundesländer Österreichs sind reich an Naturschönheiten. Sie sind auch bekannt durch ihre großen Kunstschätze. In manchen Gegenden hat sich eine rege Industrie entwickelt. Die reichen Wasserkräfte begünstigen ihre Entfaltung. Die lebhafteste Tätigkeit entstand im Wiener Becken. Hier ist die Bevölkerung am dichtesten. In den Städten finden wir eine hoch entwickelte Industrie. In einigen Gebirgstälern ist sie heimisch. Nieder- und Oberösterreich liefern beachtliche Erträgnisse an Getreide. In den höheren Gebirgsgegenden gedeihen nur noch wenige Feldfrüchte. Der fruchtbarste Ackerboden findet sich im Flachland. Hier wiegt der Ackerbau vor. Das Gebirge hat große Wälder. Diese gewähren vielen Menschen den Lebensunterhalt. → **L 530**

Ergänze die fehlenden Beistriche! **531**

Das Verhalten der Radfahrer

Man darf bereits vom 12. Lebensjahr an allein mit einem Fahrrad fahren daher muss man sich über das Verhalten im Straßenverkehr im Klaren sein.

Wie alle Lenker von Fahrzeugen haben sich auch die Radfahrer an die Rechtsfahrordnung zu halten. Aus diesem Grund müssen sie am rechten Rand der Fahrbahn fahren. Der Radfahrer muss immer den rechten Fahrstreifen benützen das gilt besonders für Straßen mit mehreren Fahrstreifen. Auf manchen Straßen sind auf einer Seite oder auf beiden Seiten Nebenfahrbahnen vorhanden diese müssen auch von Radfahrern benützt werden. Auch Radfahrstreifen sind abgegrenzte Teile der Fahrbahn und müssen von Radfahrern in einer Richtung befahren werden. → **L 531**

532 *Setze die Beistriche ein:*

Der Polizist hebt die Hand und die Fahrzeuge halten an. Sein Kollege kommt mit einem Notizblock er überprüft die Papiere der Fahrzeuglenker. Bald stauen sich die Fahrzeuge. Eine Verkehrskontrolle ist nicht beliebt und der Aufenthalt auf der Straße verärgert die Fahrer. Manches Auto wird beanstandet und seine Nummer wird mit der Anschrift des Fahrers notiert. Hier leuchtet beispielsweise das rechte Blinklicht nicht auf außerdem sind die Reifen abgefahren. Der nächste Personenwagen ist in Ordnung aber der Fahrer sucht vergeblich seinen Führerschein. Die Unterbrechung der Fahrt wird von allen als unangenehm empfunden doch sehen die meisten die Notwendigkeit solcher Kontrollen ein.

→ **L 532**

533 *Ergänze die fehlenden Beistriche:*

Wie es hagelt

Nun brach es los. Die Bäume wurden lebendig und es krachten die Strünke. Vom Dache der Scheune rissen sich ganze Fetzen los und tanzten in den Lüften. In demselben Augenblicke sauste das erste Schloßenkorn nieder; hoch sprang es wieder auf und kollerte hüpfend über den Boden hin. Das Schloßenkorn war so groß wie ein Hühnerei. Die Leute sahen es und mit einem leisen „Jesus Maria!“ eilten sie ins Haus. Nun war eine halbe Stunde lang nichts als ein fürchterliches Geknatter. Die Leute beteten den Wettersegen aber man verstand kein einziges Wort. Zuletzt klirrten gar die Fenster der Morgenseite auf den Dächern knatterte es gräulich und zackige Schloßen kollerten in die Stube und der Wind wogte herein und blies die geweihte Wetterkerze aus und fachte das Herdfeuer an zu einem wilden Sprühen und wir glaubten schon es käme uns das Feuer zum Rauch-

us. Erst als ein gewaltiger Donnerschlag krachte weiter legte sich das Mark und Bein durchdringende und es zog nur noch ein eiskalter Luftzug durch die und es rieselte der Regen. → **L 533**

(Peter Rosegger)

ze die Beistriche: **534**

rgwald

ätherbst wird es still und ruhig im Bergwald. Der mäch-f der röhrenden Hirsche ist verhallt verstummt sind lied und Würgerschrei. Das lärmende Volk der hat sich talwärts verzogen und seltener geworden Hähers heiseres Gratschen und des Spechtes lau-ämmer. Nur noch an warmen Tagen verlassen die chen die schützende Nestkugel dann rasseln sie uf und stammab in munterem Spiel. Sogar die ärg-wätzer die Meisen und Goldhähnchen beginnen zu en und an den vielen feuchtkalten Tagen sitzen sie plusterten Federn traurig herum. Der alte Marder ht niemals Lärm denn er ist ein lautloser Schleicher. → **L 534**

Der Beistrich im Satzgefüge ○

Zwischen dem Hauptsatz und dem **Gliedsatz** (Nebensatz) steht immer ein **Beistrich**.

Beispiele:

Problem Nummer eins ist das Abwasser, *das in die Flüsse gelangt.*

HAUPTSATZ, *GLIEDSATZ.*

An die Fotos von toten Fischen, *die an der Oberfläche treiben,* hat man sich inzwischen gewöhnt.
HAUPTSATZ 1. T., *GLIEDSATZ,* HAUPTSATZ 2. T.

Wo das Gewässer verseucht ist, da kann kein Fisch leben.
GLIEDSATZ, HAUPTSATZ.

535 *Setze die fehlenden Beistriche ein:*

Fischsterben
Problem Nummer eins für die Oberflächengewässer ist das Abwasser das aus Fabriken und privaten Haushalten in die Flüsse und Seen gelangt. Das führt auf die Dauer zu unerträglichen Verschmutzungen. Schaumberge die auf Flüssen dahintreiben sind heute kein seltener Anblick mehr. An die schockierenden Fotos von Tausenden toten Fischen die an der Oberfläche eines Gewässers treiben hat man sich inzwischen gewöhnt. Die in den Waschmitteln vorhandenen Phosphate führen zu einer Anreicherung der Gewässer in die sie abgeleitet werden mit Nährstoffen. Leider begünstigen diese Nährstoffe das Wachstum von Algen die zu viel Sauerstoff verbrauchen. Durch diesen Verbrauch von Sauerstoff durch den es in der Folge zur Bildung von Giftstoffen und Ölen kommt entsteht schließlich Faulschlamm und das führt zum Sterben der Fische. → **L 535**

536 *Ergänze die Beistriche!*

Wie der Kaffee entdeckt wurde
Im ostafrikanischen Hochland lebte vor vielen Jahren ein Hirte der täglich seine Ziegen auf die Weide führte. Da bemerkte er plötzlich dass die Tiere nachts nicht mehr schlafen konnten. Ruhelos irrten sie umher hüpften und meckerten. Der Hirte dachte nichts anderes als dass sie von bösen Geistern besessen wären. Da er sich nicht zu helfen wusste

nahes Kloster und erzählte die Geschichte den
r Abt der ein weiser Mann war beobachtete die
bemerkte dass sie fleißig von den kirschroten
es niedrigen Strauches naschten. „Vielleicht ist
sels Lösung“, dachte er denn er glaubte nicht an
untersuchte die Früchte genau kostete auch de-
förmige Kerne und fühlte sich plötzlich selbst
frisch obwohl es schon spät nachts war. Er hatte
nde Wirkung der Kaffeebohnen entdeckt. Diese
einem Wirkstoff der in der Bohne enthalten ist. Er
d erfrischt. Wird er aber in großen Mengen genos-
für den Körper schädlich. → **L 536**

Wo fehlen Beistriche? Ergänze sie! **537**

Wer nicht hören will muss fühlen. Was ein elektrischer Funke im Kleinen ist das ist ein Blitz im Großen. Früher meinte man dass sich die Sonne um die Erde bewege. Ob ich kommen kann ist noch ungewiss. Wenn der Herbst kommt verlassen uns die Zugvögel. Während ich Klavier spielte las mein Freund in einem Buch. Als der Abend kam schlossen wir die Fensterläden. Nachdem ich gegessen hatte durfte ich spielen. Es ist lange her seit wir uns zuletzt gesehen haben. Er tut so als ob er krank wäre. Da es stürmte kehrte ich um. Hunde die viel bellen beißen nicht. Er hustet ohne dass er sich die Hand vor den Mund hält. → **L 537**

Bringe diese Sprichwörter wieder in Ordnung und schreib sie in der richtigen Satzfolge auf! Vergiss nicht, die fehlenden Satzzeichen zu ergänzen! **538**

Verrückte Sprichwörter
Wo Tauben sind fällt er vom Baum. Wenn der Apfel reif ist fliegen Tauben zu. Wenn auch der Hahn nicht kräht darfst du dich nicht wundern dass dich die anderen missverstehen. Wenn du dich versprichst wird es doch Tag. Was ich nicht weiß fällt selbst hinein. Wer andren eine Grube gräbt macht mich nicht heiß. → **L 538**

539 *Unterstreiche die Gliedsätze und ergänze die fehlenden Beistriche!*

Das Gleichgewicht in der Natur darf nicht gestört werden
In einem geschlossenen Lebensraum wie dies zum Beispiel ein Wald oder ein Teich ist besteht eine strenge Gesetzmäßigkeit zwischen „Nährer" und „Zehrer".
Die aus Abfällen und Mineralstoffen des Muttergesteins entstehenden Pflanzen werden von den Pflanzenfressern verzehrt welche wiederum den Fleischfressern als Nahrung dienen.
Weil alle diese Gruppen untereinander in einem Gleichgewichtsverhältnis stehen können Störungen dieses Gleichgewichts zur Massenvermehrung einer Art führen.
Weil aber das Nahrungsangebot für diese Art bald erschöpft ist wird wieder das Gleichgewicht hergestellt sodass ein Überhandnehmen einer Art ausgeschlossen ist.
Menschliche Eingriffe wie die Aussetzung von Kaninchen in Australien können das natürliche Gleichgewicht stören und zur Landplage werden da dort der natürliche Feind fehlt.
→ **L 539**

540 *Ergänze die Beistriche:*

Es ist heute schon weitgehend bekannt dass Bäche Flüsse und Seen mit Abwasser verschmutzt sind. Wenn die Verschmutzung sehr stark ist können sich die Gewässer nicht mehr selbst reinigen.
Außerdem ist zu bedenken dass alle Gewässer als Fisch- Trink- Bade- oder Kühlwasser benötigt werden. Daher ist es unbedingt erforderlich dass die Abwässer vor Einführung in die Bäche Flüsse und Seen gereinigt werden. → **L 540**

541 *Ergänze in dem folgenden Text die fehlenden Beistriche!*

Das Heldenmädchen von Neufundland
An der äußersten Nordküste Neufundlands liegt ein kleines Fischerdorf das der Sitz der Regierungs-Krankenschwester

Joan Eydes ist. Weder Straße noch Bahn führen dorthin. Nur auf einem umständlichen Seeweg ist der Ort zu erreichen. In diesem Ort gibt es keine Geschäfte keinen Gasthof und kein elektrisches Licht. Für 100 Kilometer Umkreis ist Schwester Joan der einzige Arzt Dentist Apotheker. Immer ist sie auf sich allein angewiesen.
Eben war die Schwester von einer Kranken in einer Fischersiedlung zurückgekommen. Auf Schiern hatte sie sich 18 Kilometer über weglose verschneite Klippen gegen den aufkommenden Schneesturm zurückarbeiten müssen; da wurde ihr gemeldet dass aus Ladle Cove jenseits der Bucht ein Hilferuf gekommen sei. Wenig später eilte Joan bei einbrechender Dunkelheit von Tür zu Tür um einen der Männer zur Begleitung zu finden. Aber keiner der Fischer wagte es bei diesem Wetter über die Bucht zu gehen. So schirrte Joan ihre fünf Hunde vor ihren Schlitten und versuchte den Weg auf eigene Faust zu finden. Fünf Stunden lang kämpfte sie sich durch den tobenden Schneesturm aber schließlich erreichte sie zu Tode erschöpft das jenseitige Ufer und konnte dem Kranken die lebensrettenden Medikamente verabreichen. → **L 541**

Der Beistrich bei satzwertigen Wortgruppen ⊗

Zwischen einem Hauptsatz und einer satzwertigen Wortgruppe **kann** ein Beistrich gesetzt werden.
Das betrifft:

a) **Auslassungssätze** (Satzellipsen),
b) **nachgestellte Nennformgruppen mit „zu“** (Infinitivgruppen),
c) **Mittelwortgruppen** (Partizipgruppen).

Beispiele:

Zu a) **Ein Schuss(,)** und sieben Meter vom Boot entfernt fällt der Vogel ins Wasser.
Vielleicht(,) dass wir die Jagdbeute noch retten können.

Zu b) Um nicht zu spät zu kommen(,) nahmen sie ein Taxi.
Wir hatten den Plan(,) das Dachgeschoß auszubauen.
Meinen Vorsatz(,) nicht zu rauchen(,) habe ich auch eingehalten.

Zu c) Durch eine kräftige Jause gestärkt(,) setzten wir den Aufstieg fort.
Ganz in Decken verpackt(,) saß sie auf der Terrasse.
Aus vollem Halse lachend(,) kam er auf mich zu.
Er legte sich(,) kaum zu Hause angekommen(,) in sein Bett.

Wenn Missverständnisse auftreten können, ist zwischen dem Hauptsatz und der einfachen Nennformgruppe mit „zu" ein **Beistrich** zu setzen:
Sie rieten ihm, zu folgen. – Sie rieten, ihm zu folgen.

542 *Ergänze die fehlenden Beistriche:*

Bei jedem Einkauf ist es notwendig sich über das Warenangebot zu informieren. Der Besuch eines Kaufhauses ermöglicht es jedem einen Überblick über die Waren und ihre Preise zu bekommen. Der Sparsame wird es daher nicht versäumen die Waren auf ihre Preiswürdigkeit zu überprüfen. Wir besuchen ein Kaufhaus um einen Fotoapparat zu erwerben. Am Ziel angelangt begeben wir uns gleich zur Fotoabteilung im ersten Stock. Langsam an den Schaukästen vorbeibummelnd vergleichen wir die Preise mit jenen in einem Katalog des großen Fotofachgeschäftes. Danach lassen wir uns von einem Verkäufer beraten um die Vorzüge der einzelnen Modelle kennenzulernen. Einen Apparat gefällig betrachtend entschließen wir uns endlich den Kauf abzuschließen. → **L 542**

Ergänze die Beistriche! **543**

Erich nahm sich vor nach der Schule sofort nach Hause zu gehen. – Er hatte keine Zeit sich zu rasieren. – Sie haben allen Grund sich zu schämen. – Er fuhr in die Stadt um einzukaufen. – Sie ging ohne sich zu verabschieden einfach weg. – Die Gelegenheit sich zu entfernen war günstig. – Anderen zu helfen ist er immer bereit. – Manchmal ist nichts so angezeigt wie zu schwiegen. – Es war schwierig Schnee zu finden der hart genug war. – Das Schiff drohte zu versinken. – Erlauben Sie mir Sie bald zu besuchen? – Er braucht nur zu klopfen. – Einzutreten hatte er nicht gewagt. – Er scheint verraten worden zu sein. – Er hofft bei diesem Wettkampf zu gewinnen. – Mein Freund versprach mir bei der Aufgabe zu helfen. – Es ist schwierig das Wasser in den Flüssen rein zu halten. → **L 543**

Ergänze die fehlenden Beistriche: **544**

Von der Werbung angelockt strömten viele Kauflustige herbei. Ich wählte deinen Geschmack kennend eine CD mit moderner Musik. Langsam fahrend entdeckte er unter den Fußgängern das gesuchte Kind. Schwer beladen kam der Wagen nur langsam vorwärts. Von der Schönheit des Bildes ergriffen blieb er lange davor stehen. Kaum in Salzburg angelangt reiste er schon wieder weiter. Sich mühsam aufrichtend wandte sich der Boxer erneut seinem Gegner zu. Der Patient hat schon vier Wochen starke Schmerzen ohne darüber zu klagen. Mein Vater hat einen Erholungsurlaub bekommen um sich von den Folgen der Operation zu erholen.

Er hat nicht vergessen uns sofort einen ausführlichen Brief zu schreiben. Der Redner sprach weiter ohne sich um den Lärm unter den Zuhörern zu kümmern. Das Mädchen öffnete die Tür und ließ die Besucher ein ohne vorher nach ihren Wünschen zu fragen. → **L 544**

545 *Unterstreiche in den folgenden Sätzen die Mittelwortgruppen (Partizipgruppen) und ergänze die Beistriche:*

Ich wählte euren Geschmack kennend klassische Musik. – Von der Pracht des Festes angelockt strömten viele Fremde herbei. – Er eilte auf mich zu freundlich lächelnd. – Der Jäger durchstreifte das Revier die Spuren des Wildes verfolgend. – Die Tür offen vorfindend trat er ein. – Vor dem Bild kniete eine Frau tief in ein Gebet versunken. – Das Reh erreichte den Wald von den bellenden Hunden verfolgt. – Sich mühsam aufrichtend wendete er sich erneut seinem Gegner zu. – Langsam fahrend entdeckte er das gesuchte Kind unter den Passanten. – Schwer beladen kam er nur langsam vorwärts. – In der Stadt angekommen erledigte er zuerst seine Geschäfte. – Von der Schönheit des Bildes ergriffen blieb er lange betrachtend stehen. → **L 545**

546 *Ergänze die fehlenden Beistriche:*

Wasser für jeden Zweck

Wir alle wissen wie wichtig eine ausreichende Wasserversorgung für das tägliche Leben ist. Der Mensch trinkt im Durchschnitt zwei Liter pro Tag was nur einen kleinen Teil des Gesamtverbrauchs an Wasser ausmacht. Wesentlich mehr ist für die Erzeugung elektrischer Energie für die Bewässerung und für industrielle Zwecke erforderlich. Im Allgemeinen ist der Bedarf an Wasser vom Lebensstandard und vom Stand der Industrialisierung abhängig. In hoch entwickelten Ländern werden 35 bis 55 Prozent des Grundwasserbedarfs in Landwirtschaft und Industrie verwendet. In den Vereinigten Staaten Amerikas zum Beispiel werden pro

Einwohner täglich etwa sieben Millionen Liter Wasser verbraucht wovon nur sechs Prozent auf den Haushaltsbedarf fallen. Die Hälfte des Wassers das in den USA jährlich verbraucht wird wird für die Bewässerung in der Landwirtschaft verwendet. Dies ist zwar notwendig aber auch sehr verschwenderisch da etwa 60 Prozent durch Verdunstung verloren gehen. → **L 546**

(Aus „Bedrohtes Leben“ von E. Duffey)

Ergänze die Beistriche! **547**

Wetten dass ich recht habe. – Vielleicht dass er kommen wird. – Ende gut alles gut. – Der Bau eines neuen Bahnhofes ist wie bekannt dringend notwendig. – Falls nötig wird er die Geräte anschaffen. – Vielleicht dass er noch eintrifft. – Ich weiß nicht was anfangen. – Ehre verloren alles verloren. – Bitte komme einmal her! Geben Sie mir bitte das Buch!

→ **L 547**

Ergänze die Beistriche! **548**

Liebe zu Büchern

Ihr Bücher allertreueste schweigsamste Gefährten wie euch danken für euer stets gegenwärtiges Bereitsein für dies ewig Aufhebende unendlich Beschwingende eurer Gegenwart! Was seid ihr gewesen in den finsteren Tagen der Seeleneinsamkeit in Lazaretten und Kriegslagern in Gefängnissen und an Schmerzensbetten; überall habt ihr allzeit Wache dem Menschen Träume geschenkt und eine Handbreit Stille in Unrast und Qual. Immer vermochtet ihr milde Magnete Gottes die Seele wegzuziehen wenn sie im Täglichen verschüttet war in ihr eigenstes Element immer habt ihr in allen Düsterungen den inneren Himmel uns wieder zur Ferne erweitert.

Winzige Stücke Unendlichkeit still gereiht an schmuckloser Wand so steht ihr unscheinbar in unserem Haus. Doch wenn die Hand euch befreit wenn das Herz euch berührt so sprengt ihr unsichtbar die werktäglichen Räume und im feurigen Wagen führt euer Wort uns aus Enge ins Ewige empor.

(Stefan Zweig)

→ **L 548**

Manchmal liegt es im Ermessen des Schreibenden, ob er Satzteile mit einem Beistrich abtrennen will oder nicht.

Beispiele:

Sie hatte(,) trotz aller guten Vorsätze(,) wieder zu rauchen angefangen. Der Kranke hatte(,) entgegen ärztlichem Verbot(,) das Bett verlassen. Das war(,) nach allgemeinem Urteil(,) eine Fehlleistung. Er hatte sich(,) den ganzen Tag über(,) mit diesem Problem beschäftigt. Die ganze Familie(,) samt Kindern und Enkelkindern(,) besuchte die Großmutter. Der Erfinder der beweglichen Lettern(,) Johannes Gutenberg(,) wurde in Mainz geboren.

Der Beistrich in mehrfach zusammengesetzten Sätzen △

Für mehrfach zusammengesetzte Sätze gelten dieselben Regeln wie für Satzgefüge und Hauptsatzreihen.

Beispiele:

Ich weiß,	Hauptsatz
dass du dir nichts erspart hast,	1. Gliedsatz
dass du aber trotzdem vermögend bist.	2. Gliedsatz

(Beide Gliedsätze beziehen sich auf den Hauptsatz, sind also Gliedsätze gleichen Grades.)

Erich ist ein Freund,	Hauptsatz
der mir immer hilft,	1. Gliedsatz

der mich noch nie im Stich gelassen hat,	2. Gliedsatz
der immer für mich da ist.	3. Gliedsatz.

Wenn die Tage länger werden,	1. Gliedsatz
wenn die Natur zu neuem Leben erwacht,	2. Gliedsatz
kehren die Zugvögel zurück.	Hauptsatz

Wenn er das wirklich vorhat	1. Gliedsatz
und wenn er sich nicht umstimmen lässt,	2. Gliedsatz
dann müssen wir auf seine Mitarbeit verzichten.	Hauptsatz

Ich weiß,	Hauptsatz
dass er sie liebt	1. Gliedsatz
und dass er alles für sie tun würde.	2. Gliedsatz

Wenn er nicht kommen will	1. Gliedsatz
oder wenn er verhindert ist	2. Gliedsatz
und wenn er nicht anruft,	3. Gliedsatz
müssen wir den Beschluss ohne ihn fassen.	Hauptsatz

Ich glaube,	Hauptsatz
dass du fleißiger geworten bist,	Gliedsatz 1. Grades
seit du erfahren hast,	Gliedsatz 2. Grades
wie leicht man durchfallen kann.	Gliedsatz 3. Grades

(Die Gliedsätze 2. und 3. Grades beziehen sich jeweils auf den vorherigen Gliedsatz und nicht auf den Hauptsatz.“

Er war zu klug,	Hauptsatz
als dass er in die Falle gegangen wäre,	Gliedsatz 1. Grades
die man ihm gestellt hat.	Gliedsatz 2. Grades

549 *Ergänze in den folgenden Sätzen die fehlenden Beistriche:*

Einen Gliedsatz 1. Grades nennt man einen Satz	Hauptsatz
der sich unmittelbar auf den Hauptsatz bezieht.	Gliedsatz 1. Grades
Mit einem Gliedsatz 2. Grades haben wir es zu tun	Hauptsatz
wenn sich in einem Satzgefüge ein Gliedsatz auf einen anderen bezieht	Gliedsatz 1. Grades
der unmittelbar vom Hauptsatz abhängt.	Gliedsatz 2. Grades
Satzkonstruktionen	Hauptsatz, 1. Teil
in denen Gliedsätze 3. Grades vorkommen	Gliedsatz 1. Grades
die nun wirklich keine Zierde des Stils sind	Gliedsatz 2. Grades
weil sie den Satz über das Erträgliche hinaus in die Länge ziehen	Gliedsatz 3. Grades
dass Gliedsatz an Gliedsatz gehängt wird und der Leser zusehen darf	Gliedsatz 4. Grades
wie er sich in einem solchen Text zurechtfindet	Gliedsatz 5. Grades
nennt man einen Treppensatz.	Hauptsatz, 2. Teil

→ **L 549**

Sätze, die aus mehreren Haupt- und Gliedsätzen bestehen, bezeichnet man als **Satzperioden**. Um solche Sätze dem Leser verständlich zu machen, ist die richtige Beistrichsetzung sehr wichtig. Bei solchen mehrfach zusammengesetzten Sätzen müssen alle Beistrichregeln, die bisher besprochen wurden, sinngemäß Anwendung finden.

Im Zweifelsfall muss man solche Sätze zerlegen und bestimmen, welche Teilsätze Hauptsätze oder Gliedsätze sind, und sie übersichtlich darstellen.

Setze die fehlenden Beistriche ein: **550**

Bargeldlose Lohnzahlung
In weiten Kreisen der Bevölkerung wird es heute anscheinend noch als selbstverständlich und zeitgemäß betrachtet dass die Lohn- und Gehaltsauszahlung noch immer erfolgt wie zu Großvaters Zeiten nämlich durch die Übergabe des Lohn- bzw. Gehaltssäckchens. Bedenkt man die vielen Nachteile verwundert dies umso mehr. Die bare Lohn- Gehalts- und Pensionszahlung verursacht nicht nur vermeidbaren Zeitaufwand sondern bringt verschiedene Gefahren sowohl für die auszahlenden Stellen als auch für die Bezugsempfänger mit sich.
Hier sei nur kurz das Wesentliche über die bargeldlose Bezugszahlung gesagt: Dem Bezugsberechtigten werden Lohn und Gehalt bzw. Pension nicht mehr bar ausbezahlt sondern einem von ihm zu eröffnenden Konto gutgeschrieben. Die bargeldlose Lohn- Gehalts- und Pensionszahlung wird auch bargeldlose Bezugszahlung genannt. Über die gutgeschriebenen Beträge kann dann der Kontoinhaber mittels Schecks oder Überweisungsauftrages verfügen. → **L 550**

Ergänze die fehlenden Beistriche: **551**

Ratenkauf oder Barzahlung
Familien die über ein geringes Einkommen verfügten oder nicht richtig zu wirtschaften verstanden hatten in früheren Zeiten nahezu immer Schaden. Seit große Selbstbedienungsläden an die Stelle der kleinen Geschäfte von ehedem traten hat sich der unglückselige Brauch des Aufschreibenlassens vom Einkauf der täglichen Verbrauchsgüter auf andere Gebiete verlagert.

Manche Familien harren nicht deswegen auf den nächsten Ersten weil sie beim Kaufmann um die Ecke ihre Schulden zu begleichen haben sondern weil sie ihre fälligen Ratenschulden „abstottern“ müssen. Es gibt wohl Situationen in denen der Besitz eines bestimmten Gerätes für eine Familie wichtiger ist als die Ersparnis die bei voller Bezahlung erzielt werden könnte. Leider aber wird die Zinsenbelastung durch ein Ratengeschäft von vielen Konsumenten noch immer viel zu niedrig eingeschätzt wobei die Käufer von manchen wenig verantwortungsbewussten Händlern die bei solch einem Geschäft kaum etwas riskieren in ihrem Optimismus bestärkt werden. Eine besonders kostspielige Sonderform des Ratenkaufs sind die sogenannten Mietkaufverträge die sich jeder Verbraucher wegen der verwirrenden Miet- und Kaufbedingungen reiflich überlegen und von Fall zu Fall durchrechnen sollte. Man versteht darunter die Miete eines Gerätes das man im Verlauf der Zeit kaufen kann wobei die bezahlte Monatsmiete auf den Kaufpreis angerechnet wird. Derartige Mietkaufverträge sind bei Fernsehgeräten und Waschmaschinen aber auch bei Autos üblich kommen aber unverhältnismäßig teuer und geben dem Konsumenten nicht die Gewähr dass er ein fabrikneues Gerät oder Auto bekommt. → **L 551**

552 *Ergänze die fehlenden Beistriche!*

Im Wald

Zwischen Laub- und Nadelbäumen gewachsen ohne Regel und Wahl miteinander verzwängt und verschränkt verkrallt und verkrampft lagen die gestürzten Stämme die Riesenstangen die bemoosten Wipfel dürre Kronen.

Kreuz und quer von alten Stürmen entwurzelt von verzischten Blitzen gespalten von Sommern versengt angekohlt und gebleicht von Wintern zerrissen aufgesprengt und zerfleischt streckten sich die toten Bäume hin vergilbend vermodernd veraschend.

Waldfarne wuchsen auf den Grabhügeln der aus dem Boden herausgekippten Wurzelballen und Krallenwurzeln.
Felsen neigten sich darüber oder hielten mit ihren Steinschultern niedergepolterte Stämme in der Schwebe Brücken und Stege bildend über Schluchten Baumleiber und Abgründe.
Und stolz und gewaltig unbesiegbare Waldhelden erhoben sich die grünen und noch lebenden Bäume die Buchen und Fichten und Bergahorne. → **552**

(Friedrich Schnack)

Der Punkt □

Der Punkt kennzeichnet das Ende eines Ganzsatzes. Nach **Aussagesätzen**, aber auch nach **indirekten Frage-, Ausruf-, Wunsch- und Befehlssätzen** sowie nach **Befehlssätzen**, die ohne Nachdruck gesprochen werden, ist ein **Punkt** zu setzen.

Beispiele:

Automatisch tasteten seine Hände nach der Taschenlampe.
Sie fragte, wo er wohne.
Sie rief über den Fluss, er solle warten.
Er wünschte, er wäre schon zu Hause.
Du sollst auch mitkommen.
Lies den Text mehrmals durch.

Ein Punkt steht ferner **nach Ordnungszahlen**, nach den meisten **Abkürzungen**, in **Fahrplan-Zeitangaben**. Am Satzende ist der Abkürzungspunkt zugleich **Schlusspunkt** des Satzes.

Beispiele:

Der 1. Mai ist ein Feiertag.
Der 28. August 1749 ist der Geburtstag Goethes.
Er erhielt den 3. Teil des Erbgutes.
Kaiser Joseph II. starb 1790.
Der Zug fährt um 17.30 Uhr ab.
Abb. (Abbildung), ca. (zirka), Dr. (Doktor), u. dgl. (und dergleichen).

Kein Punkt steht nach Abkürzungen, die buchstabenweise als selbständige Wörter gesprochen werden, sowie nach Maß- und Gewichtsangaben, Angaben von Münzeinheiten und Himmelsrichtungen.

Beispiele:

Lkw (Lastkraftwagen), Kfz (Kraftfahrzeug), ÖVP (Österreichische Volkspartei), SPÖ (Sozialistische Partei Österreichs), S (Schilling), DM (Deutsche Mark), l (Liter), m (Meter), N (Norden), SO (Südosten) u. dgl.

- **Kein Punkt** steht auch nach frei stehenden Zeilen, nach Überschriften, Buchtiteln, Aufschriften, nach alleinstehenden Datumsangaben, nach Unterschriften, Anschriften.
- Ferner ist **kein Punkt** in Gliederungen, Tabellen, Inhaltsverzeichnissen und nach den Angaben auf Formularen zu setzen.

Beispiele:

Als ich mich einmal gefürchtet habe
(Überschrift eines Schulaufsatzes)

Almauftrieb für Intellektuelle (Schlagzeile in Zeitung)

Wort und Bild (Buchtitel)

Zum Donaupark (Hinweistafel)

Wien, am 17. Mai 1984
Mit freundlichen Grüßen Ihr
Alois Buchberger
(Schlussformel aus Brief)

Frau
Mag. Angelika Ritter
Schüttaustraße 16
A-1220 WIEN

Lass dir den folgenden Text ansagen und ergänze die Satzzeichen! **553**

Er dachte nur an den anderen
Bei Arbeiten in einem Brunnenschacht wurde ein Brunnenarbeiter durch Sickergas ohnmächtig Niemand wagte es in den Schacht einzusteigen
Auf Hilferufe hin eilte Franz H herbei stieg in den Schacht ein band den Bewusstlosen an ein Seil und ließ ihn hochziehen Er selbst hatte nicht mehr die Kraft hochzusteigen
Mit äußerster Willensanstrengung klammerter er sich an das Seil und konnte auch hochgezogen werden
Der Brunnenmeister kam erst nach langen Wiederbelebungsversuchen zu sich → **L 553**

Ergänze die fehlenden Punkte und Beistriche! **554**

Ein Lokomotivführer starb für die Fahrgäste
Als der französische Eisenbahner Jean C den Kessel seiner Lokomotive nachheizen wollte schlugen Flammen aus dem Feuerloch und setzten seine Kleider in Brand Statt sich selbst zu retten brachte er den voll besetzten Zug zum Stehen damit den Fahrgästen kein Leid geschähe – C wurde mit fürchterlichen Verbrennungen ins Spital gebracht Sechzig Eisenbahner stellten ihre eigene Haut zur Verfügung um

die verbrannte Haut des Kameraden zu ersetzen Aber der tapfere Lokomotivführer konnte nicht mehr gerettet werden.

→ **L 554**

Das Fragezeichen □

Das **Fragezeichen** steht nach direkten Fragen, die durch einzelne Wörter, Wortgruppen oder Fragesätze zum Ausdruck kommen können. – Im Gegensatz zum Schlusspunkt ist das Fragezeichen auch nach Überschriften zu setzen.

Beispiele:

Willst du nicht noch bleiben?
Wie bitte?
Warum?

- Ein **Fragezeichen** steht aber auch, wenn man ausdrücken will, dass die Richtigkeit oder Wahrheit einer bestimmten Textstelle **angezweifelt** wird.
- Ein Fragezeichen steht ferner an Stelle von „wieviel“ in Rechenbeispielen.

Beispiele:

Der Jäger erzählte, er habe mit einem einzigen Schuss drei (?) Enten getötet.
Zwei Meter (?) Stoff für einen Mantel.
? S kostet 1 kg Birnen?

555 *Bilde fünf Fragesätze und schreib sie auf!*

Schreib auf, was Fremde alles fragen! **556**

Das Rufzeichen ☐

- Das **Rufzeichen** (Ausrufzeichen) steht **nach Ausrufen, Aufforderungen, Befehlen, Wünschen, Anreden** in Briefen. (In Briefen kann die einleitende Anrede auch bloß durch einen Beistrich vom folgenden Text getrennt werden.) Mit dem Rufzeichen wird dem Inhalt eines Satzes ein besonderer Nachdruck gegeben.
- In Einzelfällen setzt man das Rufzeichen (zwischen Klammern) auch als Ausdruck des Zweifels an der Richtigkeit einer Aussage.

Beispiele:

Au! Du tust mir weh!
Hallo, Sie! Was machen Sie denn da?
Kommt her da!
An alle Mitarbeiter!
Vorsicht! Glatteis!
Hätte ich doch mehr gelernt!
Liebe Eltern! Gestern bekam ich euer Paket . . .
Sie behauptet, sie könne fünf (!) Minuten die Luft anhalten.

Ergänze die fehlenden Punkte, Fragezeichen, Rufzeichen! **557**

Ein Gespräch im Schuhgeschäft
Guten Tag Sie wünschen – Guten Tag Ich hätte gern ein Paar Halbschuhe – Bitte nehmen Sie Platz Haben Sie einen bestimmten Wunsch – Ich dachte an braune Wildlederschuhe

mit Gummisohlen – Welche Schuhnummer haben Sie – Nummer 43 – Einen Augenblick Ich werde bestimmt etwas Passendes finden So, schlüpfen Sie bitte einmal in diesen Schuh Passt er – Nein, er drückt mich vorn, an der großen Zehe Schade, er gefiele mir so gut – Wir haben den gleichen Schuh auch eine halbe Nummer größer Hier ist er – Der sitzt ausgezeichnet Was kostet er – 980 Schilling – Hm, etwas viel Packen Sie mir dieses Paar trotzdem ein – Gern Die Kasse befindet sich neben dem Ausgang Vielen Dank und auf Wiedersehen – Auf Wiedersehen → **L 557**

558 *Bestimme die Satzart und ergänze die fehlenden Satzzeichen!*

Wie benimmt man sich beim Essen

Zu Tisch erscheine anständig gekleidet und sauber isst du Fleischspeisen, so nimm die Gabel in die linke, das Messer in die rechte Hand Mit der Gabel hältst du das Fleisch fest und schneidest immer nur so viel ab, wie du für den nächsten Bissen brauchst Hackfleisch und andere weiche Speisen iss bloß mit der Gabel, die dann wie der Löffel in die rechte Hand genommen wird Brauchst du die linke Hand zum Essen nicht, ruht sie auf dem Tischrand; das Aufstützen der Ellbogen ist zu vermeiden. Man „lümmelt“ sich nicht auf den Tisch Beim Kauen bleibt der Mund geschlossen Gieriges, hastiges Verschlingen ist unschön und ungesund Das Essbesteck halte mit drei Fingern, nicht mit der Faust Fisch iss mit zwei Gabeln oder, wenn ein eigenes Fischbesteck vorhanden ist, mit diesem Bist du dir im Unklaren, wie manche Speisen zu essen sind, richte dich nach der Hausfrau oder nach einem anderen Gast

Die Anstandsregeln beim Essen zeigen die Verschiedenheit der Sitten nach Zeiten und Ländern So galt es vor einigen Jahrzehnten als schicklich, das Messer in den Mund zu führen; heute ist dies ein grober Verstoß → **L 558**

Der Strichpunkt ⊗

Den **Strichpunkt** (das Semikolon) setzt man bei Aufzählungen an Stelle eines Beistriches, um inhaltliche Zusammengehörigkeit in Satzperioden erkennbar zu machen. Häufig ist es jedoch zu empfehlen, an Stelle des Strichpunktes einen Punkt zu setzen, weil kürzere Sätze leichter lesbar sind.

Beispiele:

Das Kaufhaus führt Waren aller Art: Samt und Seide, Damast, Wolle, Baumwolle, fertige Kleider und Anzüge, Mäntel, Blusen, Hosen; Teppiche und sonstige Bodenbeläge; Möbel und Einrichtungsgegenstände; Lebensmittel aller Art; Werkzeuge, Gartengeräte.

Unsere Interpunktion kennt 10 Satzzeichen: Punkt, Fragezeichen, Ausrufzeichen, Beistrich, Strichpunkt, Doppelpunkt; Gedankenstrich, Anführungszeichen, Klammern, Auslassungszeichen.

Einen **Strichpunkt** setzt man **in der Hauptsatzreihe**, wenn der Beistrich die einzelnen Hauptsätze zu schwach trennt, namentlich aber vor den begründenden oder entgegenstellenden Bindewörtern denn, daher, darum, deshalb, allein, doch, aber u. dgl.

Beispiele:

Du darfst mitgehen; doch es wäre besser, du bliebest zu Hause.
Die Angelegenheit ist erledigt; darum wollen wir nicht länger darüber sprechen.

Der **Strichpunkt** steht auch **in mehrfach zusammengesetzten Sätzen** (Satzperioden), um die Sätze stärker als durch Beistriche zu trennen.

Beispiele:

Der Mond ist aufgegangen, die goldnen Sternlein prangen am Himmel hell und klar; der Wald steht schwarz und schweiget, und aus den Wiesen steiget der weiße Nebel wunderbar. *(Eichendorff)*

Die arme Frau musste sich sehr quälen, um sich und ihr Kind ehrlich durchzubringen; in der kleinen Schlafkammer, deren Fenster nach dem Hof hinaussahen, lag sie manche Nacht wachend in großen Sorgen. *(Raabe)*

559 *Ergänze die Beistriche und Strichpunkte, wo welche am Platz sind!*

Vor den Bauernkriegen waren die Bauern der Willkür ihrer Fronherren gänzlich ausgeliefert sie hatten sich vor ihnen zu ducken und mussten um jede Erleichterung kniefällig bitten Schmalhans war ihr Küchenmeister und wo immer sie gingen und standen wurden sie überwacht nicht einmal in Haus und Hof waren sie sicher. → **L 559**

560 *Ergänze die Beistriche und Strichpunkte in dem folgenden Text von Hermann Löns!*

Die Heide röstet in der Mittagshitze zundertrocken ist sie kommt eine leichte Brise dann mülmt der Sand auf dem Weg wo die Schafe hintreten knistert alles die Schlange die auf der Eidechsenjagd ist lässt das brechdürre Rentiermoos knistern.
Seit Wochen ist es schon so alle Gräben stehen leer die Torfstiche sind trocken durch das Moor kann man in Schuhen gehen der Bach kann nicht mehr weiter das Torfmoos hat

rote und blaue Hungerfarben auf den Bruchwiesen kümmert das Gras und die Heide kann nicht recht blühen. → **L 560**

Der Doppelpunkt ⊗

- Der **Doppelpunkt** (das Kolon) steht bei der **wörtlichen Rede** nach dem Ankündigungssatz.
- Dasselbe gilt für **wörtlich angeführte Gedanken**. Nach dem Doppelpunkt wird in diesem Fall mit einem **großen Anfangsbuchstaben** weitergeschrieben.

Beispiele:

Der Vater sagt: „Wenn das Wetter morgen schön ist, machen wir einen Ausflug.“
Der Ertrinkende schrie: „Hilfe, Hilfe!“
Irene dachte sich im Stillen: Das werden wir ja sehen.
Sie sagte: „Brauchen Sie die Unterlagen?“, und öffnete die Schublade.

- Der **Doppelpunkt** steht vor angekündigten Aufzählungen.
  Bei solchen Aufzählungen wird nach dem Doppelpunkt **klein** weitergeschrieben (falls es sich nicht um Namenwörter handelt).
- **Keinen** Doppelpunkt setzt man jedoch, wenn der Aufzählung die Wörter wie, also, besonders, nämlich, z. B., und zwar, d. i., d. h., u. a. (unter anderem) vorausgehen.

Beispiele:

Der Postautobus fährt nur dreimal wöchentlich: dienstags, donnerstags, sonntags.	Der Postautobus fährt nur dreimal wöchentlich, **nämlich** dienstags, donnerstags, sonntags.
Österreich hat viele Kurorte: Badgastein, Bad Gleichenberg, Bad Tatzmannsdorf, Bad Ischl, Bad Schallerbach u. a. m.	Österreich hat viele Kurorte **wie** Badgastein, Bad Gleichenberg, Bad Tatzmannsdorf, Bad Ischl, Bad Schallerbach u. a. m.

Der **Doppelpunkt** kann auch vor Sätzen stehen, die **eine Erläuterung** des vorher Gesagten, **eine Folgerung** oder **eine Zusammenfassung** enthalten.
In diesen Fällen wird nach dem Doppelpunkt **groß** weitergeschrieben, da es sich um einen vollständigen Satz handelt, der auf den Doppelpunkt folgt.

Beispiele:

Hohe Berge und blaue Seen, grüne Wiesen und weite Wälder: **A**lles ist in diesem Land zu finden.
Er ist umsichtig und entschlossen, aufrichtig und mutig: **M**an kann ihm alles anvertrauen.

Der **Doppelpunkt** steht **in einer Satzperiode** zwischen dem mehrfach gegliederten Vordersatz und dem Nachsatz. Auch dabei wird nach dem Doppelpunkt **groß** weitergeschrieben, wenn ein vollständiger Satz folgt.

Beispiel:

Wo dir Gottes Sonne zuerst schien, wo dir die Sterne des Himmels zuerst leuchteten, wo seine Blitze dir zuerst seine Allmacht offenbarten und seine Sturmwinde dir mit hellem Schrecken durch die Seele brausten: **D**a ist deine Liebe, da ist dein Vaterland. *(Arndt)*

Der **Doppelpunkt** steht **vor angekündigten Überschriften**, Zeugnisnoten, Beurteilungsnotizen, Zitaten, Unterschriften. In diesen Fällen wird nach dem Doppelpunkt mit einem **großen Anfangsbuchstaben** weitergeschrieben, wenn ein vollständiger Satz oder ein Buchtitel folgt. Ansonsten schreibt man **klein** weiter.

Beispiele:

Der Buchtitel lautet: **D**ie Literaturen der europäischen Völker.
Mathematik: **s**ehr gut.
Familienstand: **v**erheiratet.
Der Direktor: **F**ranz Oberberger.
Das vierte Gebot Gottes lautet: **D**u sollst Vater und Mutter ehren, auf dass es dir wohlergehe auf Erden.
Gebrauchsanweisung: **M**an nehme zweimal täglich eine Tablette.

Ergänze den Doppelpunkt in den folgenden Sätzen: **561**

Du kennst doch den Spruch Freude, Mäßigkeit und Ruh' schließt dem Arzt die Türe zu. – Im Stillen dachte er Es kann der Frömmste nicht in Frieden leben, wenn es dem bösen Nachbarn nicht gefällt. – Meine Frau stand klitschnass im Bach, hielt die Pfanne über dem Kopf und rief mir lachend zu „Komm schnell her! Ich habe Gold gefunden!" – In den Apriltagen des Jahres 1905 berichteten die Zeitungen von einer Erdbebenkatastrophe Heute früh um 5 Uhr 13 soll in San Franzisko ein heftiges Erdbeben die Stadt zerstört haben. – Parteienverkehr Dienstag, Donnerstag, Freitag. – Die Formen wechseln in allen Farben und Tönungen weiß, hellgrün, rostig bis blutrot. – Ein grausamer Vernichtungskampf beginnt unter den Raubfischen Der Starke frisst den Schwachen, der Große den Kleinen. → **L 561**

Die Anführungszeichen ☐

Anführungszeichen stehen vor und nach der **wörtlichen Rede**, wörtlich zitierten Sätzen und Wortgruppen. Wenn innerhalb der wörtlichen Rede neuerlich ein Anführungszeichen erforderlich ist, so verwendet man die Zeichen ‚ ‘.
Wenn nach der wörtlichen Rede ein Begleitsatz folgt, wird der Satz auch bei einem Frage- oder Rufzeichen durch einen Beistrich abgetrennt.

Beispiele:

„Es ist mir unbegreiflich, wie ich das hatte vergessen können“, sagte er zu seinem Freund.
„Wirst du mitkommen?“, fragte ihn seine Schwester.
Die Mutter fragte Angelika: „Hast du schon gegessen?“
Der Gast erwiderte: „Ich habe für keinen Taler Speise von euch verlangt, sondern für ‚mein Geld‘. Hier ist ‚mein Geld‘. Mehr habe ich nicht.“
„Hören Sie“, sagte der Polizeibeamte, „hier ist das Parken verboten.“
„Wenn ich Zeit habe“, meinte Erich, „komme ich morgen.“

Die Sätze folgen diesem **Schema**:

„*Rede*“, Begleitsatz.	Begleitsatz: „*Rede.*“
„*Rede!*“, Begleitsatz.	Begleitsatz: „*Rede!*“
„*Rede?*“, Begleitsatz.	Begleitsatz: „*Rede?*“

„*Rede*“, Begleitsatz, „*Rede (Fortsetzung).*“

Anführungszeichen sind auch zu setzen
vor und nach **hervorgehobenen Wörtern,**
ironischen Bemerkungen,
kurzen Zitaten, Überschriften, Buchtiteln,
um sie im laufenden Text hervorzuheben.

Beispiele:

Das Zimmer hatte ein „blindes“ Fenster.
Als der Hund auf ihn zukam, lief unser „Held“ davon.
Wir haben Schillers Drama „Don Carlos“ sehr genau gelesen.

Ergänze den Doppelpunkt und die Anführungszeichen! **562**

Der Vater fragte Ilse Hast du schon deine Aufgabe gemacht?
Ein bekanntes Sprichwort lautet Jeder ist seines Glückes Schmied.
So – das ist also Wien, dachte Hans.
Hören Sie, erwiderte der Mann, das ist mein Mantel!
Vielleicht, bemerkte Erwin, komme ich Sonntag.
Als er den Hund bemerkte, lief unser Held, was er nur laufen konnte.
Wir haben Goethes Götz von Berlichingen sehr genau gelesen. → **L 562**

In den folgenden Sätzen fehlen die Anführungszeichen. Ergänze sie! **563**

Die gute Behandlung, die er dem Tier zukommen ließ, bestand aus Schlägen. – In den beiden Erzählungen Der Henker und Der Zwerg übt der Dichter Lagerkvist Kritik an den staatlichen Diktaturen der Gegenwart. – Von morgen an wird sich das ändern, meinte Erich zuversichtlich. – Zu seiner Frau aber sprach er: Du hast recht getan! – Der Brief kam mit dem Vermerk Empfänger verzogen zurück. – Man sagt nicht umsonst: Kleine Ursachen, große Wirkungen. – Der Lehrer rief uns mit lauter Stimme zu: Unter Umständen reisen wir schon heute Abend. Packt auf alle Fälle die Rucksäcke! – Lauf schnell! rief er mir zu, der Zug wartet nicht auf uns! → **L 563**

Ergänze den Doppelpunkt und die Anführungszeichen! **564**

Warum Hund und Katze in Feindschaft leben
Einst versammelten sich die Abgeordneten aller Tiere zu

einer wichtigen Beratung. Eilends waren alle herbeigekommen Vögel, Vierfüßer und Fische. Nur das Kamel wurde vermisst. Als es immer und immer nicht kommen wollte, beschloss die Versammlung, einen Boten auszusenden, der es herbeibringen sollte. Sie losten, wer den Auftrag ausführen sollte, und das Los traf den Hund. Der aber sagte Ich habe nie ein Kamel gesehen. Sagt mir, woran ich es erkennen soll, und ich will es schon herbeischaffen. Leicht kannst du es finden!, erwiderten die Tiere. Es trägt einen Buckel auf dem Rücken. Schon gut!, sprach der Hund und machte sich auf den Weg.
Nach langem Suchen begegnete er einer Katze, die gerade einen Buckel machte. Er hielt sie für ein Kamel und forderte sie höflich auf, ihn zur Versammlung zu begleiten. Aber er erntete schlechten Dank. Die Tiere erhoben ein schallendes Gelächter, als er stolz die Katze als Kamel vorstellte. Tief beleidigt fiel die Katze über ihn her, fauchte und zerkratzte ihm das Gesicht. Seither sind Hund und Katze einander spinnefeind. → **L 564**

Die Klammer ⊗

- **Klammern** umschließen **erklärende Zusätze, Nebenbemerkungen, Jahreszahlen** u. dgl. sowie **eingeschobene Sätze**.
- Klammern setzt man auch, wenn man andeuten will, dass in einem Wort **Silben oder Buchstaben weggelassen** werden dürfen.

Beispiele:

Manche Tiere (Pfau, Goldfisch, Papagei u. a.) werden zur Zierde gehalten. – In der Schlacht bei Lützen (1632) fiel der Schwedenkönig Gustav Adolf. – Er verachtete (es sei zu seiner Ehre gesagt) jede Unwahrheit. – Die führenden Modehäuser von Paris (das ja schon seit Jahrhunderten in Modefragen tonangebend ist) sowie in Rom, Wien und anderen Städten entwerfen zu jeder Saison neue Kleidermodelle.

Im Teich(e) wimmelte es von Fröschen. – Lob(e)t den Herrn!

Eckige Klammern setzt man nur, wenn in einem eingeklammerten Satzteil oder Satz ein weiterer Satzteil eingeklammert werden soll.

Beispiel:

Mit dem Wort Bankrott (vom italienischen banca rotta [zusammengebrochene Bank]) bezeichnet man die Zahlungsunfähigkeit.

In dem folgenden Text fehlen die Klammern; ergänze sie! **565**

Blumen und Insekten

Die Pracht blühender Wiesen wessen Auge hätte nicht schon mit Wohlgefallen darauf geruht erfreut in jedem Jahr unser Auge. Durch die Farbe und den Duft werden zahlreiche Insekten Bienen, Hummeln, Schmetterlinge, Käfer angelockt. Begierig kriechen sie in die Blüten sie sammeln ja Blütenstaub und Blütensaft, tragen an Kopf, Rücken und Füßen den Blütenstaub von Blüte zu Blüte und befruchten sie. Manche Pflanzen mit kleinen Blüten Klee, Raps suchen durch eine Vereinigung vieler Blüten mehr aufzufallen.

→ **L 565**

Setze die Nebenbemerkungen, Erklärungen, Einschübe zwischen Klammern! **566**

In den Liedern der Minnesänger ist wiederholt von dem „Gebende“ die Betonung liegt auf der zweiten Silbe der Frauen die Rede, einem breiten Band, das das Haar in Stirnhöhe umschloss. – Es gibt verschiedene Möglichkeiten, um aus Blumen Parfüm zu Deutsch: wohlriechende Stoffe herzustellen. – In späterer Zeit erreichte die Kunst der Glasbearbeitung vor allem in Byzanz Konstantinopel eine hohe Stufe. – In Alexandria Ägypten und Sidon Phönizien entstanden die berühmten Glasfabriken des Altertums. → **L 566**

Das Auslassungszeichen ⊗

Das **Auslassungszeichen** (der Apostroph) bringt zum Ausdruck, dass an dieser Stelle ein Buchstabe oder eine Silbe ausgelassen wurde.

Beispiele:

Dir geht's gut. – 's ist nun nicht zu ändern. – So 'n Unsinn! – Er hat 'ne Menge Geld. – Komm näher 'ran. – Gib mir 's Heft 'rüber! – 'raus aus den Betten! – Häng' dein Herz nicht an irdische Güter. – Sie kam wen'ge Minuten später. – Ich hab' keine Freud' damit. – Wissen S' schon das Neueste?

Das **Auslassungszeichen** wird auch verwendet, um den 2. Fall der auf s, x oder z endenden Eigennamen kenntlich zu machen.

Beispiele:

Hans Sachs' Gedichte, Hermann Löns' Bücher, Voß' Übersetzungen, Giraudoux' Dramen, Bregenz' Lage.

Kein Auslassungszeichen wird jedoch geschrieben
a) in den Verschmelzungen aus Vorwort und Artikel;
b) in der Nachsilbe -isch für das ausgelassene i, wenn es sich um Eigenschaftswörter handelt, die von Eigennamen abgeleitet sind;
c) im Wortinneren, wenn ein unbetontes e ausfällt;
d) bei Abkürzungen.

Beispiele:

zu a)
ins, ans, aufs, durchs, fürs, ums, unterm, hinterm u. dgl.;

zu b)
Grimmsche Märchen, Mozartsche Musik, Goethesche Gedichte;

zu c)
stehn (für stehen), sehn (für sehen), wacklig (für wackelig), edle Menschen, alles andre, wechsle das Hemd;

zu d)
die Zahl der Pkws, das Ergebnis des EKGs (Elektrokardiogramms), die Loks (Lokomotiven).

Ergänze die fehlenden Auslassungszeichen in dem folgenden Text von Ferdinand Raimund! **567**

Der Bauer Wurzel findet einen Schatz
„Es war so: Vor zwei Jahren, da geh ich so in der Dämmerung zwischen acht und neun Uhr ganz verdrießlich von meinem Krautacker nach Hause. Auf einmal machts: ‚Pst! Pst!‘ Ich schau mich um, so seh ich quer übern Acker einen magern Mann auf mich zueilen, ein gelblich-grünes Gwandel an mit goldenen Borten, sodass ich ihn anfangs hab für einen Leibhusaren von einer Herrschaft g halten. Er aber bitt mich, ich möcht niemandem etwas davon sagen, er wär ein

Geist, und durch die Borten wollt er mir andeuten, wie außerordentlich er für mich bortiert[1] wär. Kurz, er wär der Neid und wollt mich glücklich machen.
Er sagte, er hätt einen alten Schatz, den er gern los sein möcht, und den wollt er mir schenken, ich müsste aber in die Stadt ziehen und recht aufhauen damit, und besonders das Madel soll ich recht herausstaffieren[2] und sollt s ja nicht zugeben, dass sie den Fischer heirat. Soll mich aber nie unterstehen zu sagen, dass ich mein Glück verwünsch, sonst verschwindet alles, und ich müsst betteln gehn. Jetzt möcht ich aber gleich nach Haus gehn, der Schatz wird schon zu Hause sein. Darauf ist er unter die Krauthappeln[3] verschwunden, und ich hab ihn nimmer gesehn. Ich geh also nach Haus, such s ganze Haus aus – find nichts. Endlich kommt mir der Gedanke: Schau auf den Getreideboden hinauf! Hörst, ist dir der ganze Boden voll, und mit was? – Mit lauter Galläpfel!
Jetzt g schieht mir Recht, denk ich mir. Was kann man vom Neid anders erwarten als Gall und Verdruss! Komm in Zorn und beiß einen auf. Was ist drin? – Ein Dukaten! Ich nimm noch einen – noch einen – lauter Dukaten! Lenzl, jetzt hättest du die Beißerei sehn sollen! Ich kann sagen, ich hab mir mein Vergnügen bitter erworben. Vierzehn Tag nichts als Galläpfel aufbeißen – das wird doch eine hantige Arbeit sein. → **L 567**

[1] eingenommen
[2] ausstatten
[3] Krautköpfe

Der Gedankenstrich △

Ein **Gedankenstrich** wird gesetzt
zur Bezeichnung einer längeren Pause,
eines Gegensatzes oder einer Gegenüberstellung,
zur Abtrennung der Überschrift in fortlaufend geschriebenen Inhaltsangaben,
vor allem aber,
um Unerwartetes vorzubereiten oder
das Abbrechen eines Gedankens oder
das Verschweigen eines Gedankenabschlusses zu bezeichnen.

Beispiele:

Deutlich gab er den Takt des Musikstückes an: eins – zwei, eins – zwei.
Ehre verloren – alles verloren.
Gebäck – Gepäck, Lerche – Lärche, entweder – oder
Inhalt: Erzählungen – Gedichte – Sachtexte
Es blitzte unaufhörlich – aber kein Tropfen Regen fiel vom Himmel.
Da – ein vielstimmiger Schreckensruf.
Er tat etwas, woran niemand gedacht hatte – er beging Selbstmord.
Gib den Ball her, sonst – !
Das Losungswort oder – !
Gehen Sie mit oder – !

Einen **Gedankenstrich** setzt man auch, um Einschübe in einem Satz (Nebenbemerkungen) vom übrigen Satz zu trennen.

Beispiele:

Durch ein rahmenloses Fenster stiegen wir in ein Zimmer – vielleicht hauste hier einst der Stationsvorstand – und richteten uns dort ein Nachtlager ein.
Unser Vater mahnte uns oft – denkst du noch daran? –, immer nachsichtig gegen andere zu sein.
Verächtlich rief er ihm zu – er wandte dabei kaum den Kopf –: „Was willst du hier?"
Der Mann – ein gebrechlicher Greis – versuchte vergeblich, die Tür zu öffnen.

Der **Gedankenstrich** zeigt den **Wechsel eines Gedankens** an. Er ersetzt dabei einen neuen Absatz im Text.

Beispiele:

Du musst zugeben, dass er sich einen schlechten Scherz erlaubt hat. – Ich kann nicht zusagen, weil ich am Samstag verreisen werde. – Du kannst mir das Paket zusenden, wenn du die Bücher bekommen hast.

Der **Gedankenstrich** zeigt den **Wechsel des Sprechers** im fortlaufend gedruckten Text an.

Beispiele:

„Noch da, John Maynard?" – „Ja, Herr, ich bin." – „Auf den Strand, auf die Brandung!" – „Ich halte drauf hin."
(Fontane)

Der **Gedankenstrich** steht **bei Kommandos** zwischen Ankündigungs- und Ausführungsbefehl.

Beispiele:

Links – um!
Auf die Plätze – fertig – los!

Der **Gedankenstrich** steht **an Stelle eines Doppelpunktes** oder eines Beistriches, wenn diese Satzzeichen zu schwach trennen.

Beispiele:

Dafür fand er etwas anderes – ein Stück Schokolade.
Der Revierförster hatte schon viele Hunde gehabt, aber unvergesslich ist ihm nur einer geblieben – der Krambambuli. *(Ebner-Eschenbach)*

Ein **Gedankenstrich** wird auch gesetzt, wenn Wörter oder Wortteile **ausgelassen** werden.

Beispiele:

Setzt e, eh oder ee ein: Schn–, L–rer, F–der.

Lass dir den folgenden Text ansagen und setze an die entsprechenden Stellen Gedankenstriche! **568**

Das Orakel von Delphi

„Viele Männer – Krieger – gerüstet zum Kampf – sie werfen Lanzen – stürmen vor – der Feind weicht zurück –“
Stammelnd, stotternd, atemlos tönt eine heisere Stimme aus aufsteigenden Nebeldämpfen, steigert sich zu schwärmerischen, ekstatischen Lauten. Aus feurigem Erdschlund qualmen Dämpfe. Eine weiß gekleidete Frau hockt in halbdunkler Höhle auf einem Dreifuß; ihre Augen sind groß, sie starren ins Leere. „Weiter – weiter!“, drängt der Oberpriester. „Sprich weiter – wie endet die Schlacht?“
Da wirft die Priesterin plötzlich die Arme hoch: „Sieg! Sieg!“
(Karl Ritter)

Der Bindestrich

Mit einem **Bindestrich** schreibt man:

- **Zusammengesetzte Hauptwörter**, in denen drei gleiche Selbstlaute aneinandergereiht werden:
  Kaffee-Ersatz, Schnee-Eule, . . .
- **Orts- und Ländernamen**, die aus zwei Eigennamen bestehen:
  Wien-Nord, Salzburg-Land, . . .
- **Zusammensetzungen mit einem Buchstaben:**
  U-Bahn, O-Beine, . . .
- **Zusammensetzungen**, die schlecht zu lesen wären, wenn man sie einfach zusammenschriebe:
  Donau-Oder-Kanal, Juli-August-Nummer, das In-den-April-Schicken, . . .
- **Zusammensetzungen**, bei denen ein Bestandteil nur einmal genannt wird:
  Hin- und Rückfahrt, ein- bis zweimal, Feld- und Gartenfrüchte, . . .

569 *Lass dir die folgenden Wörter ansagen und vergleiche sie dann mit der Niederschrift im Buch.*

Donau-Dampfschifffahrts-Gesellschaft, Rhein-Main-Donau-Kanal, Kaffee-Ersatz, Schubert-Konzert, Automobil-Aktiengesellschaft, a-Moll-Sinfonie, 50-g-Marke, Frage-und-Antwort-Spiel, das Aus-der-Haut-Fahren, das Mit-sich-zu-Rate-Gehen, das In-den-April-Schicken.
Mendelssohn-Bartholdy, römisch-katholisch, Hessen-Nassau, Marie von Ebner-Eschenbach.
Hin- und Rückfahrt, Auf- und Abstieg.

Lösungen der Übungsaufgaben

GHI, MNO, STU, FGH, QRS **L 2**

LMN, IJK, BCD, STU, WXY **L 3**

Fahrgast, Fernfahrer, Fuhrwerker; Abschleppseil, Achtung, anschieben, arbeiten, Autobahn; Uhr, Ulrike, Unfall, Ursache **L 5**

Saal, Sack, Saft, sagen, Salbe, Samstag, Sarg, Sattel, saufen **L 6**

Faust, Stamm, stoßen, graben, fallen, sein, haben, liegen, Wald, halten **L 9**

balancieren, Chance, Charakter, Christ, Doktor, Garage, Kompagnon, Rhythmus, Thermometer, Trafik, violett **L 11**

Damm, Datum, Dezember, Dieb, Dienst, Distel, Doktor, Donnerstag **L 12**

Zahl, Zahlung, zahlbar, zahlen, bezahlen, zahlungsunfähig, Jahreszahl, Zahltag, Bruchzahl, Anzahl, anzahlen, zählen, Zählung, aufzählen, nachzählen, Zähler, Zählmuster, zahlreich, Zahlstelle, Zahlungsanweisung, Zahlungsaufschub, Zahlungserleichterung, Zahlungseinstellung, Zahlungsunfähigkeit, Zahlungsmittel, Zahlungsschwierigkeiten, Zahlungsverkehr, Zählwerk, Zählzeichen, Zahlenangaben, Zählapparat, zählbar, unzählbar, ungezählt **L 16**

Aachen, der Aal, der Aar, das Aas, die Apothekerwaage, die Aussaat, das Haar, haaren, haarig, der Konzertsaal, die Küchenwaage, der Maat, ein paar, das Paar, die Personenwaage, die Raab, der Saal, die Saar, das Saarland, die Saat, der Staat, staatlich, der Staatsbeamte, der Staatsbürger, die Staatsgrenze, die Waage, waagrecht **L 17**

die Räder, die Pläne, die Kragen (auch Krägen), die Schalen, die Schwäne, die Täler, die Hasen, die Häfen, die Gräser, die Maler, die Salate, die Schafe, die Scharen, die Samen, die Läden **L 20**

jage, jagte, gejagt; trage, trug, getragen; sage, sagte, gesagt; male, malte, gemalt; lade, lud, geladen; rate, riet, geraten **L 21**

L 22 gab, lag, kam, trat, traf

L 25 Saal, Paar, waagrecht, Aar, Aal, Waage, Aas

L 27 Jahre, Ahnung, haben, erraten, tragen, Wagen, aufladen, Wahrheit, sagen, Salat, Kragen, Haare, malen, mahlen, braten, niemals, Naht, Gefahr, ahnen, Fahrplan, Gas

L 30 Jahr, Stahlwerk, Betriebsrat, Gefahr, Wahrheit, Nahrungsmittel, aufbewahren, Paar, war, Jahre, Fahrt, Wasserstrahl, spart, Bilderrahmen, war, Wahrheit, ertragen, Vornamen, sagen, Diebstahl, totschlagen, aufbahren, Wahl, Saal, Haare, Fahrrad

L 31 Zahl, fahren, Fahrt, Gefahr, Jahr, Nahrung, lahm, zahm, Pfahl, Kahn, Fahne

L 32 Bad, fassen, Garten, Grab, Schwager, gar, Glas, Mahd, Nase, Name, Qual, Rache, Rad, Saat, Schaden, Schlaf, Tat, Hand, Stange, Schank, Schlag, Aufwand, Gams, Überschwang

L 35 Kähne, Pfähle, Gärten, Wände, Wälder

L 37 arm, ärmer, am ärmsten; alt, älter, am ältesten; kalt, kälter, am kältesten; träg, träger, am trägsten; spät, später, am spätesten

L 45 Blumenbeet, Kaffeekanne, Teerfass, Armeegeneral, Heerführer, Weltmeer, Speerwerfen, Stachelbeeren, Alleebaum, Kleefeld

L 48 lehren, fehlen, dehnen, entbehren, belehnen

L 49 die Federn, die Heringe, die Kamele, die Herden, die Reben, die Reden, die Scheren, die Wege, die Pakete, die Schemel

L 53 bequem, Beeren, leeren, quer, scheren, geteerte, sehr schwer, rede, Klee, Lehm, lehne, Wehr, Häusermeer, Mehrheit

L 57 der Abschied, das Anliegen, die Batterie, der Besenstiel, die Biene, das Bier, der Dieb, der Dienstag, das Fieber, der Friede, die Garantie, das Gebiet, das Glied, die Industrie, der Kiefer, das Knie, die Liebe, das Lied, die Miene, das Papier, der Riemen, das Sieb, die Siedlung, der Sieg, der Spiegel, der Stier, das Tier, das Ungeziefer, der Unterschied, der Verdienst (Lohn), die Wiederkehr, die Wiege, die Wiese, die Ziege, der Ziegel, die Zwiebel

stieß, blieb, schrieb, stieg, rieb, hielt, schied, hieß, hieb (haute), fiel, blies, pries, trieb **L 58**

er empfiehlt, er befiehlt, er stiehlt, er flieht, er zieht, es geschieht **L 61**

die Bibel, der Igel, die Fibel, der Kamin, das Kaninchen, die Lawine, das Klima, das Augenlid, das Lineal, die Maschine, die Bleistiftmine, die Primel, die Rosine, die Violine, die Musik, das Benzin, die Linie, die Kusine, die Medizin, das Kino, das Krokodil, der Invalide, der Schi **L 64**

schließen, fliegen, verlieren, frieren, gießen, fliehen, sieden **L 66**

telefonieren, ruinieren, sortieren, notieren, frisieren, plombieren, probieren, kontrollieren, diktieren, tapezieren **L 67**

Tiger, Sigel, Bibel, Fibel **L 68**

vier, vierzig, sieben, siebzig, vierundsiebzig, siebzehn, ein Viertel **L 71**

Eulenspiegel, trieb, hier, viele, ihnen, lustiges, Eulenspiegel, herabfliegen, lief, diesem, Schauspiel, stieg, Eulenspiegel, die, die, fliegen, die, wirklich, herabfliegen, mir, die, verließ, die, die, ihm, diese, Hieben **L 73**

wieder, wiederholt, Widerstand, Widerrede, Wiederkäuer, widrige, wiederholt, Widerruf, unwiderstehlich, wider, wieder, unwiderruflich, wider, wider, Widerhall **L 74**

der Boden, der Bogen, der Bote, der Chor, der Dom, die Dose, der Honig, die Hose, der Knoten, der Kot, das Fronleichnamsfest, die Mode, der Monat, der Mond, der Motor, die Not, die Note, die Pfote, der Pol, die Pore, der Schlot, der Heuschober, der Schoß, die Salzsole, die Spore, der Stoß, der Strom, der Tod, der Ton, der Tor (= dummer Mensch), das Tor (= Eingang), der Thron, der Vogel, die Woge, die Zitrone **L 78**

geschoren, gefroren, geboren, gehobelt, geschont **L 80**

der Argwohn, die Bohne, die Dohle, der Floh, der Hohn, der Kohl, die Kohle, der Lohn, der Mohn, die Ohnmacht, das Ohr, das Rohr, **L 81** die Fußsohle, der Sohn, das Stroh, das Wohl, die Wohnung, der Mohr, das Fohlen

L 82 bohre – bohrte – gebohrt; empfehle – empfahl – empfohlen; wohne – wohnte – gewohnt; befehle – befahl – befohlen

L 83 Strohmatte, Ledersohle, Ohrmuschel, Bohnenstange, Steinkohle

L 88 Kohlen holen, Boot, verloren, Stroh, wohnen, hohlen, Zitrone, Hosen, Monat, Wohnungsmiete, Dose, Boot, führerlos, stromabwärts, Kot, Tor, fror, Gewohnheit, gestohlene, verlorene, Moos, Lob, Robert

L 91 Trost, groß, hoch, tot, bloß, rot, Strom, los, Person

L 92 die Flöten, die Könige, die Körper, die Köter, die Kröten, die Haarföhne, die Ösen, die Löwen, die Köder, die Brösel, die Lösungen

L 96 Ohr, Rohr, Sohn, froh, Argwohn, Gewohnheit, Hohn, hohl

L 97 Köhler, Föhre, schöne, fröhliche, Köder, Höhle, gewöhnen, vertrödeln, versöhnten, Föhn, ungewöhnlich, gewöhnen, töricht, Söhne, argwöhnisch, höhnisch, gewöhnen

L 103 Hausflur, Naturschutz, Ruderboot, Volksschule, Armbanduhr

L 105 die Bude, das Ruder, der Bruder, die Bluse, die Grube, der Huf, der Ruf, die Stufe, der Betrug, die Blume, die Glut, die Flut, die Brut, das Gut, der Hut, der Strudel, die Rute, die Stute, der Spuk, die Luke, die Jugend, die Spule, die Spur, die Schnur, der Schwur, die Mur, der Flur, die Kur, die Wut, das Rudel, der Pudel, die Nudel, der Kuchen, der Krug, der Fuß, der Gruß, das Känguru

L 106 trug, schuf, lud

L 108 Huhn, Ruhm, Kuh, Fuhre, Ruhm

L 115 gesühnt, für, führte, früh, übt, rühmte, Bühne, Müller, Mühle, fühlt, Gebühr, befühlte, Füße, fürchtete, Verkühlung, führe

L 118 die Mühe, die Ruhe, die Brühe, die Erziehung, die Drohung

der Applaus, der Appetit, der Apparat, die Grippe, die Gruppe, die Kappe, die Klappe, die Klippe, die Krippe, der Krüppel, der Lappen, die Lippe, die Mappe, die Pappe, die Puppe, der Rappe, die Rippe, die Schuppe, die Sippe, die Steppe, der Stoppel, der Teppich, die Treppe, die Truppe, das Wappen, der Tipp, der Mopp, der Stopp **L 126**

ertappt, knipsten, ebbte, geschrubbt, kippte, stoppte, zappelig, hopsten, Stopplicht, Tipp, vertippte, Optiker, entpuppte, Galopp, Kapsel, robbte, geklappt **L 131**

litt, ritt, schnitt, schritt **L 138**

Gaststätte, statt, Arbeitsstätte, Ratten, hatten, Wettturnen, Addition, Wetter, Kabinett, Rattern, zitternd, Trittbrettes, glitt, Pudding, verbitten **L 139**

der Affe, der Büffel, der Griffel, die Hoffnung, der Löffel, der Neffe, der Schaffner, das Felsenriff, das Dampfschiff, die Waffe, die Ziffer **L 142**

pfeife, pfiff, gepfiffen; schleife, schliff, geschliffen; saufe, soff, gesoffen; kneife, kniff, gekniffen **L 143**

Öffnung, Öffnungszeiten, öffentlich; Treffsicherheit, betroffen, Betroffenheit; Erschaffung, Schaffner **L 144**

Schiff-fahrt; Stoff-farbe, Stoff-fetzen, Sauerstoff-flasche **L 146**

Geschäft, geöffnet, hofft, Luft, Schaffner, trifft, oft, schlaff, Treffen, triftigen, kaufte, Stoff, geschaffen, hoffen, hingeschafft, Schiff, Hafen, offen **L 150**

knacken, Rücken, klecksen, knicksen, eckig, packen, wecken, stricken, stecken **L 152**

Strick-kleid, Schmuck-kästchen, Gepäcks-kasse, Rück-kehr, Druck-knopf, Rock-kragen, Steck-kontakt **L 153**

auf-we-cken, fli-cken, sti-cken, ba-cken, schle-cken, spu-cken, wackeln, zwi-cken, ab-trock-nen, ein-pa-cken, zu-de-cken, an-stecken, ver-lo-cken, zu-cken, ver-de-cken **L 157**

L 159 das Diktat, die Technik, das Paket, der Doktor, die Schokolade, das (der) Keks, die Sekunde, der Tabak, der Koks, die Fabrik, der Oktober, das Insekt, die Musik, (das) Amerika, die Elektrizität, die Lokomotive, der Charakter

L 164 Flagge, Waggon, Dogge, Egge, Roggen, Bagger, schmuggeln

L 166 Haken, hackt, Hackbrett, Kleiderhaken, hackt, Holzhacker, hackt, abgehackt, Haken, Häkchen, häkeln, Häkelnadel, spukt, spucken, Spucknäpfe

L 168 Dackel, Marokko, Makkaroni, Schnecke, Rock, Flecken, bemerken, Schluck, Zuckerwasser, Fackel, steckte, Zimmerecke, Zweck, zurückkehren, Haken, Hacke, Stukkateure (Stuckateure)

L 170 Zuckerfabrik, Sakko, quaken, erschrak, Musik, Haken, stricken, flicken, Schokolade, Waggon (Wagon), Roggen, verschickt

L 172 die Allee, der Ball, die Brille, der Fall, das Fell, die Galle, der Geselle, die Grille, die Halle, die Hülle, die Kralle, die Null, die Quelle, die Scholle, der Stall, der Stollen, der Teller, der Appell, der Kristall, die Kontrolle, der (das) Millimeter, das Modell, das Porzellan, das Protokoll, die Pille, der Tollpatsch

L 175 Wolkenballen, verhüllen, Himmel, grelle, erhellen, Dunkelheit, rollt, schallt, eilen, Ställen, Wald, still, fällt, allmählich, stiller, heller, Wäldern, schallt, Vögel, kunstvollen, Triller, schillernder, tolle

L 176 die Schollen, die Müller, die Pillen, die Schnallen, die Gesellen, die Knollen, die Ställe, die Bälle, die Teller, die Felle, die Grillen, die Hallen, die Keller, die Zellen, die Brillen, die Alleen

L 178 Knallerbse, Wollknäuel, Füllfeder, Schallplatte, Bestellschein, Fallschirm

L 179 Schnellläufer, Wolllappen, Stalllaterne, Metalllöffel

L 182 angeschwollen, gegrollt, gefallen, gebrüllt, gefüllt

L 192 kämm(e)!, schwimm(e)!, komm(e)!, summ(e)!, brumm(e)!, hämmer(e)!, stemm(e)!

geramrnt, Hemd, Schlamm, Stamm, zimperlich, komme, Briefmarkensammlung, Telefonnummer, nummeriere, krumme, Lamm, Zimmer, Brombeeren, Himbeermarmelade, Imker, gesamten, immer **L 195**

Reichtum, Irrtum, Wachstum **L 196**

Komfort, Kombination, Kompass, kompensieren, Kommando, Komplex, Kamerad **L 197**

ich brenne – du brennst – er brennt, ich flenne – du flennst – er flennt, ich kenne – du kennst – er kennt, ich nenne – du nennst – er nennt, ich renne – du rennst – er rennt, ich spinne – du spinnst – er spinnt, ich sinne – du sinnst – er sinnt, ich gönne – du gönnst – er gönnt, ich kann – du kannst – er kann, ich verbanne – du verbannst – er verbannt **L 202**

kennen, bekannt, rinnen, kennen, beginnen, bannen, spinnen **L 204**

Durch den Irrtum gelangt man zur Wahrheit. Den die Götter hassen, . . . Wer das Wenn und das Aber hat erdacht, . . . Wenn sich ein Mensch etwas fest vornimmt, . . . Hast du genug im Überfluss, so denk an den, der darben muss! Wenn große Herren bauen, . . . Man kann viel, wenn man sich viel zumutet. Wenn man dem Teufel den kleinen Finger hin hält, . . . Wenn man den Teufel an die Wand malt, . . . Untreue schlägt den eigenen Herrn. Treu hat allzeit Brot, wenn die Untreu leidet Not. Was in den Halm wächst, kann nicht ins Korn wachsen. Den Brotkorb höher hängen. Unter den Menschen ist kein Volk so unbändig und so wild, dass es nicht wüsste, dass man einen Gott haben muss, wenn auch nicht welchen. Wenn die Maus satt ist, . . . **L 210**

Zigarre, Gitarre, Barren, Geschirr **L 213**

der Arrest, die Gitarre, der Herr, der Irrtum, der Karren, der Katarr, die Korrektur, der Narr, das Parterre, der Pfarrer, der Sparren, die Terrasse **L 214**

Geschirrspülmaschine, Pfarrhof, Herrschaft, Zigarrenrauch **L 215**

irren, irren, verzerren, schnurren, sperren, plärren, herrschen, erstarren, sperren **L 217**

L 221 Barren, harte, ausharren, starr, Filmstar, murrend, knurrende, harter, Vogelschar, dort, verdorrter, starrem, närrisch, verzerrte, scharrende, Herberge, Irrtum, erstarren, Stare, verdorrtes, barem, Zigaretten

L 227 Blusenknopf, Preiselbeere, Besenstiel, Streuselkuchen, Pausenzeichen

L 228 Labsal, Mühsal, Rinnsal, Schicksal, Drangsal, Trübsal, Wirrsal

L 231 fließe – floss – geflossen, reiße – riss – gerissen, genieße – genoss – genossen, schließe – schloss – geschlossen, grüße – grüßte – gegrüßt, büße – büßte – gebüßt, spaße – spaßte – gespaßt

L 232 müßig – müßiger – am müßigsten, mäßig – mäßiger – am mäßigsten, heiß – heißer – am heißesten, groß – größer – am größten, süß – süßer – am süßesten

L 233 wissen, verlassen, messen, messen, fressen, wissen, hassen, fassen, erlassen, pressen, messen, vergessen

L 234 Pässe, Grüße, Türschlösser, Fässer, Rösser, Stöße, Risse, Bisse, Regengüsse, Strauße

L 236 lass los! fass an! pass an! miss nach! iss auf! press aus!

L 238 Gusseisen, Messlatte, Pistolenschuss, Blumenstrauß, Butterfass, Grießkloß, Vorhängeschloss, Passbilder, Flussfische, bloßfüßig

L 239 fleißig, unfassbar, unvergesslich, essbar, bissig

L 240 Großstadt, Maßschneiderei, Stoßseufzer

L 243 Die Menschen wissen natürlich genau, dass es Mitbürger gibt, die immer nur an sich denken. Aber mit solchen Eigensüchtigen lässt es sich nicht gut zusammenleben. Was hat man also getan, um sicherzustellen, dass die Straße für alle da ist? Man hat eine Straßenverkehrsordnung geschaffen. Das ist ein Gesetz, in dem steht, dass jeder von uns das gleiche Recht zur Benützung der Verkehrswege besitzt. Wer das Gesetz, das uns alle schützen will, nicht befolgt, wird bestraft. Die Polizei hat darauf zu achten, dass jeder die Bestimmungen des Gesetzen einhält. Man will, dass die Kraftfahrer aufeinander Rücksicht nehmen, dass sie auch an die Fußgänger denken und nicht nur überlegen, wie sie am schnellsten vorwärts kommen. Das Gesetz will weiters, dass die Radfahrer auf den Radwegen oder am rechten Straßenrand fahren sollen und nicht auf dem Gehsteig, dass die Fußgänger die Straße aufmerksam überqueren. Du meinst, das sei ein Wunschtraum? Das glaube ich nicht. Mit dem Rücksichtnehmen braucht man nicht erst zu warten, bis der andere damit anfängt. Damit kann man selbst beginnen.

L 252

Ist es dir nicht auch schon so ergangen, dass du dich vor einem rücksichtslosen Kraftfahrer retten musstest? Hast du nicht auch schon einmal von einem anderen Fußgänger einen Stoß in die Rippen bekommen, weil er es eilig hatte und nur an sich dachte? Oder ist dir das noch nie passiert?
Was haben die Menschen also getan, um sicherzustellen, dass die Straße für alle da ist und dass keiner den anderen behindern darf? Sie haben sich besondere Gesetze, Straßenverkehrsgesetze, geschaffen. Jeder von uns hat das gleiche Recht, jeder von und hat aber auch gleiche Pflichten übertragen bekommen. Unser Straßenverkehrsgesetz will, dass die Straße für uns alle da ist. Und wer dieses Gesetz, das uns alle schützen will, nicht befolgt, wird verwarnt oder bestraft. Damit die Gesetze eingehalten werden, gibt es eine Polizei, die darauf zu achten hat, dass jeder die gleichen Rechte hat, dass jeder aber auch den gleichen Pflichten nachkommt.
Ich träume manchmal davon, dass die Kraftfahrer aufeinander Rücksicht nehmen, dass sie an die Fußgänger denken, dass sie – ja, dass sie eigentlich nur an andere denken und nicht überlegen, wie sie am schnellsten weiterkommen. Ich träume manchmal davon, dass die Radfahrer auf den Radfahrwegen oder auf der rechten Straßenseite und nicht auf dem Gehsteig fahren und dass keine Kunststückchen vollbracht werden. Ich träume manchmal davon, dass die Fußgänger aufeinander Rücksicht nehmen und dass sie auf der Straße aufmerksam sind. In diesem Traum haben alle Menschen zufriedene Gesichter. Und keinem ist es unbequem, wenn er auf den anderen Rücksicht zu nehmen hat.
Du lachst? Du meinst, das sei ein Wunschtraum? Ich glaube das gar nicht. Es kann nicht jeder das tun, was er will. Mit dem Rücksichtnehmen, zum Beispiel, braucht man nicht erst zu warten, bis der andere damit anfängt. Damit kann man selbst beginnen. Und

Rücksichtnehmen hat nichts damit zu tun, ob jemand mit 100 PS fährt oder ob er zu Fuß geht.

L 256 Es ist besser, dass ein Kind jetzt weint, als dass später die Eltern weinen. Geh treu und redlich durch die Welt, das ist das beste Reisegeld. Womit man umgeht, das hängt einem an. Wem das Glück den Finger reicht, der soll ihm die Hand bieten. Lässt Gewalt sich blicken, geht das Recht auf Krücken. Das Pferd, das den Hafer verdient, kriegt ihn nicht. Es ist dafür gesorgt, dass die Bäume nicht in den Himmel wachsen. Es ist leichter, dass ein Kamel durch ein Nadelöhr gehe, als dass ein Reicher in den Himmel komme. Was dich nicht brennt, das blase nicht. Tue nur das Rechte in deinen Sachen, das andere wird sich von selber machen. Das ist der Fluch der bösen Tat, dass sie fortzeugend Böses muss gebären. Glück und Glas, wie leicht bricht das. Was Gott tut, das ist wohl getan. Das Glück fällt keinem in den Schoß.

L 261 Spazierstock, spazieren gehen, Schnauze, Schnauzbart, Gipfelkreuz, bekreuzigen, Kapuze, Kapuzinermönche, Notizblock, Notiz, Breze, Brezel backen, Pilz, Pilze suchen, tanzen, der Tanz, Kerze, Kerzenlicht

L 264 Blitzlich, Hauskatze, Gesetzbuch, Putzsucht, Schutzhütte

L 267 die Heizung, das Kreuz, die Kreuzung, die Beize, Schnäuztuch

L 268 Nutzen, Katze, witzig, Fetzen, Netze, putzen

L 271 backen, arg, Apfel, Ast, krank, handeln, anders, arm, Band, fallen, ganz, platsch, Schlange, tappen, walzen, Arzt, Arm, fallen, Land, malen, Hand, ach, Angst, Kamm, Kampf, Krach, lachen, Pfand, sanft, Stall, Gams, Stange, Schlag, Hand

L 275 ich halte, du hältst, er hält; ich falle, du fällst, er fällt; ich fange, du fängst, er fängt; ich grabe, du gräbst, er gräbt

L 276 Geschäftsführer, gewähren, geehrt, Blumenkränzen, Feld, Kornähren, Rechtschreibfehler, auszumerzen, Lärchenholz, verwendet, Kuhställen, täglich, Rechen, einebnen, gewährt

L 279 Mai, Laib, Mais, Rain, Laie, Kai

L 280 Violinsaite, Kaiserkrone, Maiskolben, Fischlaich, Waisenhaus, Brotlaib

L 282 Darmsaite, Maiglöckchen, Froschlaich, Haifisch, Laienspiel, Waisenknabe, Kaiserhaus, Ackerrain

L 289 saufen, saugen, Schlauch, kauen, verkaufen, rauschen, Haus, Haupt, Daumen, Bauer, Frau, Braut, Laus, faul, Blumenstrauß, Braut, saugen, Traum, Schaum, Zaun, laut, taub, sausen, Haufen, tauschen, kraus, Raum, sauber, Traum, Raum, Haufen, blau, glauben, laufen, außen, Haus, Grauen, Schnauze

L 292 die Scheune – die Scheunen, die Eule – die Eulen, die Keule – die Keulen, der Zeuge – die Zeugen, die Beule – die Beulen, das Euter – die Euter, das Abenteuer – die Abenteuer, das Feuer – die Feuer, die Schleuse – die Schleusen

L 296 Gebäude, Gläubigen, äußere, Häuser, geräumig, Säulen, Säulen, Geläute, Gläubigen, Gemäuer, häufig, Fledermäusen, Käuzchen, Eulen

L 297 Häuser, Bräutigam, Läuse, räuchern, Mäuse

L 301 Staub – Stäubchen, Stäublein; Raupe – Räupchen, Räuplein; Stube – Stübchen; Haube – Häubchen; Knabe, Knäblein; Bub – Bübchen, Büblein; Weib – Weiblein, Weibchen

L 302 schrauben, erben, grob, lieb, streben, Weib, gelb, leben, glauben, stauben, haben, Laub, treiben

L 303 Diebsgut, Taschendieb, Grabdenkmal, Obdachlosenheim, Obstverkauf, Nudelsieb, Derbheit, Urlaubssperre, Schnapsbrennerei, Wespennest, Lampenschirm

L 305 das Bad, das Band, der Bart, der Bass, der Besen, die Behörde, das Beil, der Bock, der Bub, der Boden, die Bohne, der Böller, das Boot, die Burg, der Boxer, der Bote, die Bühne, die Bürste, die Butter, der Blitz, das Blech, der Block, die Bluse, das Blut, der Brand, die Bremse, die Brücke, der Bruder, das Brett, der Brief, die Brombeere, das Brösel, die Brosche, die Brust, das Bassin, die Batterie, das Biskuit, das Bonbon, das Brikett, der Bronchialkatarr

L 306 Hiebe, Liebe, Leiber, geben, loben, sieben, Stäbe, stauben, der Taube, Weiber, Buben, gelblich

L 308 pritscheln, abpausen, pausbackige, Pratze, plauschen, Republik, Knorpel, zerbeißen, Krebse, hübscher Anblick, Raupen, obdachlose, gelbe Birnen, trüber Novembertag, vergilbte Blätter, basta, Rebhühner, Pasta, Tempel, Apotheke, Rezept, Schnaps brennen, beleuchtete Rampe, Gerümpel, schlampig, Gelübde ablegen, silberne Kapsel, Lumpen, klimpern, Gebäck, Bahnhof, abholen, Preis, blühende Bäume, abbrennen, Trupp beutegieriger Plünderer, den breiten Bach, der brave Bursch, beinahe, gebracht, Pächter, Pech, Peter, Paul, plagen sich ab, Trupp, Galopp

L 312 die Schilder, die Stände, die Pfänder, die Glieder, die Volkslieder, die Pferde, die Freunde, die Feinde, die Schmiede, die Pfade, die Abende, die Mädchen, die Hemden, die Herde, die Jugendliche, die Augenlider

L 313 Radkappe, Handschuhe, Feldlerche, Strandläufer, Sandhaufen, Goldring, Brandbekämpfung, Wildschaden, Bademantel, Blindenschrift, Blondkopf, Rundschau

L 314 stündlich, schädlich, friedlich, nördlich, südlich, ländlich, kindlich

L 321 wertvolles Gemälde, wilde Jagd, trübe Gedanken, laut läuten, bat, Brot, seid ruhig, seit gestern, Stadt, Hund, jagt, Enten, Wirt, deutete, Student, ordentlich bekleidet, tu deine Pflicht, Eltern, begleiten, aufs Geratewohl, schädliche Tiere, gesunde Kinder, hohe Mieten, Meter, weiter, stand, Soldat, Ort, verboten, das verschnürte Paket absenden, pflichtbewusst handeln, Ordnung, seit Tagen, Tasse Tee, mitsammen plaudern, wilde Horde, breite Tore, alte Kleider nicht tragen, bedeutender Schaden, Gewandtheit, bekannt, talentierte Kinder, Anekdote, Käthe besuchte das Theater an jedem Abend, Atem, Verwandte wiedersehen

L 324 entstanden, außerordentlich, enthüllen, postwendend antworten, Wesentliches, letzten Ende, hoffentlich, endlos, entfliehen, zusehends, namentlich, arbeitende Männer, entsetzlich, ordentlich, gelegentlich, entlaufen, endlich, beenden, öffentlich, hoffentlich, entzweien, endgültig, nirgends, flehentlich, eilends, bleibende Eindrücke, eigentlich, Ende, aufblickend, endlos, blühende, unentgeltlich, endgültige, singend und lachend, wissentlich, öffentlich, entrissen

L 325 am überraschendsten, am passendsten, am entzückendsten, am bedeutendsten, am bescheidensten, am verlogensten, am verwegensten, am vollkommensten, am zerfahrensten, am angesehensten

L 326 bescheidensten, aufs Ergebenste, der Verwegenste, hervorragendsten, bedeutendste, am glänzendsten, drückendsten, angesehenste, verheerendsten, bescheidenste, am hervorragendsten

L 327 Tod, Soldaten, entstanden, selten, Hungertod, todbringende Gefahren, stündlich, getötet, totgeschwiegen, Verkehrstote, tödliche Unfälle, schuld, Verkehrstote

L 329 die Gans, die Krone, der Knappe, der Garten, die Gasse, der Gipfel, der Kamin, das Kamel, die Gurke, das Glas, der Kater, die Glut, der Kreis, die Gruft, die Kajüte, der Kalender, der Kampf, die Kartoffel, der Kern, die Kerze, das Kipfel, das Kücken (Küken)

L 330 freundlich, eilig, knollig, wollig, stachelig, schuldig, staubig, rissig, mehlig, haarig, wässerig, herbstlich, schrecklich, christlich, gefährlich, täglich, ängstlich, seitlich, wörtlich

L 333 Berggipfel, das knusprige Kipfel, Greis, Kreis, Garten, Spielkarten

L 334 die Burgen, die Särge, die Orgeln, die Berge, die Kerker, die Schurken, die Onkel, die Bezirke

L 335 eng, drängen, düngen, klingeln, funken, denken, denken, betrinken, lenken, zanken, danken, links, dunkel

L 339 blankes, Anker, Bank, wenig trinken, Wirkung, Sarg, lange Stange, Fingernägel reinigen, Mangel an Arbeitskräften, versenden, einen Stein versenken, links liegen, kräftesparend, lange, Vortrag, keinen Mangel leiden, Bank, grün, versinken, Anregung, gern, Gedicht, merken, Kenntnis

L 343 der November, der Vers, die Vase, die Violine, das Klavier, der Vulkan, der Advent, die Universität, die Konserve, das Ventil, der Invalide, die Reserve, das Evangelium, der Virtuose, die Villa

L 344 das Alphabet, die Fotografie, die Geografie, der Paragraf, die Fantasie, der Phosphor, die Physik, der Prophet, die Strophe, der Triumph, die Grafik, das Mikrofon, die Symphonie, die Stenografie, der Telegraf, das Telefon

L 346 Verständnis, Verbindung, Versand, Versuch, Verkehr, Vertrauen, Versprechen, Versicherung, Verdauung, Verkleidung, Vergrößerung, Verpflegung, Versammlung, Verspätung, Verdampfung

L 350 viele Vögel, im Freien, Frauen erfuhren, Vorfahren, Verehrung, frei von Fehlern, Folge von, häufig, Verlust, Freiheit, Volkes, hervorragende, Violinvirtuosen, gefiel, Vergessen, verehrten Freunde, Pulver vom Arzt verschrieben, Vater, Vetter, Ferdinand, vom, Hafen, vier, fielen

L 352 die Pferde, die Pfeile, die Pfade, die Pfarrer, die Pflichten, die Pflaumen, die Pfänder, die Pflüge, die Pfähle

L 355 Bequemlichkeit, Quälerei, Quelle, Quetschung, Gequietsche, Erquickung, Qualm, Überquerung, Quirl

L 357 Qualität, Aquarell, Quartier, Quadrat, Quelle, qualvoll, quietschen, quitt, Quarz, Aquädukt, quer

L 361 du sagst, du trägst, du magst, du pflügst, du lügst

L 363 Verwechslung, Drechsler, Erdachse, Gewächshaus, Fuchsschwanz, Ochsengespann, sächsisch, Schuhwichse, sechsmal

L 364 Zweck, Augenblick, klecksen, hinken, trinken, lenken

L 366 Knicks, Abwechslung, Dachs, mucksen, anfangs, Ordnungsliebe, Wachs, blindlings, Kleidungsstück, schonungslos, wechseln, Achse, Koks, links

L 369 Axt, Jux, Taxi, Hexe, Lexikon, Alexander

L 372 die Ärzte, die Walzen, die Bolzen, die Pelze, die Grenzen, die Lanzen, die Münzen, die Pflanzen, die Schürzen, die Pilze, die Schwänze, die Wurzeln, die Kerzen, die Kanzeln

L 374 Holzkreuz, Quarzlampe, Schürzenband, Schwanzende

L 378 Gesundheitsregeln, abends, Lotse, nichts, rechts, Balzen, Walze, bereits, stolz, Franzose, Landsmann, Ranzen, hölzern, einzustürzen, bereits, Geburtstag, Einheitspreis, eilends

L 379 nirgends, abends, Weihnachtsfest, vorwärts, rückwärts, zusehends, Schmerzen, geizig, spazieren gehen, ganz, heizen, Arzt, gereizt, Kranz, scherzen

L 381 In . . . Da . . . fing . . . Als . . . sprachen . . . Wir . . . sonst . . . Aber . . . da . . . Weil . . . gedachte . . . sie . . . Sie . . . als . . . Eine . . . sah . . . Selbst

L 383 Der . . . Diese . . . Außer . . . Diese . . . Sie . . . Unzählige . . . Da . . . Hier . . . Es . . . Was . . . Wer . . .

L 385 der Computer, die Wundermaschine, die Zeit, das Elektronengehirn, der Fachmann, die Datenverarbeitung, die Geschwindigkeit, die Hexerei, der Zaubermeister, der Computerfachmann, der Computer, das Menschengehirn, der Sinn, das Wort, das Rechenpäckchen, die Zahl, die Ziffer, der Computer, der Bruchteil, die Sekunde, der Computer, die Berechnung, das Büro, die Fabrik

L 386 das alte Haus, der neue Anzug, eine gute Idee, ein schnelles Auto, das verdorbene Fleisch, eine undurchführbare Aufgabe, die rasche Erledigung

L 387 Frechheit, Grobheit, Derbheit, Klugheit, Gewohnheit, Krankheit, Neuheit, Weisheit

L 388 Fähigkeit, Frömmigkeit, Sesshaftigkeit, Einsamkeit, Ewigkeit, Seligkeit, Achtsamkeit, Bitterkeit

L 390 Verhältnis, Hemmnis, Erlebnis, Geheimnis

L 391 das Heiligtum, das Altertum, das Eigentum, der Irrtum, das Rittertum, das Heldentum, das Menschentum

L 393 die Abfertigung, Anbetung, Anschauung, Biegung, Übung, Ergänzung, Heilung, Labung, Packung, Reinigung, Sammlung, Siedlung, Steigerung, Trübung, Vereinigung, Wandlung, Wanderung, Wiederholung, Wohnung, Züchtigung, Verstellung

L 398 Urzeiten, Dinge, Mensch, Nehrung, Wohnung, die ersten beiden, Rede, An . . . Stelle, Kleidung. Wenn, Winter, Temperatur, Gefrierpunkt, alles Leben in der Natur, Schnee und Eis, Mensch, Kleidung, Deshalb, Höhlenmenschen, Felle, Tiere. Aber, in den heißen Zonen, Winter, Kleidungsstück, einfacher Lendenschurz, Die menschliche Kleidung, ein doppelter Zweck, sie ist Schutz und Schmuck zugleich. Sie, Sonne und Regen, verleiht, Besitzer, Ansehen, Würde, Das, Völker, für den Neger im Festtagsschmuck, König, Purpurmantel

L 400 das Rattern eines Motorrads, das Pfeifen des Zuges, das Rollen der Eisenbahn, das Bellen des Hunde, das Ticken der Pendeluhr, das Husten eines alten Mannes, das Singen eines Mädchens, das Rascheln der Blätter, das Quietschen der Bremse, das Schreien der Kinder

L 401 lass das Necken, lass das Foppen, lass das Streiten, lass das Nörgeln, lass das Klatschen, lass das Übertreiben, lass das Lügen, lass das Flunkern, lass das Betrügen

L 402 das Prügeln Schwächerer, das Stoßen, das Werfen mit Steinen, das Verleumden, das Schwindeln während der Schularbeit, das Sticheln und Hänseln der anderen

L 403 das Blöken des Schafes, das Brüllen der Kuh, das Krähen des Hahnes, das Schnattern der Gänse, das Gackern der Hühner, das Knurren des Köters

L 404 Welch ein Jauchzen! Welch ein Lachen! Welch ein Lärmen! Welch ein Musizieren! Welch ein Tanzen! Welch ein Raufen!

L 405 das Betreten des Rasens, das Schieben der Fahrräder auf dem Gehsteig, das Durchschlängeln des Radfahrers zwischen den anhaltenden Autos, das Betreten der Kreuzung bei gelbem Licht, das Ballspielen auf der Fahrbahn, das Wegwerfen der Obstreste, das Radfahren auf den Gehsteigen

L 406 das Fleisch durch Einfrieren, die Birnen durch Dörren, das Kraut durch Säuern, die Pilze durch Trocknen, die Pfirsiche durch Einkochen, die Heringe durch Einsalzen, den Schinken durch Räuchern

L 407 das Anfangen, das Beharren, vieles Naschen, das Mausen, sein Klappern, am Lachen erkennen, das Wetzen, das Abladen, verboten, ewiges Jammern, langes Schreiben

L 408 beim Turnen, beim Spielen, beim Schifahren, beim Autofahren, beim Klettern, beim Bergsteigen

L 409 vom schnellen Laufen, vom schweren Arbeiten, vom kalten Baden, vom Schwindeln, vom Prahlen, vom Laufen, vom Hasten, vom Hetzen, vom Jagen, vom Raufen, vom Boxen, vom Autofahren, vom Schilaufen

L 410 zum Rasieren, zum Radieren, zum Zeichnen, zum Nähen, zum Kämmen, zum Schneiden

L 411 zum Nähen, zum Versperren, zum Parken, zum Waschen, zum Entzünden, zum Schreiben, zum Zeigen, zum Baden

L 414 Schweigen und Denken kann niemanden kränken. Essen und Trinken hält Leib und Seele zusammen. Reisen kostet Geld, doch sieht man die ganze Welt. Jammern und Klagen füllen noch keinen Magen. Hoffen und Harren macht manchen zum Narren. Versprechen und Halten ziemt Jungen und Alten. Lauschen an der Tür schafft nur Ärger dir.

L 416 die Eisenerze, durch Sortieren, viel taubes Gestein, durch Pochen, Quetschen und Brechen, durch Waschen, Sand, Ton, Kalk, durch Rösten, Wasser, Schwefel, Phosphor, Bestandteile, durch Verwittern, Auslaugen und Ausfrieren, das Beimengen von Zuschlag, das Beschicken, das eigentliche Schmelzen des Eisenerzes

L 419 der Redegewaltige, das Elend der Notleidenden, die im Überfluss Lebenden, ein Rufender in der Wüste

L 420 der dem Ertrinken Entkommene, das Erlebte, der Erschöpfte, der allmählich Erwachende, ein auf eine Insel Verschlagener, die Welt der Arbeitenden, ein Verbannter, etwas Blitzendes, der fast Verzweifelte, das Gefundene

L 421 Wer den Inhalt einer Geschichte erzählen will, sollte das Gelesene überdenken.
Wenn der Lernende einen festen Willen hat, wird er sein Ziel erreichen.
Wenn der Reisende nicht pünktlich eintrifft, wird er den Zug versäumen.
Weil der Schüler eine Woche den Unterricht nicht besucht hat, muss er das Versäumte nachholen.
Wenn dem Verletzten nicht sofort geholfen wird, muss er verbluten.
Weil der an Grippe Erkrankte zu früh aufstand, bekam er einen Rückfall.
Wer dem Freund sein Wort gegeben hat, sollte das Versprochene auch einhalten.
Um bei einem Gedichtvortrag sicher zu sein, sollte man das Gelernte öfter wiederholen.

L 424 viel Gutes, nur Neues, das Gute und Schöne, das Brauchbare und das Notwendige, nur Neues, viel Gutes

L 426 der Junge, der Alte, den Geschickten, den Ungeschicken, die Jungen, die Alten

L 429 Der Dumme hat manchmal Glück. Dieses Blau gefällt mir. Nicht bei Rot über die Kreuzung gehen. Wer das Kleine nicht ehrt, ist das Große nicht wert. Das Beste schafft Verdruss, . . . Es kann der Fromme nicht in Frieden leben, wenn . . . Das Wichtigste . . . Das Bessere ist des Guten Feind. Jemanden eines Besseren belehren. Etwas Gutes tun. Gleiches mit Gleichem vergelten. Eine Frau in Weiß. Etwas ins Lächerliche ziehen. Der Schütze traf ins Schwarze.

L 431 Sie erzählt alles Wissenswerte. Das Schöne werde ich euch zeigen. Der Vater berichtet von dem Unangenehmen. Du hast sicher Ähnliches schon erlebt. Sie hat etwas Hübsches mitgebracht. Ich will nur das Neue wissen.

L 434 Etwas Ähnliches . . . etwas Wahres . . . viel Gutes . . . nur Unangenehmes . . . nichts Neues . . . wenig Erfreuliches . . . viel Wichtiges . . . allerlei Lustiges eine Fahrt ins Blaue, Westfälischer Schinken, Wiener Schnitzel, Salzburger Nockerln, Kieler Sprotten, von der Helle, das Gewohnte und Bekannte, das Schlimmste, an den Richtigen, der Erste Staatsanwalt (Amtstitel), alles Wesentliche, Joseph der Zweite, ins Lächerliche ziehen, belgische Kohlengruben, fleißige Arbeiter, nichts Besonderes, viel Erfreuliches **L 440**

auf das Höchste erregt, das Teuerste, zum Besten der Armen, es ist das Beste, auf das Äußerste gefasst sein, das Klügste, das Dümmste, es ist das Beste (am besten), der Frömmste, es wäre das Klügste (am klügsten), das Schlimmste **L 441**

Ihrem, ich, Ihnen, wir Ihr, Sie, meiner, mich, Ihr, Ihnen, ich, Ihren, dir, dich, dein, Sie, Ihr, euch uns, mich, Ihre, Ihre, Sie, mich, ich, Ihnen **L 443**

Joseph der Zweite, drei, eine Null, null und nichtig, die Ersten, die Letzten, der Hundertste, das Wenig, zum Vielen, ein Viertel, der Tausender, als Dritter (der Reihe nach), der achtfache Betrag, einen Vierer (eine Vier) **L 448**

mit allem Drum und Dran, einige hunderttausend Schilling, nach dem Woher und Wohin fragen, ein Auf und Ab, ein deutliches Nein, ja, vor dem Nichts stehen, eine Frau in den Vierzigern, ein Paar Schuhe, ein anderes Mal, um Punkt vier Uhr **L 450**

anderen, Meinung, Meinung anderer, die dümmste und unmenschlichste Art, Gewalt, Mord, Krieg, Konflikte, neue, Unruheherde, Demonstranten, Hitze, nach Schuld und Unschuld fragen, Konflikte, stille stehen, Reden ist besser als Schießen, Verhandeln ist mühsam **L 453**

andernfalls, bergauf, stundenlang, allenfalls, wochenlang, nordwärts, stromaufwärts, tagsüber, handbreit, meilenweit, erfahrungsgemäß, heimwärts, sinngemäß, eingangs, anfangs, nachts, kopfüber, zweifelsohne **L 458**

wahrheitsgemäß, kraft des Gesetzes, Punkt, willens sein, das Recht, sonntags, wochentags, am Mittwoch Nachmittag, statt, trotz, zeit seines Lebens, von alters her, des Nachts, von früh bis **L 459** spät, ein Paar Schuhe, abends, am Dienstag früh, morgen Mittag, in Bezug auf

L 462 in Acht nehmen, ein paar Leute, feind sein, Not tun, schuld sein, auf diesen Dank verzichten, um Himmels willen, auf seinem Recht bestehen

L 469 im Einzelnen, Arm und Reich, Groß und Klein, das Ganze, am besten, zum Besten, im Voraus, im Guten, auf dem Laufenden, im Stillen, beim Alten bleiben, bis ins Kleinste, dem Stärkeren, den Kürzeren ziehen, des Langen und Breiten, binnen kurzem, im Dunkeln tappen, aufs Äußerste, ein Leichtes sein, Folgendes, nicht im Entferntesten, über kurz oder lang, es grenzt ans Wunderbare, im Klaren sein

L 475 dem einen, dem anderen, ein jeder, mit vielem hält man haus, mit wenig, am meisten, am wohlsten, ein jeder, dem andern, dem Letzten

L 476 nicht im mindesten, um vieles mehr, die meisten anderen, die Erste der Klasse, einige wenige, fürs Erste, die Einzige, dem einen, dem anderen, alles Übrige, bis ins Einzelne, auf allen vieren, mit dem wenigen, ein und dasselbe

L 483 blau gestreiften, gut gekleideter, schlecht gekleideter, braun gebrannt, gut schreiben, reich geschmückt, leicht verständlich, so oft, sobald, schwerverletzte, gut gelaunt, leicht verdauliche, viel mehr, wie viele, genauso

L 485 abzubrechen, wegzuwerfen, abzulegen, zu unterhalten, zuzuschnüren, zu raten, zu helfen, zu drehen, zudrehen, zuspielte, zudrücken, zu geben, gutzumachen, zu verwahren, anzuerkennen, zu versäumen

L 489 Solange er nicht gestanden hat, . . . Wo bleibt er so lange? Seit dem letzten Treffen . . . Was hast du seitdem gemacht? Nachdem er weg war, legte sie die Arbeit beiseite. Nach dem Schlafen . . . Sooft er kam . . . Wie lange willst du bleiben? Wie viele Äpfel hast du noch? Nachdem wir . . .

die Kaltwasserkur, die Warmluftheizung, das Frage-Antwort-Spiel, die Sturm-und-Drang-Jahre, ein Brahms-Konzert, ein Nimmersatt, die Hundemarke, der Ein- und Verkauf **L 490**

Goethestraße, Bäckergasse, Klosterplatz, Wikinger Kai, Tiefer Graben, Römerweg **L 494**

Kompagnon, Restaurant, Fauteuil, Jury, Trottoir, Gendarm, Bonbon, Bassin, Revanche, Souvenir, Memoiren, Chauffeur (Schofför), Etage, Champagner, Malheur, Bagage, kommandieren **L 503**

Cello, Intermezzo, Rabatt, Motto, Sakko, Skizze, Mezzanin, Makkaroni **L 513**

schimp-fen, Schaff-ner, We-cker, si-ckern, Pfrop-fen, Ha-cke, Deckel, kna-cken, be-flag-gen, im-mer, kön-nen, es-sen, Ret-tung, hof-fen, tap-pen, schlep-pen, Klum-pen, schrei-en, ver-zei-hen, guck-ten, ah-nen, Mas-ten, rie-chen, Ti-sche, schlie-ßen, Ras-pel, Stra-ße, kra-xeln, Bo-xer, fu-ßen, Sa-phir, Zi-ther, Ma-sche, Stachel, Späße, zu-rück-ge-kehrt, er-götz-te, schnei-en, eu-ro-pä-isch **L 517**

Bett-tuch, be-reu-en, Him-mels-kör-per, Son-nen-strah-len, Finger-fer-tig-keit, Han-dels-ab-kom-men, Schutz-zoll, Ver-kehrs-unter-richt, voll-en-den, Bun-des-er-zie-hungs-an-stalt, Haus-durchsu-chung, Stra-ßen-bahn-hal-te-stel-le, Ei-sen-bahn-wa-gen, Schiff-fahrts-ge-sell-schaft, hell-leuch-tend, Be-stell-lis-te, Seenplat-te, Um-ge-bung, da-ge-gen, vor-erst, Zu-cker-bä-cker **L 518**

Mono-gramm, Tele-gramm, Demo-kra-tie, neu-tral, As-phalt, Thermo-me-ter, Pro-blem, so-zial, Mikro-skop, Ma-schi-ne, Elek-troofen, Sau-er-stoff-ap-pa-rat, Pu-bli-kum, Sa-kra-ment, Fe-bru-ar, In-du-strie, Ma-gnet, Pull-over, Inter-esse, Pro-pan-gas, Epi-so-de, Ma-nu-skript, Hyd-rant, Pro-phet, Geo-grafie **L 519**

Allerlei Früchte **L 520**

Manche sind rundlich und knollig, fast kugelig, andere hingegen länglich, eckig, bucklig, runzlig oder rissig. Viele haben eine bräunliche, gelbliche, rötliche oder grünliche Farbe. Es sind auch haarige, wollige, borstige und stachlige Früchte darunter und solche, die sich fettig anfühlen. Manche sind leicht verderblich, andere wieder sehr widerstandsfähig. Die meisten sehen sehr appetitlich aus. Sie sind saftig, fleischig, mehlig und schmecken köstlich und vorzüglich. Einige sind freilich auch kümmerlich geraten, krüppelig geblieben oder schon wurmig geworden. Sie haben zuweilen einen widerlichen Geruch.

L 521 Der Staatsbürger hat nicht nur Rechte, sondern auch Pflichten. – Aus Gold, Silber und Elfenbein verfertigt man Schmuckstücke. – Sowohl im Norden als auch im Süden regnete es. – Es ist schön, doch windig. – Ein bissiger schwarzer Hund lag vor der Tür. – Es war ein sonniger, heißer Tag. – Der Bauer pflügte, eggte, säte und pflanzte. – Wir wanderten auf einem sonnigen, grasbewachsenen Weg. – Nicht nur am Morgen, sondern auch am Abend regnete es. – Der Film ist sowohl Erwachsenen als auch Jugendlichen zu empfehlen. – Weder der Fahrer noch die Fahrgäste merkten den Unfall. – Von oben sahen wir in die weite, waldreiche Schlucht. – Bald war er hier, bald dort.

L 522 **Vor dem Bildschirm**

Das Fernsehen, eine Erfindung des 20. Jahrhunderts, hat unser Leben gründlich verändert.

Rufen Sie doch einmal Ihr Elektrizitätswerk an! Sie werden erfahren, dass der Stromverbrauch jeden Abend genau dann sehr rasch sinkt, wenn der Nachrichtensprecher sich für eine Nacht verabschiedet hat. Sie, ich und noch etliche Millionen tun dann nämlich das Gleiche, wir gehen schlafen. Das Fernsehen hat uns gleichgeschaltet, Sie, mich und viele andere, obwohl wir uns gar nicht kennen.

Auch sonntags bleiben wir zu Hause vor dem Bildschirm sitzen und nähren uns von Erdnüssen, Pralinen, Kartoffelchips und Schokolade. Unsere vierköpfige Familie hat in den letzten sechs Monaten vier Kilo zugenommen. Und Ihre? Wenn drei Millionen, vor den Fernsehgeräten gleichgeschaltet, je ein Kilo zugenommen haben, dann sind das 3000 Tonnen „Fernsehfett“. So schwer wiegen unsere Gewohnheiten.

(Aus der Zeitschrift „Hör zu“)

L 523 Sie hatte schöne, funkelnde, schwarze Augen. – Die wuchtigen eichenen Möbel im Wohnzimmer fielen mir sofort auf. – Von oben sahen wir eine weite, waldreiche Schlucht. – Ein knurrender schwarzer Hund lag vor der Haustür. – Wir wanderten auf einem sonnigen, grasbewachsenen Weg. – Die Eingangstür zierte ein einfaches schmiedeeisernes Gitter. – Der große, braune Koffer war noch ganz neu und enthielt sowohl meine Wäsche als auch meine Anzüge.

Essen und Trinken **L 524**

Essen und trinken müssen wir alle. Vor einem verdorbenen Magen können wir uns aber nicht immer schützen. Die Lebensmittelkontrolle wacht über die Güte der dem Lebensmittelgesetz unterliegenden Waren.
Die Lebensmittelkontrolle führen Ärzte, Tierärzte und Personen mit besonderer Ausbildung bei den Gesundheitsämtern, Marktämtern und Lebensmitteluntersuchungsanstalten durch.
Unreife, verdorbene und wertgeminderte Lebensmittel werden am besten gleich beim Kauf beanstandet. Inländische Markenwaren, also Konserven, Schokoladen und dgl., können zweckmäßigerweise beim Erzeuger selbst beanstandet werden.
Nicht nur Speisen, auch Getränke kann man beim nächsten Marktamt oder Gesundheitsamt überprüfen lassen.

Montag, den 7. April, um 19 Uhr, beginnt die Feier. – Au, ich habe mich geschnitten. – Nein, ich will nicht mitkommen! – Hilfe, es brennt! – Wohin, Ilse? – Besuchen Sie mich, lieber Kollege, in der nächsten Woche! – Der Regen, von allen ersehnt, ließ auf sich warten. – Salzburg, die Mozartstadt, wird von vielen Fremden besucht. – Angelika Berger(,) geborene Hausner(,) ist jetzt Lehrerin in Linz. – Wir werden am Sonntag zurückkehren, und zwar mit dem 8-Uhr-Zug. – Die Schüler waren sehr aufmerksam, besonders die Mädchen. – Unsere Sportler erregten großes Aufsehen, namentlich die Läufer. **L 526**

Nach der Lebensmittelverordnung müssen Lebensmittel besonders gekennzeichnet werden. Es sind anzugeben: die handelsübliche Bezeichnung, der Name und der Sitz des erzeugenden Unternehmens bzw. der Erzeugungsort. Darüber hinaus sind je nach der Art der Lebensmittel anzugeben: das Füllgewicht, das Füllvolumen, die Herstellungsweise sowie Hinweise auf die Haltbarkeit oder die Lagerbedingungen, ferner der Zeitpunkt der Verpackung. Sowohl die Lebensmittelhändler als auch die Verbraucher sollten die Vorschriften beachten. **L 527**
Beim Kauf von tiefgekühlten Lebensmitteln ist auch auf die Temperatur der Luft in der Truhe zu achten. Starke Vereisung erhöht

die Temperatur und trägt so zur Geschmacksveränderung, aber auch zum Verderb einer tiefgekühlten Ware bei.

L 528 **Der Föhn**

In Kindeszeiten fürchtete ich den Föhn und hasste ihn sogar. Mit dem Erwachen der Knabenwildheit aber bekam ich ihn lieb, den Empörer, den Ewigjungen, den frechen Streiter und Bringer des Frühlings. Es war so herrlich, wie er voll Leben, Überschwang und Hoffnung seinen wilden Kampf begann, stürmend, lachend und stöhnend, wie er heulend durch die Schluchten hetzte, den Schnee von den Bergen fraß und die zähen alten Föhren mit rauen Händen bog und zum Seufzen brachte. Später vertiefte ich meine Liebe und begrüßte nun im Föhn den süßen, schönen, allzu reichen Süden, welchem immer wieder Ströme von Lust, Wärme und Schönheit entquellen, um sich an den Bergen zu zersprengen und endlich im flachen, kühlen Norden ermüdet zu verbluten. Es gibt nichts Seltsameres und Köstlicheres als das süße Föhnfieber, das in der Föhnzeit die Menschen der Bergländer überfällt, den Schlaf raubt und alle Sinne streichelnd reizt. Das ist der Süden, der sich dem spröden, ärmeren Norden immer wieder stürmisch und lodernd an die Brust wirft und den verschneiten Alpendörfern verkündigt, dass jetzt an den nahen, purpurnen Seen Welschlands schon wieder Primeln, Narzissen und Mandelzweige blühen.
Alsdann, wenn der Föhn verblasen hat und die letzten schmutzigen Lawinen zerlaufen sind, dann kommt das Schönste. Dann recken sich berghinan auf allen Seiten die beblümten gelblichen Matten.

(Hermann Hesse)

L 529 **Ein Tag im Winter**

Nichts ist zu vergleichen mit einem Tag im späten Winter, der dich plötzlich anrührt und sagt: Wach auf! Du gehst vielleicht auf den gefrorenen Wegen oder am frühen Morgen über die Felder(,) und da ist nichts Ungewöhnliches, Schnee und blanke Kälte überall. Allein, dann streift dich ein Zweig, plötzlich hast du Knospen vor Augen, zarte, rosige Knospenfinger an diesem Apfelbaum. Oder du steigst über einen Tümpel an deinem Weg, nichts weiter, aber der blaue Himmel spiegelt sich darin. Und dann siehst du einen Finken auf dem Zaun sitzen mit einem langen Strohhalm im Schnabel – was will der kleine Fink mit seinem Halm im Schnabel? – Und mit einmal spürst du einen süßen Schreck in deiner Brust, du bleibst verwundert stehen und schaust dich um(,) und dein Herzschlagzögert einen Augenblick – ja, was ist das, was geschieht mit dir? Ach, du kannst tausend Meilen weit in der Fremde sein, in den Dünen der Wüste, auf gottverlassenem Wasser, überall wird dich diese Stunde überraschen(,) und du wirst nicht wissen, wie dir geschieht. Mit Worten kannst du es nicht sagen, es geschieht den Tieren ebenso, den Bäumen und den unzähligen Keimen in der Erde. Es ist die Mutter, die dich ruft, du verlorener Sohn!

(Karl Heinrich Waggerl)

Österreich **L 530**

Die Bundesländer Österreichs sind reich an Naturschönheiten, sie sind aber auch bekannt durch ihre großen Kunstschätze. In manchen Gegenden hat sich eine rege Industrie entwickelt, denn die reichen Wasserkräfte begünstigen ihre Entfaltung. Die lebhafteste Tätigkeit entstand im Wiener Becken, denn hier ist die Bevölkerung am dichtesten. In den Städten finden wir eine hoch entwickelte Industrie, sondern auch in einigen Gebirgstälern ist sie heimisch. Nieder- und Oberösterreich liefern beachtliche Erträgnisse an Getreide, doch in den höheren Gebirgsgegenden gedeihen nur noch wenige Feldfrüchte. Der fruchtbarste Ackerboden findet sich im Flachland, deshalb wiegt hier der Ackerbau vor. Das Gebirge hat große Wälder(,) und auch diese gewähren vielen Menschen den Lebensunterhalt.

Das Verhalten der Radfahrer **L 531**

Man darf bereits vom 12. Lebensjahr an allein mit einem Fahrrad fahren, daher muss man sich über das Verhalten im Straßenverkehr im Klaren sein.
Wie alle Lenker von Fahrzeugen haben sich auch die Radfahrer an die Rechtsfahrordnung zu halten. Aus diesem Grund müssen sie am rechten Rand der Fahrbahn fahren. Der Radfahrer muss immer den rechten Fahrstreifen benützen, das gilt besonders für Straßen mit mehreren Fahrstreifen. Auf manchen Straßen sind auf einer Seite oder auf beiden Seiten Nebenfahrbahnen vorhanden, diese müssen auch von Radfahrern benützt werden. Auch Radfahrstreifen sind abgegrenzte Teile der Fahrbahn und müssen von Radfahrern in einer Richtung befahren werden.

Der Polizist hebt die Hand, und die Fahrzeuge halten an. Sein Kollege kommt mit einem Notizblock, er überprüft die Papiere der Fahrzeuglenker. Bald stauen sich die Fahrzeuge. Eine Verkehrs- **L 532** kontrolle ist nicht beliebt(,) und der Aufenthalt auf der Straße verärgert die Fahrer. Manches Auto wird beanstandet(,) und seine Nummer wird mit der Anschrift des Fahrers notiert. Hier leuchtet beispielsweise das rechte Blinklicht nicht auf, außerdem sind die Reifen abgefahren. Der nächste Personenwagen ist in Ordnung, aber der Fahrer sucht vergeblich seinen Führerschein. Die Unterbrechung der Fahrt wird von allen als unangenehm empfunden, doch sehen die meisten die Notwendigkeit solcher Kontrollen ein.

L 533 **Wie es hagelt**

Nun brach es los. Die Bäume wurden lebendig(,) und es krachten die Strünke. Vom Dache der Scheune rissen sich ganze Fetzen los und tanzten in den Lüften. In demselben Augenblicke sauste das erste Schloßenkorn nieder; hoch sprang es wieder auf und kollerte hüpfend über den Boden hin. Das Schloßenkorn war so groß wie ein Hühnerei. Die Leute sahen es, und mit einem leisen „Jesus Maria!“ eilten sie ins Haus. Nun war eine halbe Stunde lang nichts als ein fürchterliches Geknatter. Die Leute beteten den Wettersegen, aber man verstand kein einziges Wort. Zuletzt klirrten gar die Fenster der Morgenseite, auf den Dächern knatterte es gräulich(,) und zackige Schloßen kollerten in die Stube(,) und der Wind wogte herein und blies die geweihte Wetterkerze aus und fachte das Herdfeuer an zu einem wilden Sprühen(,) und wir glaubten schon, es käme uns das Feuer zum Rauchfang hinaus. Erst als ein gewaltiger Donnerschlag krachte und ein zweiter, legte sich das Mark und Bein durchdringende Getöse(,) und es zog nur noch ein eiskalter Luftzug durch die Fenster(,) und es rieselte der Regen.

(Peter Rosegger)

L 534 **Im Bergwald**

Im Spätherbst wird es still und ruhig im Bergwald. Der mächtige Ruf der röhrenden Hirsche ist verhallt, verstummt sind Drossellied und Würgerschrei. Das lärmende Volk der Krähen hat sich talwärts verzogen(,) und seltener geworden sind des Hähers heiseres Gratschen und des Spechtes lautes Gehämmer. Nur noch an warmen Tagen verlassen die Eichkätzchen die schützende Nestkugel, dann rasseln sie stammauf und stammab in munterem Spiel. Sogar die ärgsten Schwätzer, die Meisen und Goldhähnchen, beginnen zu schweigen(,) und an den vielen feuchtkalten Tagen sitzen sie mit aufgeplusterten Federn traurig herum. Der alte Marder aber macht niemals Lärm, denn er ist ein lautloser Schleicher.

Fischsterben **L 535**

Problem Nummer eins für die Oberflächengewässer ist das Abwasser, das aus Fabriken und privaten Haushalten in die Flüsse und Seen gelangt. Das führt auf die Dauer zu unerträglichen Verschmutzungen. Schaumberge, die auf Flüssen dahintreiben, sind heute kein seltener Anblick mehr. An die schockierenden Fotos von Tausenden toten Fischen, die an der Oberfläche eines Gewässers treiben, hat man sich inzwischen gewöhnt. Die in den Waschmitteln vorhandenen Phosphate führen zu einer Anreicherung der Gewässer, in die sie abgeleitet werden, mit Nährstoffen. Leider begünstigen diese Nährstoffe das Wachstum von Algen, die zu viel Sauerstoff verbrauchen. Durch diesen Verbrauch von Sauerstoff, durch den es in der Folge zur Bildung von Giftstoffen und Ölen kommt, entsteht schließlich Faulschlamm, und das führt zum Sterben der Fische.

Wie der Kaffee entdeckt wurde **L 536**

Im ostafrikanischen Hochland lebte vor vielen Jahren ein Hirte, der täglich seine Ziegen auf die Weide führte. Da bemerkte er plötzlich, dass die Tiere nachts nicht mehr schlafen konnten. Ruhelos irrten sie umher, hüpften und meckerten. Der Hirte dachte nichts anderes, als dass sie von bösen Geistern besessen wären. Da er sich nicht zu helfen wusste, ging er in ein nahes Kloster und erzählte die Geschichte den Mönchen. Der Abt, der ein weiser Mann war, beobachtete die Ziegen und bemerkte, dass sie fleißig von den kirschroten Früchten eines niedrigen Strauches naschten. „Vielleicht ist das des Rätsels Lösung", dachte er, denn er glaubte nicht an Geister. Er untersuchte die Früchte genau, kostete auch deren bohnenförmige Kerne und fühlte sich plötzlich selbst wunderlich frisch, obwohl es schon spät nachts war. Er hatte die belebende Wirkung der Kaffeebohnen entdeckt. Diese beruht auf einem Wirkstoff, der in der Bohne enthalten ist. Er belebt und erfrischt. Wird er aber in großen Mengen genossen, ist er für den Körper schädlich.

Wer nicht hören will, muss fühlen. Was ein elektrischer Funke im Kleinen ist, das ist ein Blitz im Großen. Früher meinte man, dass sich die Sonne um die Erde bewege. Ob ich kommen kann, ist noch ungewiss. Wenn der Herbst kommt, verlassen uns die Zugvögel. Während ich Klavier spielte, las mein Freund in einem Buch. Als der Abend kam, schlossen wir die Fensterläden. Nachdem ich gegessen hatte, durfte ich spielen. Es ist lange her, seit wir uns zu- **L 537** letzt gesehen haben. Er tut so, als ob er krank wäre. Da es stürmte, kehrte ich um. Hunde die viel bellen, beißen nicht. Er hustet, ohne dass er sich die Hand vor den Mund hält.

L 538 Wo Tauben sind, fliegen Tauben zu. Wenn der Apfel reif ist, fällt er vom Baum. Wenn auch der Hahn nicht kräht, wird es doch Tag. Wenn du dich versprichst, darfst du dich nicht wundern, dass dich die anderen missverstehen. Was ich nicht weiß, macht mich nicht heiß. Wer andren eine Grube gräbt, fällt selbst hinein.

L 539 **Das Gleichgewicht in der Natur darf nicht gestört werden**

In einem geschlossenen Lebensraum, wie dies zum Beispiel ein Wald oder ein Teich ist, besteht eine strenge Gesetzmäßigkeit zwischen „Nährer“ und „Zehrer“.

Die aus Abfällen und Mineralstoffen des Muttergesteins entstehenden Pflanzen werden von den Pflanzenfressern verzehrt, welche wiederum den Fleischfressern als Nahrung dienen.

Weil alle diese Gruppen untereinander in einem Gleichgewichtsverhältnis stehen, können Störungen dieses Gleichgewichts zur Massenvermehrung einer Art führen.

Weil aber das Nahrungsangebot für diese Art bald erschöpft ist, wird wieder das Gleichgewicht hergestellt, sodass ein Überhandnehmen einer Art ausgeschlossen ist.

Menschliche Eingriffe, wie die Aussetzung von Kaninchen in Australien, können das natürliche Gleichgewicht stören und zur Landplage werden, da dort der natürliche Feind fehlt.

L 540 Es ist heute schon weitgehend bekannt, dass Bäche, Flüsse und Seen mit Abwasser verschmutzt sind. Wenn die Verschmutzung sehr stark ist, können sich die Gewässer nicht mehr selbst reinigen. Außerdem ist zu bedenken, dass alle Gewässer als Fisch-, Trink-, Bade- oder Kühlwasser benötigt werden. Daher ist es unbedingt erforderlich, dass die Abwässer vor Einführung in die Bäche, Flüsse und Seen gereinigt werden.

L 541 **Das Heldenmädchen von Neufundland**

An der äußersten Nordküste Neufundlands liegt ein kleines Fischerdorf, das der Sitz der Regierungs-Krankenschwester Joan Eydes ist. Weder Straße noch Bahn führen dorthin. Nur auf einem unständlichen Seeweg ist der Ort zu erreichen. In diesem Ort gibt es keine Geschäfte, keinen Gasthof und kein elektrisches Licht. Für

100 Kilometer Umkreis ist Schwester Joan der einzige Arzt, Dentist, Apotheker. Immer ist sie auf sich allein angewiesen.
Eben war die Schwester von einer Kranken in einer Fischersiedlung zurückgekommen. Auf Schiern hatte sie sich 18 Kilometer über weglose, verschneite Klippen gegen den aufkommenden Schneesturm zurückarbeiten müssen; da wurde ihr gemeldet, dass aus Ladle Cove, jenseits der Bucht, ein Hilferuf gekommen sei. Wenig später eilte Joan bei einbrechender Dunkelheit von Tür zu Tür, um einen der Männer zur Begleitung zu finden. Aber keiner der Fischer wagte es, bei diesem Wetter über die Bucht zu gehen. So schirrte Joan ihre fünf Hunde vor ihren Schlitten und versuchte(,) den Weg auf eigene Faust zu finden. Fünf Stunden lang kämpfte sie sich durch den tobenden Schneesturm, aber schließlich erreichte sie(,) zu Tode erschöpft(,) das jenseitige Ufer und konnte dem Kranken die lebensrettenden Medikamente verabreichen.

L 542

Bei jedem Einkauf ist es notwendig(,) sich über das Warenangebot zu informieren. Der Besuch eines Kaufhauses ermöglicht es jedem(,) einen Überblick über die Waren und ihre Preise zu bekommen. Der Sparsame wird es daher nicht versäumen(,) die Waren auf ihre Preiswürdigkeit zu überprüfen.
Wir besuchen ein Kaufhaus(,) um einen Fotoapparat zu erwerben. Am Ziel angelangt(,) begeben wir uns gleich zur Fotoabteilung im ersten Stock. Langsam an den Schaukästen vorbeibummelnd(,) vergleichen wir die Preise mit jenen in einem Katalog des großen Fotofachgeschäftes. Danach lassen wir uns von einem Verkäufer beraten(,) um die Vorzüge der einzelnen Modelle kennenzulernen. Einen Apparat gefällig betrachtend(,) entschließen wir uns endlich(,) den Kauf abzuschließen.

L 543

Erich nahm sich vor(,) nach der Schule sofort nach Hause zu gehen. – Er hatte keine Zeit(,) sich zu rasieren. – Sie haben allen Grund(,) sich zu schämen. – Er fuhr in die Stadt(,) um einzukaufen. – Sie ging(,) ohne sich zu verabschieden(,) einfach weg. – Die Gelegenheit(,) sich zu entfernen(,) war günstig. – Anderen zu helfen(,) ist er immer bereit. – Manchmal ist nichts so angezeigt(,) wie zu schwiegen. – Es war schwierig(,) Schnee zu finden, der hart genug war. – Das Schiff drohte zu versinken. – Erlauben Sie mir(,) Sie bald zu besuchen? – Er braucht nur zu klopfen. – Einzutreten hatte er nicht gewagt. – Er scheint verraten worden zu sein. – Er hofft(,) bei diesem Wettkampf zu gewinnen. – Mein Freund versprach(,) mir bei der Aufgabe zu helfen. – Es ist schwierig(,) das Wasser in den Flüssen rein zu halten.

L 544 Von der Werbung angelockt(,) strömten viele Kauflustige herbei. Ich wählte, deinen Geschmack kennend, eine CD mit moderner Musik. Langsam fahrend(,) entdeckte er unter den Fußgängern das gesuchte Kind. Schwer beladen(,) kam der Wagen nur langsam vorwärts. Von der Schönheit des Bildes ergriffen(,) blieb er lange davor stehen. Kaum in Salzburg angelangt(,) reiste er schon wieder weiter. Sich mühsam aufrichtend(,) wandte sich der Boxer erneut seinem Gegner zu. Der Patient hat schon vier Wochen starke Schmerzen(,) ohne darüber zu klagen. Mein Vater hat einen Erholungsurlaub bekommen(,) um sich von den Folgen der Operation zu erholen. Er hat nicht vergessen(,) uns sofort einen ausführlichen Brief zu schreiben. Der Redner sprach weiter(,) ohne sich um den Lärm unter den Zuhörern zu kümmern. Das Mädchen öffnete die Tür und ließ die Besucher ein(,) ohne vorher nach ihren Wünschen zu fragen.

L 545 Ich wählte, euren Geschmack kennend, klassische Musik. – Von der Pracht des Festes angelockt, strömten viele Fremde herbei. – Er eilte auf mich zu, freundlich lächelnd. – Der Jäger durchstreifte das Revier, die Spuren des Wildes verfolgend. – Die Tür offen vorfindend, trat er ein. – Vor dem Bild kniete eine Frau, tief in ein Gebet versunken. – Das Reh erreichte den Wald, von den bellenden Hunden verfolgt. – Sich mühsam aufrichtend, wendete er sich erneut seinem Gegner zu. – Langsam fahrend, entdeckte er das gesuchte Kind unter den Passanten. – Schwer beladen, kam er nur langsam vorwärts. – In der Stadt angekommen, erledigte er zuerst seine Geschäfte. – Von der Schönheit des Bildes ergriffen, blieb er lange betrachtend stehen.

L 546 **Wasser für jeden Zweck**

Wir alle wissen, wie wichtig eine ausreichende Wasserversorgung für das tägliche Leben ist. Der Mensch trinkt im Durchschnitt zwei Liter pro Tag, was nur einen kleinen Teil des Gesamtverbrauchs an Wasser ausmacht. Wesentlich mehr ist für die Erzeugung elektrischer Energie, für die Bewässerung und für industrielle Zwecke erforderlich. Im Allgemeinen ist der Bedarf an Wasser vom Lebensstandard und vom Stand der Industrialisierung abhängig. In hochentwickelten Ländern werden 35 bis 55 Prozent des Grundwasserbedarfs in Landwirtschaft und Industrie verwendet. In den Vereinigten Staaten Amerikas zum Beispiel werden pro Einwohner täglich etwa sieben Millionen Liter Wasser verbraucht, wovon nur sechs Prozent auf den Haushaltsbedarf fallen. Die Hälfte des Wassers, das in den USA jährlich verbraucht wird, wird für die Bewässerung in der Landwirtschaft verwendet. Dies ist zwar notwendig, aber auch sehr verschwenderisch, da etwa 60 Prozent durch Verdunstung verloren gehen.

(Aus „Bedrohtes Leben" von E. Duffey)

L 547

Wetten, dass ich recht habe. – Vielleicht, dass er kommen wird. – Ende gut, alles gut. – Der Bau eines neuen Bahnhofes ist, wie bekannt, dringend notwendig. – Falls nötig, wird er die Geräte anschaffen. – Vielleicht, dass er noch eintrifft. – Ich weiß nicht, was anfangen. – Ehre verloren, alles verloren. – Bitte komme einmal her! Geben Sie mir bitte das Buch!

L 548

Liebe zu Büchern

Ihr Bücher, allertreueste, schweigsamste Gefährten, wie euch danken für euer stets gegenwärtiges Bereitsein, für dies ewig Aufhebende, unendlich Beschwingende eurer Gegenwart! Was seid ihr gewesen in den finsteren Tagen der Seeleneinsamkeit, in Lazaretten und Kriegslagern, in Gefängnissen und an Schmerzensbetten; überall habt ihr, allzeit Wache, dem Menschen Träume geschenkt und eine Handbreit Stille in Unrast und Qual. Immer vermochtet ihr, milde Magnete Gottes, die Seele wegzuziehen, wenn sie im Täglichen verschüttet war, in ihr eigenstes Element, immer habt ihr in allen Düsterungen den inneren Himmel uns wieder zur Ferne erweitert.

Winzige Stücke Unendlichkeit, still gereiht an schmuckloser Wand, so steht ihr unscheinbar in unserem Haus. Doch wenn die Hand euch befreit, wenn das Herz euch berührt, so sprengt ihr unsichtbar die werktäglichen Räume, und im feurigen Wagen führt euer Wort uns aus Enge ins Ewige empor.

(Stefan Zweig)

L 549

Einen Gliedsatz 1. Grades nennt man einen Satz, der sich unmittelbar auf den Hauptsatz bezieht. Mit einem Gliedsatz 2. Grades haben wir es zu tun, wenn sich in einem Satzgefüge ein Gliedsatz auf einen anderen bezieht, der unmittelbar vom Hauptsatz abhängt. Satzkonstruktionen, in denen Gliedsätze 3. Grades vorkommen, die nun wirklich keine Zierde des Stils sind, weil sie den Satz über das Erträgliche hinaus in die Länge ziehen, dass Gliedsatz an Gliedsatz gehängt wird und der Leser zusehen darf, wie er sich in einem solchen Text zurechtfindet, nennt man einen Treppensatz.

L 550 Bargeldlose Lohnzahlung

In weiten Kreisen der Bevölkerung wird es heute anscheinend noch als selbstverständlich und zeitgemäß betrachtet, dass die Lohn- und Gehaltsauszahlung noch immer erfolgt wie zu Großvaters Zeiten, nämlich durch die Übergabe des Lohn- bzw. Gehaltssäckchens. Bedenkt man die vielen Nachteile, verwundert dies umso mehr. Die bare Lohn- Gehalts- und Pensionszahlung verursacht nicht nur vermeidbaren Zeitaufwand, sondern bringt verschiedene Gefahren sowohl für die auszahlenden Stellen als auch für die Bezugsempfänger mit sich.

Hier sei nur kurz das Wesentliche über die bargeldlose Bezugszahlung gesagt: Dem Bezugsberechtigten werden Lohn und Gehalt bzw. Pension nicht mehr bar ausbezahlt, sondern einem von ihm zu eröffnenden Konto gutgeschrieben. Die bargeldlose Lohn-, Gehalts- und Pensionszahlung wird auch bargeldlose Bezugszahlung genannt. Über die gutgeschriebenen Beträge kann dann der Kontoinhaber mittels Schecks oder Überweisungsauftrages verfügen.

L 551 Ratenkauf oder Barzahlung

Familien, die über ein geringes Einkommen verfügten oder nicht richtig zu wirtschaften verstanden, hatten in früheren Zeiten nahezu immer Schaden. Seit große Selbstbedienungsläden an die Stelle der kleinen Geschäfte von ehedem traten, hat sich der unglückselige Brauch des Aufschreibenlassens vom Einkauf der täglichen Verbrauchsgüter auf andere Gebiete verlagert.
Manche Familien harren nicht deswegen auf den nächsten Ersten, weil sie beim Kaufmann um die Ecke ihre Schulden zu begleichen haben, sondern weil sie ihre fälligen Ratenschulden „abstottern“ müssen. Es gibt wohl Situationen, in denen der Besitz eines bestimmten Gerätes für eine Familie wichtiger ist als die Ersparnis, die bei voller Bezahlung erzielt werden könnte. Leider aber wird die Zinsenbelastung durch ein Ratengeschäft von vielen Konsumenten noch immer viel zu niedrig eingeschätzt, wobei die Käufer von manchen wenig verantwortungsbewussten Händlern, die bei solch einem Geschäft kaum etwas riskieren, in ihrem Optimismus bestärkt werden. Eine besonders kostspielige Sonderform des Ratenkaufs

sind die sogenannten Mietkaufverträge, die sich jeder Verbraucher wegen der verwirrenden Miet- und Kaufbedingungen reiflich überlegen und von Fall zu Fall durchrechnen sollte. Man versteht darunter die Miete eines Gerätes, das man im Verlauf der Zeit kaufen kann, wobei die bezahlte Monatsmiete auf den Kaufpreis angerechnet wird. Derartige Mietkaufverträge sind bei Fernsehgeräten und Waschmaschinen, aber auch bei Autos üblich, kommen aber unverhältnismäßig teuer und geben dem Konsumenten nicht die Gewähr, dass er ein fabrikneues Gerät oder Auto bekommt.

L 552

Im Wald

Zwischen Laub- und Nadelbäumen, gewachsen ohne Regel und Wahl, miteinander verzwängt und verschränkt, verkrallt und verkrampft, lagen die gestürzten Stämme, die Riesenstangen, die bemoosten Wipfel, dürre Kronen.

Kreuz und quer, von alten Stürmen entwurzelt, von verzischten Blitzen gespalten, von Sommern versengt, angekohlt und gebleicht von Wintern, zerrissen, aufgesprengt und zerfleischt, streckten sich die toten Bäume hin, vergilbend, vermodernd, veraschend.

Waldfarne wuchsen auf den Grabhügeln der aus dem Boden herausgekippten Wurzelballen und Krallenwurzeln.

Felsen neigten sich darüber oder hielten mit ihren Steinschultern niedergepolterte Stämme in der Schwebe, Brücken und Stege bildend, über Schluchten, Baumleiber und Abgründe.

Und stolz und gewaltig, unbesiegbare Waldhelden, erhoben sich die grünen und noch lebenden Bäume, die Buchen, Fichten und Bergahorne.

(Friedrich Schnack)

L 553

Er dachte nur an den anderen

Bei Arbeiten in einem Brunnenschacht wurde ein Brunnenarbeiter durch Sickergas ohnmächtig. Niemand wagte es(,) in den Schacht einzusteigen.

Auf Hilferufe hin eilte Franz H. herbei, stieg in den Schacht ein, band den Bewusstlosen an ein Seil und ließ ihn hochziehen. Er selbst hatte nicht mehr die Kraft(,) hochzusteigen. Mit äußerster Willensanstrengung klammerter er sich an das Seil und konnte auch hochgezogen werden.

Der Brunnenmeister kam erst nach langen Wiederbelebungsversuchen zu sich.

L 554 **Ein Lokomotivführer starb für die Fahrgäste**

Als der französische Eisenbahner Jean C. den Kessel seiner Lokomotive nachheizen wollte, schlugen Flammen aus dem Feuerloch und setzten seine Kleider in Brand. Statt sich selbst zu retten, brachte er den voll besetzten Zug zum Stehen, damit den Fahrgästen kein Leid geschähe. – C. wurde mit fürchterlichen Verbrennungen ins Spital gebracht. Sechzig Eisenbahner stellten ihre eigene Haut zur Verfügung(,) um die verbrannte Haut des Kameraden zu ersetzen. Aber der tapfere Lokomotivführer konnte nicht mehr gerettet werden.

L 557

Ein Gespräch im Schuhgeschäft

Guten Tag! Sie wünschen? – Guten Tag! Ich hätte gern ein Paar Halbschuhe. – Bitte nehmen Sie Platz! Haben Sie einen bestimmten Wunsch? – Ich dachte an braune Wildlederschuhe mit Gummisohlen. – Welche Schuhnummer haben Sie? – Nummer 43. – Einen Augenblick. Ich werde bestimmt etwas Passendes finden. So, schlüpfen Sie bitte einmal in diesen Schuh! Passt er? – Nein, er drückt mich vorn, an der großen Zehe. Schade, er gefiele mir so gut. – Wir haben den gleichen Schuh auch eine halbe Nummer größer. Hier ist er. – Der sitzt ausgezeichnet. Was kostet er? – 980 Schilling. – Hm, etwas viel. Packen Sie mir dieses Paar trotzdem ein! – Gern. Die Kasse befindet sich neben dem Ausgang. Vielen Dank und auf Wiedersehen! – Auf Wiedersehen!

L 558 **Wie benimmt man sich beim Essen**

Zu Tisch erscheine anständig gekleidet und sauber. Isst du Fleischspeisen, so nimm die Gabel in die linke, das Messer in die rechte Hand! Mit der Gabel hältst du das Fleisch fest und schneidest immer nur so viel ab, wie du für den nächsten Bissen brauchst. Hackfleisch und andere weiche Speisen iss bloß mit der Gabel, die dann wie der Löffel in die rechte Hand genommen wird! Brauchst du die linke Hand zum Essen nicht, ruht sie auf dem Tischrand; das Aufstützen der Ellbogen ist zu vermeiden. Man „lümmelt“ sich nicht auf den Tisch. Beim Kauen bleibt der Mund geschlossen. Gieriges, hastiges Verschlingen ist unschön und ungesund. Das Essbesteck halte mit drei Fingern, nicht mit der Faust! Fisch iss mit zwei Gabeln oder, wenn ein eigenes Fischbesteck vorhanden ist, mit diesem! Bist du dir im Unklaren, wie manche Speisen zu essen sind, richte dich nach der Hausfrau oder nach einem anderen Gast!

Die Anstandsregeln beim Essen zeigen die Verschiedenheit der Sitten nach Zeiten und Ländern. So galt es vor einigen Jahrzehnten als schicklich, das Messer in den Mund zu führen; heute ist dies ein grober Verstoß.

L 559

Vor den Bauernkriegen waren die Bauern der Willkür ihrer Fronherren gänzlich ausgeliefert; sie hatten sich vor ihnen zu ducken und mussten um jede Erleichterung kniefällig bitten; Schmalhans war ihr Küchenmeister; und wo immer sie gingen und standen, wurden sie überwacht; nicht einmal in Haus und Hof waren sie sicher.

L 560

Die Heide röstet in der Mittagshitze; zundertrocken ist sie; kommt eine leichte Brise, dann mülmt der Sand auf dem Weg; wo die Schafe hintreten, knistert alles; die Schlange, die auf der Eidechsenjagd ist, lässt das brechdürre Rentiermoos knistern.
Seit Wochen ist es schon so; alle Gräben stehen leer, die Torfstiche sind trocken, durch das Moor kann man in Schuhen gehen, der Bach kann nicht mehr weiter, das Torfmoos hat rote und blaue Hungerfarben, auf den Bruchwiesen kümmert das Gras(,) und die Heide kann nicht recht blühen.

L 561

Du kennst doch den Spruch: Freude, Mäßigkeit und Ruh' schließt dem Arzt die Türe zu. – Im Stillen dachte er: Es kann der Frömmste nicht in Frieden leben, wenn es dem bösen Nachbarn nicht gefällt. – Meine Frau stand klitschnass im Bach, hielt die Pfanne über dem Kopf und rief mir lachend zu: „Komm schnell her! Ich habe Gold gefunden!" – In den Apriltagen des Jahres 1905 berichteten die Zeitungen von einer Erdbebenkatastrophe: Heute früh um 5 Uhr 13 soll in San Franzisko ein heftiges Erdbeben die Stadt zerstört haben. – Parteienverkehr: Dienstag, Donnerstag, Freitag. – Die Formen wechseln in allen Farben und Tönungen: weiß, hellgrün, rostig bis blutrot. – Ein grausamer Vernichtungskampf beginnt unter den Raubfischen: Der Starke frisst den Schwachen, der Große den Kleinen.

L 562

Die Mutter fragte Ilse: „Hast du schon gegessen?"
Ein bekanntes Sprichwort lautet: „Jeder ist seines Glückes Schmied."
„So – das ist also Wien", dachte Hans.
„Hören Sie", sagte der Polizist, „hier ist das Parken verboten!"

„Wenn ich Zeit habe“, bemerkte Erwin, „komme ich morgen.“
Als er den Hund bemerkte, lief unser „Held“, was er nur laufen konnte.
Wir haben Goethes „Götz von Berlichingen“ sehr genau gelesen.

L 563 Die „gute Behandlung“, die er dem Tier zukommen ließ, bestand aus Schlägen. – In den beiden Erzählungen „Der Henker“ und „Der Zwerg“ übt der Dichter Lagerkvist Kritik an den staatlichen Diktaturen der Gegenwart. – „Von morgen an wird sich das ändern“, meinte Erich zuversichtlich. – Zu seiner Frau aber sprach er: „Du hast recht getan!“ – Der Brief kam mit dem Vermerk „Empfänger verzogen“ zurück. – Man sagt nicht umsonst: „Kleine Ursachen, große Wirkungen.“ – Der Lehrer rief uns mit lauter Stimme zu: „Unter Umständen reisen wir schon heute Abend. Packt auf alle Fälle die Rucksäcke!“ – „Lauf schnell!“, rief er mir zu, „der Zug wartet nicht auf uns!“

L 564 **Warum Hund und Katze in Feindschaft leben**

Einst versammelten sich die Abgeordneten aller Tiere zu einer wichtigen Beratung. Eilends waren alle herbeigekommen: Vögel, Vierfüßer und Fische. Nur das Kamel wurde vermisst. Als es immer und immer nicht kommen wollte, beschloss die Versammlung, einen Boten auszusenden, der es herbeibringen sollte. Sie losten, wer den Auftrag ausführen sollte, und das Los traf den Hund. Der aber sagte: „Ich habe nie ein Kamel gesehen. Sagt mir, woran ich es erkennen soll(,) und ich will es schon herbeischaffen.“ „Leicht kannst du es finden!“, erwiderten die Tiere. „Es trägt einen Buckel auf dem Rücken.“ „Schon gut!“, sprach der Hund und machte sich auf den Weg.

Nach langem Suchen begegnete er einer Katze, die gerade einen Buckel machte. Er hielt sie für ein Kamel und forderte sie höflich auf(,) ihn zur Versammlung zu begleiten. Aber er erntete schlechten Dank. Die Tiere erhoben ein schallendes Gelächter, als er stolz die Katze als Kamel vorstellte. Tief beleidigt fiel die Katze über ihn her, fauchte und zerkratzte ihm das Gesicht. Seither sind Hund und Katze einander spinnefeind.

L 565 **Blumen und Insekten**

Die Pracht blühender Wiesen (wessen Auge hätte nicht schon mit Wohlgefallen darauf geruht) erfreut in jedem Jahr unser Auge. Durch die Farbe und den Duft werden zahlreiche Insekten (Bienen,

Hummeln, Schmetterlinge, Käfer) angelockt. Begierig kriechen sie in die Blüten (sie sammeln ja Blütenstaub und Blütensaft), tragen an Kopf, Rücken und Füßen den Blütenstaub von Blüte zu Blüte und befruchten sie. Manche Pflanzen mit kleinen Blüten (Klee, Raps) suchen durch eine Vereinigung vieler Blüten mehr aufzufallen.

In den Liedern der Minnesänger ist wiederholt von dem „Gebende" (die Betonung liegt auf der zweiten Silbe) der Frauen die Rede, einem breiten Band, das das Haar in Stirnhöhe umschloss. – Es gibt verschiedene Möglichkeiten(,) um aus Blumen Parfüm (zu Deutsch: wohlriechende Stoffe) herzustellen. – In späterer Zeit erreichte die Kunst der Glasbearbeitung vor allem in Byzanz (Konstantinopel) eine hohe Stufe. – In Alexandria (Ägypten) und Sidon (Phönizien) entstanden die berühmten Glasfabriken des Altertums. **L 566**

Der Bauer Wurzel findet einen Schatz **L 567**

„Es war so: Vor zwei Jahren, da geh' ich so in der Dämmerung zwischen acht und neun Uhr ganz verdrießlich von meinem Krautacker nach Hause. Auf einmal macht's: ‚Pst! Pst!' Ich schau' mich um, so seh' ich quer übern Acker einen magern Mann auf mich zueilen, ein gelblich-grünes G'wandel an mit goldenen Borten, sodass ich ihn anfangs hab' für einen Leibhusaren von einer Herrschaft g'halten. Er aber bitt' mich, ich möcht' niemandem etwas davon sagen, er wär' ein Geist(,) und durch die Borten wollt' er mir andeuten, wie außerordentlich er für mich bortiert wär'. Kurz, er wär' der Neid und wollt' mich glücklich machen.

Er sagte, er hätt' einen alten Schatz, den er gern los sein möcht', und den wollt' er mir schenken, ich müsste aber in die Stadt ziehen und recht aufhauen damit(,) und besonders das Madel soll ich recht herausstaffieren und sollt's ja nicht zugeben, dass sie den Fischer heirat'. Soll mich aber nie unterstehen zu sagen, dass ich mein Glück verwünsch', sonst verschwindet alles(,) und ich müsst' betteln gehn. Jetzt möcht' ich aber gleich nach Haus gehn, der Schatz wird schon zu Hause sein. Darauf ist er unter die Krauthappeln verschwunden(,) und ich hab' ihn nimmer gesehn. Ich geh' also nach Haus, such's ganze Haus aus – find' nichts. Endlich kommt mir der Gedanke: Schau auf den Getreideboden hinauf! Hörst, ist dir der ganze Boden voll, und mit was? – Mit lauter Galläpfel!

Jetzt g'schieht mir Recht, denk ich mir. Was kann man vom Neid anders erwarten als Gall' und Verdruss! Komm' in Zorn und beiß' einen auf. Was ist drin? – Ein Dukaten! Ich nimm noch einen – noch einen – lauter Dukaten! Lenzl, jetzt hättest du die Beißerei sehn sollen! Ich kann sagen, ich hab' mir mein Vergnügen bitter erworben. Vierzehn Tag' nichts als Galläpfel aufbeißen – das wird doch eine hantige Arbeit sein.

VERZEICHNIS DER DIKTATTEXTE, NACH DEM INHALT GEGLIEDERT

Erzählungen, Schilderungen, Berichte

Texte zur Wirtschaftskunde und zur Sparerziehung

Texte zur Arbeitswelt und zur Technik

Texte zum Umweltschutz und zur Gesundheitserziehung

Texte zur Naturkunde

Texte zur Erdkunde

Texte zur Geschichte

Texte zur Sozialerziehung und zur religiösen Erziehung

Texte zur Verkehrserziehung

Texte zu Spiel, Sport, Freizeit

SACHREGISTER

(Die Zahlen geben die Seiten an.)